清华大学地区研究丛书·专著 IIAS
Area Studies Book Series, Tsinghua University-Monographs

姜景奎　张　静　主编

资本与隔离
巴西新中产阶级的教育流动研究

周燕 著

Capitals and Segregation
A Study on Educational Mobility of
Brazilian New Middle Class

中国社会科学出版社

图书在版编目（CIP）数据

资本与隔离：巴西新中产阶级的教育流动研究／周燕著．—北京：中国社会科学出版社，2024.5
ISBN 978-7-5227-3424-8

Ⅰ.①资…　Ⅱ.①周…　Ⅲ.①中等资产阶级—高等教育—研究—巴西　Ⅳ.①D777.761②G649.777

中国国家版本馆 CIP 数据核字（2024）第 073766 号

出 版 人	赵剑英
责任编辑	侯聪睿
责任校对	杨　林
责任印制	王　超

出　　版	中国社会科学出版社
社　　址	北京鼓楼西大街甲 158 号
邮　　编	100720
网　　址	http://www.csspw.cn
发 行 部	010-84083685
门 市 部	010-84029450
经　　销	新华书店及其他书店
印　　刷	北京君升印刷有限公司
装　　订	廊坊市广阳区广增装订厂
版　　次	2024 年 5 月第 1 版
印　　次	2024 年 5 月第 1 次印刷
开　　本	710×1000　1/16
印　　张	15.75
插　　页	2
字　　数	228 千字
定　　价	85.00 元

凡购买中国社会科学出版社图书，如有质量问题请与本社营销中心联系调换
电话：010-84083683
版权所有　侵权必究

序　言

本书是我博士研究期间的主要成果，基于在巴西开展的为期两年半的田野调研，关注巴西的教育不平等与教育流动困境问题。虽然研究的是巴西，但教育不平等已经成为发展中国家普遍存在的问题。研究巴西的这一典型性问题，有助于我们了解教育不平等的形成机制以及教育流动的可能性。

收入中间阶层的扩大是 21 世纪头十年里在巴西出现的新现象，如今该阶层人数已占总人口的近一半。在 2003—2016 年执政的左翼劳工党政府支持将该阶层定义为"新中产阶级"，以此推行促进社会融合的政治议程。然而，所谓的新中产阶级有别于传统中产阶级，实质上是实现一定经济跃升的低社会经济地位阶层。该阶层在实现经济向上流动后，开始追求教育流动。他们成为高校扩张浪潮中高等教育服务的重要购买者。然而，该阶层的大多数学生只能进入教学质量较低的商业性私立大学，没有将精英高校列入择校范围，不尝试报考精英大学或因认定自己无法成功而放弃。本书由此提出研究问题：巴西新中产阶级在渴望实现进一步经济向上流动的情况下，为何在教育流动方面存在对精英高校的主观限制？该阶层在何种情况下能够突破这一限制并成功进入精英高校？

我从未想过自己为什么要跨越半个地球去巴西研究那里的教育不平等问题。曾有许多人问起，我回答："因为我选择研究巴西这个国家，而社会不平等是这个国家最严重、最根本的问题之一。"我一直将此回答视为标准答案,直到有一天,一个研究对象在访谈开始之前问我:"为什么你对低社会经济地位阶层年轻人的精英大学入学机会这个问题感兴趣?这与你的个人经历有什么关系?"

那是我第一次停下来认真思考自己的个人发展路径与研究议题之间的关系。我曾经以为,研究巴西不平等问题是导师给的建议,教育不平等是我做了基本研究之后所认为的更加根本的问题,高等教育入学机会差异与社会流动性问题是我深入巴西当地社会、与不同人群接触后找到的具体研究方向。我并没有把他们的故事与自己的故事联系起来。

然而,在所做的78个与巴西"新中产阶级"学生的访谈中,尤其是与其中43个精英大学生的对话中,我再三与他们产生共鸣。我逐渐意识到,他们的故事就是我的故事。虽然我们出生在不同的年份和不同的国家,我们所经历的事情和面临的问题却没有太大区别。我在研究中试图解答的是关于巴西低社会经济地位阶层年轻人如何进入精英大学的问题,但在潜意识中,也许我是在为自己的故事寻找答案。

如果我对自己做一个访谈,那么首先要从家庭情况说起。我出生在浙江沿海地区的一个县级市,已经比那些偏远地区的孩子有了更多机会。我家曾是靠近城市的农村地区,后来在城市化的扩张进程中成为城市的一部分。我的父母都没有上过大学,父亲高中毕业,母亲初中毕业。父亲退伍后先是在国营单位担任驾驶员,后来开过长途集装箱汽车和出租车;母亲原来在家务农,做一些手工针线活,后来在家附近的一家服装厂工作。父亲在军队时一直担任首长的勤务兵,他深知教育的重要性。父母省吃俭用并打听各种关于学校的信息,只为我可以接受最好的教育。从小,他们就送我去城里最好的学校上学。

除了家庭因素,学校是让我有充分学业准备的关键。在学校,我不断遇到好老师,在学业和人生发展方向上得到了很多指导。小学一年级的班主任激励我认真学习;小学三年级的语文老师让我爱上写作,激发我的语言表达能力;初中班主任帮助我打下了坚实的英语基础，并影响了我之后的大学学校选择。由于我在小学和初中阶段的学业基础扎实，在高中阶段提前考进了市里最好高中的理科特色班。高二我转去了普通文科班，后来的历史老师、政治老师、英语老师和数学老师等都帮助我为高考做充分准备。我在当年的高考中成绩名列全市第一，如愿进入了北京外国语大学。

我与儿时的许多玩伴以及所访谈的巴西学生相比，已经幸运多了。我的父母虽然没有足够的文化和社会资本，却有意识和决心为我的教育投资。我的儿时玩伴们上的大多是农村地区的普通学校，从职业高中毕业后开始工作。那些进入顶尖大学的巴西低社会经济地位阶层的学生，许多人的父母并没有期待他们上大学，高中毕业之后有份工作已经是非常好的预期了，很多人甚至从高中开始就一边学习一边工作。他们的名校之路更加曲折坎坷。

进入精英大学并不等于进入精英阶层，许多名校毕业生之后都过着平庸的生活。但可以确定的是，精英大学能为学生带来更多机会，其中包括能力素质、思维模式、眼界见识、社会网络等方面。多名访谈对象都说，他们不会忘记自己出身的社会阶层，而是要努力改变低社会经济地位阶层所面对的现实。社会结构塑造人，人也会反过来对社会结构产生影响。他们深知那个现实里的真实情况，因此更想促成社会的改善和转变。而在巴西，位于"墙内"的传统精英大多很难体悟另一个现实里的情况。这就是阶层流动对于决策制定和社会变革的重要性。

本书探讨的仅是巴西"新中产阶级"子女的精英大学入学机会问题，后续可进一步开展关于基于精英高校教育经历的阶层流动问题研究。

诚挚感谢所有在我学术道路上给予指导、帮助、鼓励与关怀的师长和朋友。感谢我的父母和家人。

感谢祖国，我的根与现实的所在；感谢巴西，我的爱与梦想的所在。

缩略语

巴西经济分类标准（CCEB）	Critério de Classificação Econômica Brasil
全国高中统一考试（ENEM）	Exame Nacional do Ensino Médio
州立技术高中（ETEC）	Escolas Técnicas Estaduais
学生贷款资助基金（FIES）	Fundo de Financiamento Estudantil
圣保罗大学入学考试组织机构（FUVEST）	Fundação Universitária para o Vestibular
"面向所有人的大学计划"奖学金（PROUNI）	Programa Universidade para Todos
联邦公立大学重组和扩张计划（REUNI）	Reestruturação e Expansão das Universidades Federais
全国工业学习培训服务（SENAI）	Serviço Nacional de Aprendizagem Industrial
公立大学统一选拔系统（SISU）	Sistema de Seleção Unificada
圣保罗州立大学（UNESP）	Universidade Estadual Paulista
圣保罗州立坎皮纳斯大学（UNICAMP）	Universidade Estadual de Campinas
圣保罗大学（USP）	Universidade de São Paulo
圣保罗大学工程学院（POLI-USP）	Escola Politécnica da Universidade de São Paulo

目 录

导论 巴西新中产阶级的教育流动困境 …………………（1）
- 第一节 问题提出：教育流动的天花板现象 ……………（1）
- 第二节 研究背景 …………………………………………（3）
- 第三节 研究意义 …………………………………………（24）
- 第四节 各章简介 …………………………………………（27）

第一章 理论回顾：阶层与高校入学选择 ………………（32）
- 第一节 理性选择：高等教育的成本与收益 ……………（33）
- 第二节 主观认同：身份匹配与自我效能 ………………（39）
- 第三节 教育实践：家庭、学校与社区的社会化过程 ……（45）
- 第四节 解释不足：同一阶层内部学生的高校选择差异 …（57）
- 第五节 研究拓展：作为整体的教育场域内的资本状况 …（62）

第二章 研究框架：基于资本理论的解释机制 …………（66）
- 第一节 基础理论：阶级、资本与教育 …………………（66）
- 第二节 核心概念：三种资本与教育抱负 ………………（69）
- 第三节 解释机制：资本结构与资本转化 ………………（76）
- 第四节 研究设计：具体方法与样本选择 ………………（79）

第三章　田野概况：新中产阶级的高校选择分化 …………（86）
　　第一节　研究对象概况：建立对比分析的基础 …………（86）
　　第二节　教育抱负：同一阶层的内部差异 ……………（102）
　　第三节　田野描述：精英高校与普通高校的区别 ……（106）
　　第四节　本章小结 ………………………………………（118）

第四章　资本结构：三种资本的匮乏 ………………………（121）
　　第一节　经济资本：受经济状况制约的教育选择 ……（121）
　　第二节　文化资本：以工作价值为导向的教育目标 …（129）
　　第三节　社会资本：隔离下的社会网络贫困 …………（143）
　　第四节　本章小结 ………………………………………（152）

第五章　资本转化：困难与可能 ……………………………（154）
　　第一节　转化困难：缺乏转化条件的经济资本投资 …（154）
　　第二节　转化可能：补足文化和社会资本 ……………（176）
　　第三节　"边缘精英"：精英高校与资本积累 …………（200）
　　第四节　本章小结 ………………………………………（212）

结论　资本与隔离 ……………………………………………（214）
　　第一节　教育流动：资本状况与跃升障碍 ……………（214）
　　第二节　边缘处境：机会隔离与制度设计 ……………（218）
　　第三节　创新与不足 ……………………………………（222）

参考文献 ………………………………………………………（225）

导　论

巴西新中产阶级的教育流动困境

第一节　问题提出：教育流动的天花板现象

21世纪的第一个十年里，巴西社会结构发生了显著的变化，收入中间阶层的人数大幅增加，其比例从2000年的36%上升到2014年的47.8%，占巴西总人口的近一半。① 约有3900多万巴西人在2003—2011年从社会结构的最底层上升为收入中间阶层。② 在当时执政的左翼劳工党（Partido dos Trabalhadores）政府的支持下，收入中间阶层被定义为"新中产阶级"，符合劳工党在执政期间所实施的加强社会融合并增进巴西人对美好生活向往的政治议程，也体现了巴西当时作为新兴大国的良好发展势头。

巴西自2014年起陷入较为严重的政治和经济危机。虽然收入中间阶层的比例依然维持在总人口的近50%，但2017年社会结构最底层的人口与2013年相比增加了1.9%；底层人口涨幅在巴西东南部区域达到了4.6%，那里也是收入中间阶层占比最高的地区。③ 该数据体

---

① Associação Brasileira de Empresas de Pesquisa (ABEP), "Critério de Classificação Econômica Brasil", http://www.abep.org/criterio-brasil, 访问日期：2018年5月2日。
② Marcelo C. Neri, *A Nova Classe Média: O Lado Brilhante da Base da Pirâmide*, São Paulo: Saraiva, 2012, p.27.
③ Associação Brasileira de Empresas de Pesquisa (ABEP), "Critério de Classificação Econômica Brasil", http://www.abep.org/criterio-brasil, 访问日期：2018年5月2日。

现的是，相似规模的新中产阶级重新滑落到了社会结构的底层。事实上，所谓的新中产阶级有别于传统中产阶级，实际上包括收入增加、消费能力提高的工人阶级和少部分下层中产阶级。巴西存在严重的贫富差距且个人财富不能仅以收入来衡量，因此以收入划分阶层的方式并不能反映真实的社会阶层结构。

然而，劳工党政府在2003—2016年的两任总统执政期间所推行的"创造新中产阶级"的政治议程确实对巴西社会阶层结构的变化产生了重要影响。政治权力介入象征资本的生产，赋予社会底层的经济向上流动以象征意义，促使其追求"中产阶级"的生活。在这种象征意义的推动下，巴西新中产阶级渴望实现持续的经济向上流动，获得与传统中产阶级相近的消费、生活方式和职业声望，强调通过个人努力实现巴西版的"美国梦"。因此，在实现了一定的经济流动后，巴西新中产阶级积极追求教育层面的向上流动，尤其是获得高等教育文凭，以此促进持续的阶层流动。巴西高等教育体系自20世纪90年代后期以来不断扩张，也为新中产阶级的教育流动提供了更多机会。

数量众多的巴西新中产阶级子女具有比父母更高的受教育水平，教育流动成为该阶层继经济流动后的主要变化特征。属于收入中间阶层的巴西人是高校扩张浪潮中高等教育服务的重要购买者，该阶层许多家庭的子女成为家中第一代大学生。然而，这种教育流动存在显著的"天花板"现象。

大多数新中产阶级家庭子女选择进入教育质量一般或较差的私立大学，通常白天工作，晚上上课；数量众多的该阶层学生宁愿承担普通私立大学的学费，也不尝试免学费的公立精英大学或提供奖学金的私立精英大学的入学考试。巴西高等教育机构工会（Sindicato das Mantenedoras de Ensino Superior）在2016年发布的调查报告显示，研究样本中的新中产阶级学生有近三分之二的人没有将公立大学[①]列入

[①] 巴西公立大学分为联邦公立与州立两种。除了免学费的优势外，公立大学的教学质量高于大多数私立大学，因此入学竞争更加激烈。

自己的高等教育选择范围内；而打算报考公立大学的约40%的该阶层受访学生几乎百分之百肯定自己无法成功考入此类大学。[①] 进入普通私立大学的大量巴西新中产阶级学生很难完成学业，中途因失业无法支付学费或工作紧张无法兼顾学习而辍学；即便完成大学学业，较低质量的高等教育对他们提高职业水平的作用也有限。在经济向上流动与高等教育扩张的背景下，虽然巴西新中产阶级的高等教育入学机会在入学率方面得以提高，但在获取优质教育机构的入学机会方面依然存在较为严重的障碍。

本书由此提出问题：巴西新中产阶级在实现一定程度的经济流动并渴望进一步向上流动的情况下，为什么在教育流动方面存在对进入精英高等教育机构的主观限制？该阶层在什么样的情况下能够突破此种限制并成功进入精英高等教育机构？

通过对比分别进入普通私立大学与精英大学的巴西新中产阶级学生的教育轨迹，本书旨在研究新中产阶级作为一个整体在高等教育入学机会方面的流动困境及可能的跃升机制，探讨该阶层所拥有的经济资本、文化资本和社会资本的状况，进而思考巴西的社会阶层结构与社会流动问题。

第二节 研究背景

新中产阶级的崛起与高等教育体系的扩张是巴西从21世纪初开始出现的两大新现象，两者之间存在关联与促进的关系。曾经处于社会底层的巴西民众在收入和消费能力提高后，上升为收入中间阶层，并成为高等教育的新兴购买者，希望实现教育流动，通过获得大学文凭与更好的工作来取得真正的中产阶级身份。此外，巴西高等教育体

[①] Associação Brasileira de Mantenedoras de Ensino Superior (ABMES), "Aspirações da Classe C em relação ao Ensino Superior", https://www.abmes.org.br/arquivos/pesquisas/aspiracoes_classe_c.pdf, 访问日期：2019年5月1日。

系自20世纪90年代后期以来持续扩张，出现了大量私立高等教育机构；大部分私立高等教育机构的校区分布广泛，入学门槛低，学费也较低，这使得高等教育对新中产阶级家庭的学生而言更加可及，为他们的教育流动提供了条件。在此过程中，巴西的教育不平等现象并没有减少，而是以新的形式得以维持与再生产。

下文将具体阐述巴西新中产阶级的定义及其实质，说明其与传统中产阶级相比仍然属于社会经济地位（以下简称"社经地位"）更低的阶层。新中产阶级在高等教育扩张过程中仍然面临严峻的入学机会不平等问题。巴西的高等教育扩张主要以市场为主导的方式进行，政府起到一定的管理和规范作用，但力度不大，对于缓解高等教育阶段入学机会不平等的作用也不大。巴西政府虽然推行了与高等教育入学机会相关的平权政策，但其在促进教育公平方面的效力具有局限性。

一 政治概念：巴西新中产阶级的定义及其实质

本书所指的巴西新中产阶级有别于社会学意义上的中产阶级，是国家政治权力所建构的阶层概念。

自20世纪50年代起，巴西就将社会结构分为A、B、C、D、E五个不同阶层，在综合衡量家庭生活条件、消费能力和男性家长受教育程度等的基础上以家庭收入进行分类。A和B被视为富裕阶层，C为中等阶层，D和E为贫穷阶层；这三大群体在人数规模上曾比较接近。[①]然而，自21世纪初开始，不同阶层的比例发生了变化，C阶层的人数和比例有显著提高，目前已占巴西总人口的近一半。经济分类标准（Critério de Classificação Econômica Brasil，CCEB）是较为通用的巴西社会阶层分类指标，主要衡量的是家庭对消费品的拥有和潜在购买力。根据CCEB基于2000年全国人口普查结果的统计，C阶层在巴西总人

---

① Heloisa B. de Almeida, "Classe Média Para a Indústria Cultural", *Psicologia USP*, Vol. 26, No. 1, 2015, pp. 27-36.

口中所占比例约为 36%。① CCEB 基于 2014 年普查结果的统计则体现出 C 阶层的显著增长②，其比例提高为 47.8%③。图 0.1 和图 0.2 显示了这两个时期不同社会阶层占巴西总人口的比例。

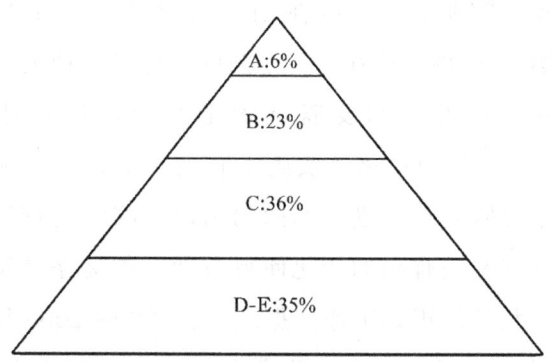

图 0.1 基于 2000 年数据的巴西社会结构分层

资料来源：基于 2003 年公布的 CCEB。

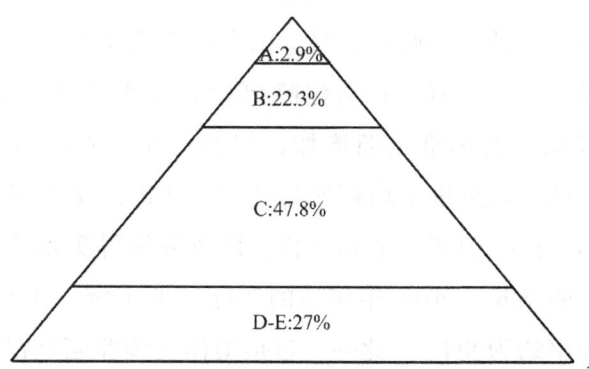

图 0.2 基于 2014 年数据的巴西社会结构分层

资料来源：基于 2016 年公布的 CCEB。

---

① Associação Brasileira de Empresas de Pesquisa (ABEP), "Critério de Classificação Econômica Brasil para 2003", http://www.abep.org/criterio-brasil, 访问日期：2018 年 5 月 2 日。

② 2016 年的巴西经济分类标准 CCEB 是基于 2014 年人口普查数据统计的结果。该标准规定，A 阶层家庭月收入超过 20888 雷亚尔，B 阶层为 4852—20887 雷亚尔，C 阶层为 1625—4851 雷亚尔，D 和 E 阶层为 768—1624 雷亚尔。2014 年巴西最低工资标准是 724 雷亚尔（约合 200 美元）。

③ Associação Brasileira de Empresas de Pesquisa (ABEP), "Critério de Classificação Econômica Brasil para 2016", http://www.abep.org/criterio-brasil, 访问日期：2018 年 5 月 2 日。

C 阶层人数的增长与最贫穷的 D、E 阶层人数的减少有直接关系。最底层民众生活状况的整体性改善及其消费能力的提升主要与宏观经济的增长有关。在经历了 20 世纪八九十年代动荡不安的经济危机、经济滞胀和高通货膨胀后，巴西在 21 世纪头十年终于迎来一段相对稳定的发展时期。2000—2010 年，巴西国内生产总值的年平均增长率达 3.74%。① 1994 年推行的反通货膨胀的"雷亚尔计划"（Plano Real）稳定了货币，政府后来又实施了有利于银行体系和信贷便利的政策。大宗商品价格上涨促进了巴西的出口，国际信贷充裕增加了外国直接投资。所有这些有利的变化使得劳动力市场蓬勃发展，有助于创造就业岗位，尤其是正式工作。据统计，1999—2003 年，巴西正式工作岗位增加了 240 万个；这一数字在 2003—2007 年增加了两倍以上，达 510 万；2007—2011 年跃升至 870 万。②

此外，劳工党所领导的左翼政府自 2002 年上台后实施了有助于减少贫困和不平等的社会政策。最低工资标准政策为无技术工人的工资设定了底线，并成为所有社会保障福利的最低限度。③ 同时，政府也确保每年最低工资标准逐渐增加，与雇主和工人协会同时达成协议，使每年最低工资标准的增幅能补偿上一年的通货膨胀，并与上一年的实际国内生产总值增长率相结合。该政策使得实际最低工资收入在此后得到大幅增长，2011 年年初的实际最低工资几乎是 1995 年的三倍，年增长率约为 8%。④ 此外，包括退休金和养老金在内的非劳动收入来源及以"家庭津贴计划"（Programa Bolsa Família）为代表的公

---

① 均值的计算基于世界银行的数据，https://data.worldbank.org，访问日期：2018 年 4 月 28 日。
② Pedro H. Souza, *Poverty, Inequality and Social Policies in Brazil, 1995-2009*, Working Paper No. 87, Brasilia: International Policy Centre for Inclusive Growth, 2012, p. 3.
③ Ricardo Barros, Mirela de Carvalho, Samuel Franco et al., *Markets, the State and the Dynamics of Inequality: The Case of Brazil*, Working Paper, New York: United Nations Development Programme, 2010, p. 33.
④ Pedro H. Souza, *Poverty, Inequality and Social Policies in Brazil, 1995-2009*, Working Paper No. 87, Brasilia: International Policy Centre for Inclusive Growth, 2012, p. 11.

共现金转移项目,都促进了位于社会结构最底层人群的收入增加。①

在这些因素影响下,巴西人提高了购买力,尤其是那些处于社会结构金字塔底层的人。按照政府和市场的衡量标准,他们作为"新消费者"的形象崛起,从而改变了巴西社会经济阶层的结构。② 首次以新兴的、正在崛起的"新中产阶级"的概念来定义这部分人群的是巴西经济学家马塞洛·内里(Marcelo Neri)。他提出这一概念主要基于两个原因:第一,这部分民众渴望像追求所谓的"美国梦"那样持续上升到中产阶级;第二,这部分民众在CCEB阶层分类的五类中属于C阶层,处于社会阶层结构的中间。③

然而,巴西"新中产阶级"的概念实际上更多包含的是政治意义,从社会学角度将该阶层如此定义其实并不准确。"新中产阶级"一词的出现与巴西政府当时的政治意图相关。其概念创始人内里与劳工党政府联系紧密,曾是前总统路易斯·伊纳西奥·卢拉·达席尔瓦(Luiz Inácio Lula da Silva)和迪尔玛·罗塞夫(Dilma Rousseff)的直系顾问团成员,此后又在政府机构担任要职。"新中产阶级"的概念通过媒体得以广泛传播,实际上得到了劳工党政府的支持;此外,政府还在公共政策中嵌入这一概念。巴西总统办公室下设的战略事务秘书处(Secretaria de Assuntos Estratégicos, SAE)甚至设立专门的委员会来界定中产阶级,以便将属于社会结构金字塔中间的、异质性的巴西家庭系统地组织起来。④ "新中产阶级"一词较好地契合了劳工党政府在执政期间所实施的加强社会不同阶层之间的融合并提高民众对

---

① Marcio Pochmann, *Nova Classe Media? O Trabalho Social na Base da Pirâmide Social Brasileira*, São Paulo: Boitempo, 2012, p. 10.

② Eliana Vicente, "Nova Classe Média: Um Delírio Coletivo?", in Dawid D. Bartelt org., *A "Nova Classe Média" no Brasil como Conceito e Projeto Político*, Rio de Janeiro: Fundação Heinrich Böll, 2013, pp. 81-93.

③ Marcelo C. Neri, *A Nova Classe Média*, Rio de Janeiro: FGV/IBRE, CPS, 2008, pp. 21-22.

④ Lucia C. Costa, "Classes Médias e as Desigualdades Sociais no Brasil", in Dawid D. Bartelt org., *A "Nova Classe Média" no Brasil como Conceito e Projeto Político*, Rio de Janeiro: Fundação Heinrich Böll, 2013, pp. 43-55.

美好生活向往的议程，尤其这部分人群占巴西总人口的近一半。

巴西学者普遍认为，"新中产阶级"的概念与传统意义上的中产阶级定义存在差别。① 创造此概念的经济学家内里在一定程度上认同这一说法，对于"新中产阶级"的定义并不是遵循社会学的标准；大部分每月收入介于3—6个最低工资收入之间的巴西家庭生活在消费水平较高的大城市，因此在事实上较难达到与传统中产阶级相近的生活标准。② 其他学者也批判了仅基于收入标准的阶层分类方式。③ 除收入水平外，诸如受教育程度、家庭储蓄额度、收入较高且专业资格要求较高的工作职位、政治行为等因素，都应成为定义的考虑标准。④

中产阶级这一概念的界定本身具有争议性，可以从生产资料的占有关系、职业地位、收入水平、受教育程度等多个层面进行定义。拉丁美洲国家的中产阶级显然区别于欧美国家成熟的中产阶级，包括收入水平和政治立场等方面。⑤ 如果以经济收入来划分社会阶层，世界银行在2013年的报告中以每日收入10—50美元的标准来定义拉美地区的中产阶级，每日收入在10—20美元的为下层中产阶级，4—10美元的为经济脆弱阶层，低于4美元的为贫困阶层。⑥ 根据这个标准而言，如果以巴西收入中间阶层家庭每户三人来算，他们的人均日收入

---

① Waldir J. de Quadros, Denis M. Gimenez and Davì J. N. Antunes, "Afinal, Somos Um País de Classe Média? Mercado de Trabalho, Renda e Transformações Sociais no Brasil dos Anos 2000", in Dawid D. Bartelt org., A "Nova Classe Média" no Brasil como Conceito e Projeto Político, Rio de Janeiro: Fundação Heinrich Böll, 2013, pp. 32-42.

② Marcelo C. Neri, A Nova Classe Média: o Lado Brilhante da Base da Pirâmide, São Paulo: Saraiva, 2011, p. 83.

③ Jessé Souza, "A Invisibilidade da Luta de Classes ou a Cegueira do Economicismo", in Dawid D. Bartelt org., A "Nova Classe Média" no Brasil como Conceito e Projeto Político, Rio de Janeiro: Fundação Heinrich Böll, 2013, pp. 56-68.

④ Lucia C. Costa, "Classes Médias e as Desigualdades Sociais no Brasil", in Dawid D. Bartelt org., A "Nova Classe Média" no Brasil como Conceito e Projeto Político, Rio de Janeiro: Fundação Heinrich Böll, 2013, pp. 43-55.

⑤ 郭存海：《中产阶级与巴西现代化》，《拉丁美洲研究》2011年第4期。

⑥ Francisco H. Ferreira, Julian Messina, Jamele Rigolini et al., Economic Mobility and the Rise of the Latin American Middle Class, Washington, DC: World Bank, 2013, p. 1.

在5.6—16.8美元；通常该阶层每户不止三人，若按四人来算，人均日收入则进一步降低为4.2—12.6美元。因此，即便是按照收入水平定义分层，巴西新中产阶级也显著区别于世界银行所定义的中产阶级，包括一部分下层中产阶级和大部分经济脆弱阶层。拉美地区的经济脆弱阶层在进入21世纪后重返贫困状态的可能性逐渐降低，但脆弱性依然存在，缺乏足够的财富和社会保障来抵御风险。① 巴西的经济脆弱阶层大部分已经被归类为属于社会收入中间阶层的新中产阶级。在贫富差距严重的拉美地区，收入最高阶层与其他收入阶层之间实际上存在"过度不平等"，这使得包括低收入和中等收入群体在内的约90%的该地区人口事实上都处于经济分层的弱势地位。② 此外，在贫富差距严重的巴西，个人财富不能仅以收入来衡量，因此以收入划分阶层的方式并不能反映真实的社会阶层结构。

有学者认为，如果从社会学角度定义巴西中产阶级，那么他们应该拥有属于自己的高生活标准的房屋或公寓、一家之主可获得贷款、具有高等教育学历、拥有商业健康保险、经济能力足够送子女接受私立基础教育等。③ 然而，21世纪头十年里崛起的巴西"新中产阶级"几乎无法满足以上几项标准。研究表明，虽然大多数"新中产阶级"家庭拥有自己的住房、没有高居住密度，但是只有一间浴室；大多数户主没有信用卡或支票，也没有大学文凭；大多数家庭没有经济能力购买私营的社会服务，如商业健康保险或私立基础教育等；该阶层的主要职业包括办公室助理、销售员、护士助理、服务员、家政工、保安等；他们不仅亟须提高收入、职业地位和消费能力，而且与传统中

---

① 林华：《拉美国家的脆弱阶层与反脆弱性政策》，《拉丁美洲研究》2016年第3期。
② 郭存海：《拉美的"过度不平等"及其对中产阶级的影响》，《拉丁美洲研究》2012年第4期。
③ Celia L. Kerstenetzky and Christiane Uchôa, "Moradia Inadequada, Escolaridade Insuficiente, Crédito Limitado: Em Busca da Nova Classe Média", in Dawid D. Bartelt org., *A "Nova Classe Média" no Brasil como Conceito e Projeto Político*, Rio de Janeiro: Fundação Heinrich Böll, 2013, pp. 16-31.

产阶级相比，在子女教育方面缺乏足够的文化资本。①

因此，有学者认为"新中产阶级"从本质上而言并不是中产阶级，而是"新工人阶级"②。数量众多的该阶层人群从事服务行业，而服务行业在 21 世纪头十年里的扩张带来了从业人员收入的提升，由此促进了该阶层消费能力的增长。③ 巴西媒体通过对"新中产阶级"的大肆报道夸大了对该阶层的积极期待，以鼓励那些辛苦劳作的工人通过努力和奉献克服重重障碍并获得更好的生活。④ 事实上，这一概念更准确而言体现的是一部分巴西底层民众在这一时间段内实现的一定程度的经济向上流动。⑤

本书在行文中仍然使用"新中产阶级"一词，但认为这一阶层与传统中产阶级相比属于社经地位更低的阶层，在某种意义上可被认为是低社经地位阶层。

二 市场主导：高等教育扩张与入学机会不平等

高等教育扩张已成为全球化现象。许多发展中国家从 20 世纪 70 年代起经历高等教育由精英化向大众化的过渡，这一进程在 20 世纪 90 年代后不断加速。⑥ 巴西在 20 世纪 90 年代后期加入高等教育扩张的大浪潮，主要体现为私立大学数量的增加。除已有的公立大学和非

---

① Waldir J. de Quadros, Denis M. Gimenez and Daví J. N. Antunes, "Afinal, Somos Um País de Classe Média? Mercado de Trabalho, Renda e Transformações Sociais no Brasil dos Anos 2000", in Dawid D. Bartelt org., A "Nova Classe Média" no Brasil como Conceito e Projeto Político, Rio de Janeiro: Fundação Heinrich Böll, 2013, pp. 32-42.

② Jessé Souza, Os Batalhadores Brasileiros: Nova Classe Média ou Nova Classe Trabalhadora?, Belo Horizonte: Editora UFMG, 2010, p. 47.

③ Marcio Pochmann, Nova Classe Media? O Trabalho Social na Base da Pirâmide Social Brasileira, São Paulo: Boitempo, 2012, p. 10.

④ Hilaine Yaccoub, "A Chamada 'Nova Classe Média': Cultura Material, Inclusão e Distinção Social", Horizontes Antropológicos, Vol. 17, No. 36, 2011, pp. 197-231.

⑤ Moisés Kopperand Arlei S. Damo, "A Emergência e Evanescência da Nova Classe Média Brasileira", Horizontes Antropológicos, Vol. 24, No. 50, 2018, pp. 335-376.

⑥ Evan Schofer and John W. Meyer, "The Worldwide Expansion of Higher Education in the Twentieth Century", American Sociological Review, Vol. 70, No. 6, 2005, pp. 898-920.

营利性私立大学外,出现了大量以营利为目的或高度商业化的高等教育机构,并成为高校扩张的主力。① 在扩张潮流中,高校入学机会对家中第一代上大学的学生而言更易获得,但社经地位不同的群体之间的教育不平等不断加剧。这不仅体现为不同群体的大学入学率高低,而且包括他们所考取高校和专业的入学竞争程度差异。

高校扩张使大量此前没有机会上大学的巴西人受益,但正如巴西的基础教育②一样,双重体系在高等教育阶段依然存在。高等教育形成了界限分明的精英大学与普通大学之间的对立。高社经地位阶层上好大学,低社经地位阶层上不了大学或只能上质量一般的大学,似乎成了被民众所接受的事实。高社经地位的巴西人选择在基础教育阶段进入昂贵的私立学校上学,因此有更好的学业准备及更大可能性考入精英大学内竞争激烈的专业课程③,包括精英公立大学或学费昂贵但教学质量出色的私立大学。与此相对,低社经地位学生上的大多是质量较差的免费公立学校,之后进入普通私立大学质量较差的专业课程学习。

从政治哲学的角度而言,教育机会不平等被认为是不公平的。④因此应该实施政治和教育方面的改革,为那些拥有更少家庭经济资源和更低社会地位的人创造公平的竞争环境。教育体系的扩张因此被视为提供更平等教育机会的途径之一,有助于改善代际流动。许多国家的教育体系在20世纪都开始不断扩张,尤其是在第二次世界大战以后,教育入学率呈急剧上升的发展趋势。随着这种趋势的出现,支持现代化理论的一些学者提出,教育体系的扩大顺应了工业社会发展的

---

① Tristan McCowan, "Expansion Without Equity: An Analysis of Current Policy on Access to Higher Education in Brazil", *Higher Education*, Vol. 53, No. 5, 2007, pp. 579-598.
② 巴西基础教育的概念包括初等教育(小学和初中,葡语为 ensino fundamental)以及中等教育(高中,葡语为 ensino médio)。
③ "课程"一词翻译自葡萄牙语词汇"curso",在巴西高等教育的语境下指某所大学和某个专业的结合。不同大学里的同一个专业被称为不同的"课程"。
④ John Rawls, *A Theory of Justice*, Oxford: Oxford University Press, 1999 [1971]; John E. Roemer, *Equality of Opportunity*, Cambridge, MA: Harvard University Press, 1998.

功能性需求;随着教育可及性的提高,教育机会不平等也会逐渐下降,因为教育系统会为那些具有较低社会出身但聪明勤劳的儿童提供向上流动的机会,同时使社会出身较高但懒惰愚笨的孩子向下流动。①然而,支持文化再生产理论的其他学者则认为,虽然教育大众化可能导致初级阶段教育机会不平等程度的降低,但社会出身对高等教育阶段的教育获得依然有着显著的影响,高等教育入学机会在某种程度上被更具经济和政治特权的阶层所垄断。②

有关教育扩张与教育不平等的两个最有影响力的假设是"不平等最大维持论"(Maximally Maintained Inequality,MMI)③和"不平等有效维持论"(Effectively Maintained Inequality,EMI)④。这两个假设分别认为,在某个教育阶段的扩张期,教育取得在数量上的不平等(入学率差异)会被"最大化地维持",只有在高社经地位阶层的需求得到满足后,这种不平等才会减少;同时,质量上的不平等(竞争激烈的优质教育机构的入学机会差异)将会被"有效地维持"。大量的实证研究验证了这两个假设,结果各不相同。有学者使用跨国数据对MMI进行了验证,发现高等教育的扩张与教育机会不平等呈正相关,同时在更年轻的年龄组研究对象中发现这种正向关系已经延伸到了高中教育阶段,特权社会阶层在教育获得上的饱和并不对教育机会不平等产生影响。他们因此认为,教育体系扩张不是有效促进教育机会均

---

① Donald J. Treiman,"Industrialization and Social Stratification",*Sociological Inquiry*,Vol. 40,No. 2,1970,pp. 207-234;Talcott Parsons,"Equality and Inequality in Modern Society,or Social Stratification Revisited",*Sociological Inquiry*,Vol. 40,No. 2,1970,pp. 13-72.

② Randall Collins,"Functional and Conflict Theories of Educational Stratification",*American Sociological Review*,Vol. 36,No. 6,1971,pp. 1002-1019.

③ Adrian E. Raftery and Michael Hout,"Maximally Maintained Inequality:Expansion,Reform,and Opportunity in Irish Education,1921-75",*Sociology of Education*,Vol. 66,No. 1,1993,pp. 41-62.

④ Samuel R. Lucas,"Effectively Maintained Inequality:Education Transitions,Track Mobility,and Social Background Effects",*American Journal of Sociology*,Vol. 106,No. 6,2001,pp. 1642-1690.

等的政策，反而有可能加剧教育机会不平等。① 其他研究为 EMI 假设提供了有力证据，证实这种质量上的不平等不仅存在于高等教育中②，也存在于为大学入学做准备的精英化的中等教育中。③

其他一些学者从教育系统制度化背景方面的差异入手研究了教育领域的社会不平等问题。从义务教育的结构来看，选择性的中等教育制度与非选择性制度相比会加剧教育不平等。④ 选择性的入学门槛越早出现在不同教育阶段的过渡时期，则社会出身可能对教育不平等产生越大的影响。⑤ 入学名额选拔的标准和程序也会影响教育机会不平等，标准化考试通常比父母选择或教师建议更为客观。⑥ 从教育成本的角度而言，后义务教育时期的机会成本、私立教育的经济成本以及高等教育的直接成本，都会导致不同程度的教育机会不平等。⑦

---

① Eyal B. Haim and Yossi Shavit, "Expansion and Inequality of Educational Opportunity: A Comparative Study", *Research in Social Stratification and Mobility*, Vol. 31, 2013, pp. 22-31.

② Sin Y. Cheung and Muriel Egerton, "Great Britain: Higher Education Expansion and Reform—Changing Educational Inequalities", in Yossi Shavit, Richard Arum and Adam Gamoran eds., *Stratification in Higher Education: A Comparative Study*, Stanford, CA: Stanford University Press, 2007, pp. 195-219; Pauline Givord and Dominique Goux, "France: Mass and Class - Persisting Inequalities in Postsecondary Education", in Yossi Shavit, Richard Arum and Adam Gamoran eds., *Stratification in Higher Education: A Comparative Study*, Stanford, CA: Stanford University Press, 2007, pp. 220-239; Josipa Roksa, Eric Grodsky, Richard Arum et al., "United States: Changes in Higher Education and Social Stratification", in Yossi Shavit, Richard Arum and Adam Gamoran eds., *Stratification in Higher Education: A Comparative Study*, Stanford, CA: Stanford University Press, 2007, pp. 165-194.

③ Samuel R. Lucas, "Effectively Maintained Inequality: Education Transitions, Track Mobility, and Social Background Effects", *American Journal of Sociology*, Vol. 106, No. 6, 2001, pp. 1642-1690.

④ Jeannie Oakes, *Keeping Track: How Schools Structure Inequality*, 2nd edition, New Haven, CT: Yale University Press, 2005.

⑤ Robert Erikson, "Explaining Change in Educational Inequality—Economic Security and School Reforms", in Robert Erikson and Jan O. Jonsso, eds., *Can Education Be Equalized?: the Swedish Case in Comparative Perspective*, Boulder, Colo: Westview Press, 1996, pp. 95-112.

⑥ Robert Erikson and Jan O. Jonsson, "Introduction: Explaining Class Inequality in Education: The Swedish Test Case", in Robert Erikson and Jan O. Jonsso, eds., *Can Education Be Equalized?: the Swedish Case in Comparative Perspective*, Boulder, Colo: Westview Press, 1996, pp. 1-64.

⑦ Robert Erikson and Jan O. Jonsson, "Introduction: Explaining Class Inequality in Education: The Swedish Test Case", in Robert Erikson and Jan O. Jonsso, eds., *Can Education Be Equalized?: the Swedish Case in Comparative Perspective*, Boulder, Colo: Westview Press, 1996, pp. 1-64.

◆◆ 资本与隔离：巴西新中产阶级的教育流动研究

  巴西自工业化进程开始之后就一直在扩大其教育体系，为促进经济发展提供更多掌握熟练技能的劳动力。教育体系的大众化使得巴西的教育机会不平等在初等教育阶段有所减少，在中等教育阶段也有一定程度的降低，但是这种作用并没有体现在高等教育上。① 高等教育被认为有助于促进基于英才制度的社会流动，但其作用却没有在高等教育扩张的过程中得到应有的体现。许多巴西学者研究了高等教育扩张对促进教育平等和社会流动的影响。有学者调查了1982—2010年巴西高等教育入学机会不平等情况，发现社会阶层和家庭状况对高等教育阶段教育机会不平等的影响在这一时期始终存在，尽管基于种族和父母受教育程度的不平等有所减少。② 另外，有学者研究了1960—2010年这一更长时期内巴西年轻人的教育分层情况，发现社会出身、家庭收入和父母受教育水平对人们在初等教育阶段入学机会的影响有所下降，在中等教育阶段维持，而在高等教育阶段有所增加。③ 一些研究也验证了MMI和EMI假设在巴西高等教育扩张中的存在。④ 包括巴西在内的拉美许多国家在不同阶层的教育资源分配上存在较为严重的不均现象，社会收入中间阶层的代际教育流动性较低，子女通常倾向于复制父母的阶层地位；由于收入中间阶层在人口中所占比重较大，进一步拉低了整体的社会流动水平。⑤

  巴西的高等教育体系拥有规模庞大的私立教育机构，公立大学

---

① Carlos A. Ribeiro and Rogerio Schlegel, "Estratificação Horizontal da Educação Superior no Brasil (1960 a 2010)", in Marta Arretche org., *Trajetórias das Desigualdades: Como o Brasil Mudou nos Últimos Cinquenta Anos*, São Paulo: Editora Unesp, 2015, pp. 133-162.

② Arnaldo L. Mont' Alvão Neto, "Tendências das Desigualdades de Acesso ao Ensino Superior no Brasil: 1982-2010", *Educação & Sociedade*, Vol. 35, No. 127, 2014, pp. 417-441.

③ Carlos A. Ribeiro and Rogerio Schlegel, "Estratificação Horizontal da Educação Superior no Brasil (1960 a 2010)", in Marta Arretche org., *Trajetórias das Desigualdades: Como o Brasil Mudou nos Últimos Cinquenta Anos*, São Paulo: Editora Unesp, 2015, pp. 133-162.

④ Hustana M. Vargas, *Represando e Distribuindo Distinção: a Barragem do Ensino Superior*, Tese de Doutorado, Rio de Janeiro: Pontifícia Universidade Católica do Rio de Janeiro, 2008; Murillo M. Brito, *A Dependência na Origem. Desigualdades no Sistema Educacional Brasileiro e a Estruturação Social das Oportunidades*, Tese de Doutorado, São Paulo: Universidade de São Paulo, 2014.

⑤ 黄乐平：《试析教育与拉美中产阶级的代际流动性》，《拉丁美洲研究》2012年第5期。

的数量和规模相对小一些;然而在教育资源的质量方面,公立大学普遍高于私立高校,精英高等教育资源十分紧缺。巴西高等教育的发展历史较短,始于18世纪末19世纪初政府所创立的提供技术课程的高等教育机构,在20世纪开始扩大规模。直至20世纪50年代,巴西高等教育机构主要包括私立的有宗教背景的大学以及公立的独立学院。在政府促进教育发展的目标下,一些私立和公立高等教育机构在20世纪60年代被改编为联邦政府所支持的高等教育机构,后来发展为联邦公立大学。在1964—1985年的军政府独裁统治期间,公立大学与天主教大学开始发展研究生课程与研究任务,以满足军政府将巴西建设成为一个强国的人才和科研需求。[1] 在此期间,巴西的私立高等教育机构也不断增多。回归民主体制后,巴西于1988年颁布了新宪法。政治改革之后,包括私有化政策以及建立自由市场经济等在内的经济改革也随之开展,以深受新自由主义影响的政策来应对巴西在20世纪80年代的严重债务危机。1995年颁布的"国家机构改革指导计划"(Plano Diretor da Reforma do Aparelho do Estado)规定,减少公共开支,同时提高私营部门在所有领域的参与度。[2] 在教育领域,公共资源被优先用于改善义务教育,对公立高等教育机构的投入相对减少,鼓励私人资源参与高等教育市场化的过程。[3]

在新自由主义政策的影响下,巴西私立高等教育机构在20世纪90年代开始大力扩张。除了传统的宗教附属非营利性私立大学之外,一批以营利为目的的私立高校以及高度商业化的非营利性高校大量涌

---

[1] Angela C. Siqueira, "Higher Education Reform in Brazil: Reinforcing Marketization", *Journal for Critical Education Policy Studies*, Vol. 7, No. 1, 2009, pp. 169-191.

[2] Pablo Gentili, "A Universidade na Penumbra: o Círculo Vicioso da Precariedade e a Privatização do Espaço Público", in Pablo Gentili, org., *Universidades na Penumbra: Neoliberalismo e Reestruturação Universitária*, São Paulo: Cortez, 2001, pp. 97-128.

[3] Vera L. Chaves, "Expansão da Privatização/Mercantilização do Ensino Superior Brasileiro: a Formação dos Oligopólios", *Educação & Sociedade*, Vol. 31, No. 111, 2010, pp. 481-500.

现,并成为巴西高等教育扩张浪潮中的支柱。[①] 如今,巴西私立高校的机构数量和招生规模已远远超过公立高校,表0.1显示了2016年两者的对比数据。

表0.1　　　　　2016年巴西公立与私立高校对比数据

	公立高校		私立高校	
	数量（所）	占比（%）	数量（所）	占比（%）
机构数量	296	12.3	2111	87.7
注册学生数	1990078	24.7	6058623	75.3
毕业学生数	246875	21.1	922574	78.9
新增入学名额	572122	7.3	7301580	92.7
入学竞争率	1∶14.9	—	1∶1.68	—

资料来源:2016年高等教育普查数据,国家教育研究所(Instituto Nacional de Estudos e Pesquisas Educacionais Anísio Teixeir)。

私立高校无论是从机构数量还是招生人数方面而言,都已在巴西高等教育的发展中占据主要地位。然而,这些私立高校大部分只提供教学课程,很少或根本不具备研究资质,注重的是如何在市场竞争中取胜以及提高成本效益。它们强调对高等教育市场份额的占领,却不强调自身教育质量的提高。这一点体现在入学竞争率上,与公立高校14.9名申请者竞争1个入学名额形成鲜明对比的是,私立高校的这一数据仅为1∶1.68,在许多质量低于平均水平的私立高校里,基本只要付学费就能入学。巴西的公立大学包括联邦政府支持和州政府支持两类,都免收学费,教学质量高于大多数私立高校。低入学门槛、合理的学费、校区众多带来的可及性以及与就业市场的紧密联系,成为私立高校吸引生源的主要手段。自2007年起,巴西国内和国际企业

[①] Tristan McCowan, "Expansion Without Equity: An Analysis of Current Policy on Access to Higher Education in Brazil", *Higher Education*, Vol.53, No.5, 2007, pp.579-598.

开始大规模收购和兼并私立高等教育机构,产生了高等教育领域的寡头垄断。① 这使得政府对于私立高等教育的管理和规范更为困难,因为拥有庞大势力的私立教育集团会向教育部下属的制定和评估教育政策的国家教育委员会(Conselho Nacional de Educação)进行游说。②

由此可以看出,巴西的高等教育扩张主要以市场主导的方式进行,政府起到一定的管理和规范作用,但力度不大,对于减少高等教育阶段入学机会不平等的作用也不大。

三 制度设计:与高校入学相关的平权政策

在进入大学之前,学生首先需要在学业知识方面有足够的准备。因此,高等教育之前的初等和中等教育十分重要,尤其是高中阶段,是为进入大学做学业准备的关键时期。另外,经济因素也对学生的高等教育入学机会有着重要的影响。对巴西新中产阶级家庭的学生而言,他们在学业准备和经济准备这两方面存在劣势,因此成为劳工党政府执政期间所颁布的平权政策的主要受益者。

在巴西,不同阶层和家庭背景的学生在进入大学前的学业准备差异给教育机会公平带来了很大的问题。巴西的教育政策规定,6—14岁的儿童必须接受为期9年(早前为8年)的义务教育,涵盖初等教育阶段(Ensino Fundamental),相当于小学和初中。想申请大学的学生则必须继续完成3年的中等教育(Ensinomédio),即高中阶段。初等和中等教育阶段的巴西公立学校是免费的,但大部分公立学校都因资源缺乏而存在教学质量低下、基础设施落后等问题,某些偏远地区的公立高中甚至存在校园暴力问题。公立基础教育并非全日制学习,因此学生可以一边工作一边学习,这在高中阶段的公立学校中尤其普

---

① Vera L. Chaves, "Expansão da Privatização/Mercantilização do Ensino Superior Brasileiro: a Formação dos Oligopólios", *Educação & Sociedade*, Vol. 31, No. 111, 2010, pp. 481-500.

② Tristan McCowan, "Expansion Without Equity: An Analysis of Current Policy on Access to Higher Education in Brazil", *Higher Education*, Vol. 53, No. 5, 2007, pp. 579-598.

遍。公立学校的绝大部分学生来自低社经地位家庭，因为教育资源的缺乏及其他客观障碍的影响，他们往往无法取得与大多数高社经地位学生比肩的学业成绩，大学入学率更低；此外，家庭和社区对他们的期待是顺利完成高中学业，然后进入就业市场，因此并不对他们的学业表现有所要求。

与此相比，初等和中等教育阶段的私立学校收取一定费用，教学质量普遍高于公立学校，且教学质量一般与学费高低成正比。以巴西经济中心圣保罗市为例，位于低社经地位人群集中的社区里的私立学校普遍收费在每月300—700雷亚尔（约合86—200美元）[①]，而私立精英学校的收费普遍在每月3000雷亚尔以上（约合864美元）。收取高昂学费的私立学校通常能提供更好的教育，使学生能为进入大学做更充分的学业准备，在入学竞争中更具优势。许多私立学校的教育都是围绕大学入学考试开展的，因此学生在高中阶段的主要任务就是为进入大学而学习。这些学生绝大多数都是来自高社经地位家庭，基于社会经济需求的奖学金生比例非常小。在私立高中接受中等教育的学生整体而言有更大可能性考入竞争激烈的公立大学和私立精英大学。

高校入学的筛选程序和标准也对教育机会公平起着重要作用。巴西学生在进入大学前需要通过入学考试，大部分高校都是自行出题，设有独立的入学考试，在葡萄牙语中被称为"Vestibular"。Vestibular通常在每年的11月至次年1月进行，持续1—3天，许多私立大学在每年年中还会举行第二次入学考试。学生需要在参加Vestibular之前就选定专业，之后根据所选专业参加相应的入学考试。Vestibular的难度与该大学和专业的入学竞争激烈程度成正比，某些精英大学的Vestibular在形式和内容上都非常复杂，许多考试内容甚至没有出现在公

---

① 在笔者于圣保罗市开展田野调查的2016年，巴西的最低工资标准为880雷亚尔。

立学校的教学内容中。① 排名靠前的公立和私立精英大学及其热门专业，Vestibular 的入学竞争十分激烈，那些在高中接受高质量教育、在学业上准备更充分的高社经地位学生就具有竞争优势。为了帮助学生考入理想的大学及专业，在短时间内弥补他们在学业上的不足，众多商业性的教育机构提供针对不同大学 Vestibular 的辅导班，集中传授考试知识和技巧。这些辅导班课程大多需要付费，教学质量也与价格成正比。

这样的高等教育入学方式对于低社经地位阶层出身的学生十分不利。他们既没有足够的家庭资源和支持在基础教育阶段上私立好学校，也没有经济条件支付昂贵辅导班的费用。许多低社经地位学生选择通过工作支付辅导班费用，但他们通常都因为没有足够的时间专心学习而无法或延迟很长时间考入精英大学。

为了提高高等教育入学的公平性，巴西联邦政府从 2009 年起启用全国高中考试（Exame Nacional do Ensino Médio，ENEM）作为联邦公立大学统一的入学考试。ENEM 本是 1998 年教育部所设立的评估高中教学质量的考试，在 2009 年进行了改版；其考试形式相比精英大学的 Vestibular 而言更偏逻辑和基础，没有特别艰涩的学术知识，因此被认为是高等教育民主化的重要手段。从 2010 年起，考生可以以 ENEM 考试成绩通过"统一选拔系统"（Sistema de Seleção Unificada，SISU）申请所有的联邦公立大学。此后，越来越多的州立公立大学和少数私立精英大学在保留传统 Vestibular 的同时，也将一部分入学名额预留给以 ENEM 成绩申请的学生，以体现这些大学为推进教育公平所做的努力。然而，选择性入学考试中存在的学业准备差距及其与家庭社经地位之间的联系依然没有减弱，入学竞争激烈的大学和专业在很大程度上仍被高社经地位阶层的学生所垄断。

---

① 这与公立学校的教学质量相关，因为学校缺乏某门课的老师、老师缺课或是老师授课随意，教学大纲里的许多内容都没有出现在实际教学中。

在2001年联合国反种族主义会议召开后,巴西宣布了与高等教育相关的平权行动计划,旨在增加非白人学生在联邦和州立公立大学的入学名额。① 联邦政府支持的巴西利亚大学(Universidade de Brasília)首先在入学选拔程序中采取了种族配额。此后,更多公立大学逐渐采用了面向"黑人和混血"(pretos e pardos)学生的本科入学配额。至2010年,95所联邦和州立大学中有49所在入学选择中采用了种族配额制度。② 2012年更为全面的"配额法案"(Lei de Cotas)得以通过,促进了配额制度的推广。法案规定,截至2016年,所有联邦高校应将入学名额的50%预留给公立高中毕业生、低收入家庭学生,以及印第安人、黑人和混血学生。具体配额方案体现在表0.2中。

表0.2　　　　　　　　"配额法案"的名额预留方案

总名额				
50%为公立高中毕业生				50%为其他学生
50%人均家庭月收入不超过1.5个最低工资		50%人均家庭月收入大于1.5个最低工资		—
至少与人口普查数据相同比例的黑人、混血人和印第安人	其他学生	至少与人口普查数据相同比例的黑人、混血人和印第安人	其他学生	—

注:1. 每部分名额中还有一部分预留给残障学生,其比例等于或高于人口普查中的相关数据。2. 巴西最近一次2010年的人口普查数据显示,黑人、混血人和印第安人在总人口中的占比约为51.2%。

配额制度在巴西颇具争议,主要是因为巴西的种族分类标准模糊,由个人按照自我种族认定来申报。有研究发现,平权法案并没有

---

① Patricia Somers, Marilia Morosini, Miriam Pan et al. "Brazil's Radical Approach to Expanding Access for Underrepresented College Students", in Heinz-Dieter Meyer, Edward P. St. John, Maia Chankselianiel at eds., *Fairness in Access to Higher Education in a Global Perspective*, Rotterdam: Sense Publishers, 2013, pp. 203-222.

② Edward Telles and Marcelo Paixão, "Affirmative Action in Brazil", *LASA Forum*, Vol. 44, No. 2, 2013, pp. 10-12.

达到预想中的效果，黑人、混血人和印第安人仍然有显著的教育劣势。① 在平权行动中，基于阶层的配额制度标准相比基于种族的标准而言更占主导地位。截至2012年，近74%的配额制度受益学生来自公立高中。② 然而，这部分受益于配额制度的学生数量与私立高校扩招的人数相比依然有限，大部分低社经地位学生依然只能就读于教学质量一般或低下的私立高校。

除了学业准备外，学生在做大学选择时必须考虑的还有经济因素，其中包括学费、生活费、材料费等直接成本，以及因无法工作或只能兼职工作而丧失的机会成本。经济支持对于高社经地位家庭出身的学生而言通常不是问题，但低收入阶层学生在考虑申请高校时，经济因素的影响至关重要。

相对于不收学费的巴西公立大学而言，私立高校的学费问题使大量低社经地位学生在经济准备上遇到困难，因此望而却步。虽然许多私立高校开设了一些收费较低的专业课程，但是大多数专业课程的收费相对于低社经地位学生的家庭收入而言依然很高，入学竞争越激烈、就业前景越好的专业课程收费就越高。在择校时，许多低社经地位家庭出身的学生在学业成绩同时达到几所私立大学的入学门槛的情况下，倾向于选择学费低、离家近且交通便利的大学。许多低社经地位学生必须在通过工作维持生活和追求教育两者之间做出选择，出于现实考虑，他们从初中或高中阶段就开始工作，学业表现因此大受影响，也不得不放弃高等教育机会而在高中毕业后直接进入就业市场。大量商业化私立高等教育机构的出现在一定程度上为低社经地位学生解决了经济难题，他们可以选择白天工作，赚的钱用于支付晚上的大学课程学费。这些大学课程通常入学门槛低，学费低，教学质量也

---

① Leticia J. Marteleto, "Educational Inequality by Race in Brazil, 1982–2007: Structural Changes and Shifts in Racial Classification", *Demography*, Vol. 49, No. 1, 2012, pp. 337–358.

② Edward Telles and Marcelo Paixão, "Affirmative Action in Brazil", *LASA Forum*, Vol. 44, No. 2, 2013, pp. 10–12.

低。数量众多的低社经地位学生无法完成大学学业，因为他们一旦失业就无法继续支付大学学费；此外，为工作与学习奔波也使得他们无法专注学业。

巴西政府在支持学生申请私立高校这方面也做了努力，尽管其效果并不尽如人意。巴西教育部为申请进入私立高校上学的学生提供学费贷款，即"学生资助基金"（Fundo de Financiamento Estudantil, FIES），凡是家庭人均月收入在3个最低工资数额以内的学生都可以申请，这也是面向新中产阶级学生的教育政策。学费贷款的利息较低，学生必须在毕业后的第一年开始偿还贷款。在该贷款项目建立伊始的1999—2004年，FIES要求贷款申请人必须有一个收入相当于两倍学费的担保人，这在很大程度上限制了在经济上最弱势的学生群体申请助学贷款。从2004年开始，FIES取消了这一要求，同时在评估贷款发放时引入了有利于黑人、混血人和印第安人的加权衡量标准。但是，FIES系统远远不能满足需求，而且贷款的未偿还率很高，给公共财政带来沉重的负担。为了减轻这一负担，FIES的贷款利率在2010年和2015年分别提高。许多来自低收入家庭的学生因此不申请FIES资助，因为他们不愿承担大额贷款债务的负担，尤其是高等教育毕业后的经济回报并不确定。

除学费贷款外，政府还设立了"面向所有人的大学计划"（Programa Universidade Para Todos，PROUNI）项目，为经济更困难的私立高校学生提供全额或半额的学费奖学金，学生可以通过ENEM成绩进行申请。设立于2004年的PROUNI项目规定，家庭人均月收入不超过1.5个最低工资数额的学生可以申请私立高校的全额奖学金，不超过3个最低工资数额则可以申请半额奖学金；学生应在公立学校完成高中学业或是在私立高中获得奖学金；公立学校的老师以及残障人士也可以在报考私立大学时申请该奖学金。PROUNI鼓励私立高等教育机构将一定的入学名额预留给低收入阶层学生，免收学费或收取半额学费，以此换取机构的免税待遇。非营利性私立高校有义务为这些学生提供20%的录取配额，以维持其现有的免税待遇；营利性私立高校必须预留10%的录取配额，以获得免税待遇。① PROUNI确实达到了为低收入学生提供更多高等教育机会的设计初衷，但由于政府无力控制私营部门而导致政策在实施时出现各种问题。② 政策无法保证PROUNI名额可以均匀分布于各个专业，因此营利性私立高校可能会将名额分配于教学质量低下的专业课程，而且在名额数量上也可能低于所规定的标准。③ 此外，巴西政府官僚体系办事效率低下，学生往往需要准备数量众多的文件并等待很长一段时间才有可能拿到PROUNI的奖学金，许多学生因此望而却步或在此过程中放弃。有学者认为，对私立高校所免除的税收本可以用于改善公立高等教育，这才是减轻教育不平等更有效的方式。④

值得注意的是，不论是作为平权行动的"配额法案"，还是PROUNI提供的私立高校全额奖学金项目，这两项教育政策都将低收入或经济困难家庭学生的标准定为家庭人均月收入不超过1.5个最低工资数额。如果按一家有3—5人来计算，该标准下的家庭月收入主要落在C阶层的区间内。这在一方面体现了劳工党政府所制定的教育政策旨在为新中产阶级家庭的子女提供更多高等教育机会，另一方面则说明政府也承认实现一定经济向上流动的所谓的新中产阶级仍然属于低社经地位阶层。

---

① Tristan McCowan, "Expansion without Equity: An Analysis of Current Policy on Access to Higher Education in Brazil", *Higher Education*, Vol. 53, No. 5, 2007, pp. 579-598.

② Tristan McCowan, "Expansion without Equity: An Analysis of Current Policy on Access to Higher Education in Brazil", *Higher Education*, Vol. 53, No. 5, 2007, pp. 579-598.

③ Alípio M. Casali and Maria J. Mattos, "Análise de Estudos e Pesquisas Sobre o Sentido Social do Programa Universidade para Todos (PROUNI)", *Ensaio: Avaliação e Políticas Públicas em Educação*, Vol. 23, No. 88, 2015, pp. 681-716.

④ Tristan McCowan, "Expansion without Equity: An Analysis of Current Policy on Access to Higher Education in Brazil", *Higher Education*, Vol. 53, No. 5, 2007, pp. 579-598.

第三节 研究意义

首先,本书的研究是在区域国别学领域进行的一次跨学科尝试,虽然存在较大难度,但具有其学术意义。

从区域国别研究的角度而言,对某一国家社会阶层与教育流动问题的深度探析有助于我们理解该国政治、经济、社会、文化、历史等各个方面。区域国别研究从本质上而言是跨学科的。社会不平等、教育不平等、阶层固化等是巴西面临的典型问题,也是理解与研究巴西的重要基础之一。目前中国学者对巴西及拉丁美洲其他许多国家的社会和发展问题以宏观概述和历史梳理为主[1],更基础层面的实证性研究还不多。本项研究旨在填补国内对巴西的区域国别研究在这方面的空缺,通过长时间的田野生活经历和实证调查深度考察在巴西政治与社会之间的互动以及个体与结构之间的互动。弗朗西斯·福山(Francis Fukuyama)认为,开展地区研究需要巨大的个人投入,不仅要求研究者受过相关专业训练,而且必须在具体研究的国家生活,建立学术和生活的人际网络;研究者必须深入了解对象国社会运作中的细节与微妙之处,对民族、宗教、文化、历史和社会其他方面进行细致分析,以便在此基础上更好地预测政治行为体的态度与反应。[2] 本项研究从巴西新中产阶级的教育流动这一具体问题切入,通过在田野调研中与研究对象、学者及其他社会行为体的互动,理解并分析了该研究问题所涉及的巴西政治、经济、文化、宗教等各个层面,有助于促进我们从更底层和基础的角度加深对巴西的理解。在整项研究中涉

---

[1] 主要著作包括:董经胜《巴西现代化道路研究:1964—1985年军人政权时期的发展》,世界图书出版公司2009年版;董经胜、林被甸《冲突与融合:拉丁美洲文明之路》,人民出版社2011年版;张宝宇《巴西现代化研究》,世界知识出版社2002年版;曾昭耀《拉丁美洲发展问题论纲:拉美民族200年崛起失败原因之研究》,当代世界出版社2011年版。

[2] Francis Fukuyama, "How Academia Failed the Nation: The Decline of Regional Studies", *Journal of Management and Social Sciences*, Vol. 1, No. 1, 2005, pp. 21–23.

及的许多议题都值得开展进一步深入研究,例如巴西政治和经济精英的再生产模式、宗教如何影响巴西社会与政治等。

从巴西阶层结构与政治发展的角度而言,本书研究的主体是占巴西总人口近一半的收入中间阶层,该阶层对巴西选举政治的结果有着举足轻重的影响。在 2018 年 10 月举行的巴西大选中,新中产阶级的选民减少了投给左翼劳工党候选人的选票,转而大力支持被认为是极右翼总统候选人的雅伊尔·博索纳罗(Jair Bolsonaro),在很大程度上成为巴西政治右转的主要推动力量。因此,分析由政治符号所定义的巴西新中产阶级的真实阶层状况、社会流动轨迹及其与其他社会阶层的关系,有助于我们更加深入地理解巴西社会流动过程中的权力再分配,以及新中产阶级政治倾向与政治选择的基础。对巴西新中产阶级精英大学入学机会的研究有助于我们理解该阶层的教育流动困境与跃升机制,并进一步探究巴西的社会阶层结构与阶层流动模式。收入中间阶层的不断壮大在许多处于社会转型时期的发展中国家也是重要的新现象,因此如何定义新中产阶级并考量其在社会结构中的地位与作用是一个重要的学术议题。

关于巴西教育流动问题,目前已有文献大多关注不同社经地位阶层在高校入学机会方面的差异,而对较低社经地位阶层内部在高等教育方面的不同发展轨迹研究尚少。本书的分析和发现有助于丰富这方面的文献。从 21 世纪初开始,一些巴西学者开始关注低社经地位阶层学生为何能够进入大学,但大部分此类研究主要关注的高等教育机构是公立大学,因为免学费的公立大学对于该阶层学生而言在经济上有更大的可行性。然而,随着私立大学规模的持续壮大以及精英和普通高等教育机构之间分化的加剧,越来越多的低社经地位阶层学生宁可选择支付学费进入私立高校学习,也不尝试精英公立大学的入学考试。低社经地位阶层群体内部存在对于精英高校和普通高校的不同期待与不同的入学机会,目前这方面的研究较少,本书旨在促进对此学术议题的理解。

其次，本研究具有重要的现实意义。精英高校入学机会始终是社会阶层再生产的有力工具之一。[①] 促进高校入学机会在质量上的平等有深刻的社会和政治意义，不仅影响低社经地位阶层个人的生活和发展，更关系到社会流动和政治革新的全局。

从巴西新中产阶级学生的个人角度而言，精英高等教育更有可能为他们带来起点较高的就业机会和更好的就业前景，从而影响他们的职业发展和经济收益。此外，在精英高等教育机构的学习和生活经历使该阶层学生拥有不同于原社区同伴的视野和眼界，在与既有精英阶层互动的过程中发展出新的职业抱负和理想，从而更有可能成为未来拥有广泛影响甚至对国家发展有决策能力的政治、经济和社会新精英。

巴西自葡萄牙殖民时期以来就是社会隔离非常严重的国家。过去是殖民者与被殖民者、奴隶主与奴隶之间的隔离，如今是少数精英阶层与大众阶层之间的隔离。这种隔离不仅体现在居住区域与环境上，也体现在文化习惯、社会网络、教育资源等各个方面。研究这些实际上仍属于低社经地位阶层的巴西新中产阶级学生为何存在对精英大学的主观限制及其可能的突破机制，有助于学者和决策者制定更好的政策以扩大教育流动的通道。巴西各种形式的社会不平等在很长一段时间内都有可能继续维持，因此刻不容缓的做法是设计出更好的制度，以提高机会平等的程度，尤其是在作为社会流动过滤器的教育领域。

进入精英高校的低社经地位阶层学生相比普通私立大学的同类学生而言更有可能成为未来国家的政治、经济或文化精英，从而在一定程度上为巴西目前较为封闭的精英阶层注入新鲜血液，提供看待问题和制定政策的新视角，促进各方面的社会改革。与大众阶层隔离的精英阶层距离普通巴西人的生活很远。他们基本上不使用交通、医疗和基础教育等领域的公共服务，也不了解数量占全国总人口近75%的中

---

① Anna Zimdars, Alice Sullivan and Anthony Heath, "Elite Higher Education Admissions in the Arts and Sciences: Is Cultural Capital the Key?", *Sociology*, Vol. 43, No. 4, 2009, pp. 648-666.

下层民众①的生活现实。来自低社经地位阶层的未来精英更有可能从出身阶层的利益角度出发，从政治、经济或文化层面为改善巴西的社会不平等问题做一些事情。

第四节　各章简介

本书导论部分，首先，在21世纪头十年里巴西新中产阶级崛起的背景下，提出了研究问题，即巴西新中产阶级在取得一定程度的经济流动并渴望进一步向上流动的情况下，为什么在教育流动方面存在对进入精英高等教育机构的主观限制；该阶层在什么样的情况下能够突破此种限制并成功进入精英高等教育机构。通过对比分别进入普通私立大学与精英大学的巴西新中产阶级学生的教育轨迹，本书旨在研究新中产阶级作为一个整体在高等教育入学机会方面的流动困境及可能的跃升机制，探讨该阶层所拥有的经济资本、文化资本和社会资本的状况，进而思考巴西的社会阶层结构与社会流动问题。其次，该部分交代了研究背景，包括巴西新中产阶级的定义及其实质、高等教育扩张的主要过程和特征、与高校入学相关的教育政策以及这些制度设计对高等教育入学机会平等的影响。最后，导论部分说明了本书的学术意义和现实意义。从学术角度而言，研究意义包括补充中国国内的巴西研究，分析巴西新中产阶级作为一个重要新兴群体的真实阶层状况及其在社会分层中的地位，丰富巴西国内对低社经地位阶层内部不同高等教育轨迹的研究，拓展高校入学选择理论对低社经地位阶层学生的解释等；从现实角度而言，研究意义包括对巴西低社经地位阶层学生个人发展、社会流动和政治革新的影响。

第一章为文献回顾，主要回顾有关阶层与高校入学选择的理论，

---

① Associação Brasileira de Empresas de Pesquisa (ABEP), "Critério de Classificação Econômica Brasil", 2016年, http://www.abep.org/criterio-brasil, 访问日期: 2018年5月2日。

包括从理性选择、主观认同和教育实践三个维度出发解释不同社会阶层的高等教育入学选择问题。本书将这三种理论视角与目前巴西已有的研究低社经地位阶层高等教育选择的文献相结合，阐述现有解释机制的不足之处。从理性选择切入的分析视角强调个人在对比投资高等教育的成本和收益后作出利益最大化的理性选择，但忽视了个人理性受到客观社会结构的塑造和限制。从主观认同切入的分析视角认为高校选择是学生基于对高校存在身份认同和在学业方面发挥自我效能的结果，但这种解释忽略了客观现实对主观因素的影响。从教育实践和社会化过程切入的分析视角关注家庭、学校和社区等主要结构对学生教育抱负和教育计划的影响，但并没有指出同属低社经地位阶层的学生为何会进入特征不同的社会结构，也没有说明什么样的社会资源与互动会导致该阶层学生内部差异化的教育轨迹。

本书在借鉴和吸收已有理论的基础上进行研究拓展，从教育场域内资本状况的视角出发分析低社经地位阶层的高校选择。本书将巴西新中产阶级学生在进入高校之前的教育轨迹视为一个整体性的教育场域，探究该阶层学生在不同教育阶段和不同结构内的各类资本状况如何影响他们的教育轨迹和高等教育选择。

第二章阐述了本书的理论基础、解释机制和研究方法。理论分析主要依据布迪厄的资本理论，在其基础上做进一步拓展，用于解释巴西新中产阶级的资本状况如何影响其高等教育选择。在阐述了基础理论后，该部分对研究中使用的核心概念进行界定，包括经济资本、文化资本、社会资本和教育抱负等主要概念。在此基础上，该章构建了以资本结构和资本转化来解释巴西新中产阶级内部为何形成差异化的精英大学教育抱负的逻辑机制。从资本结构角度而言，巴西新中产阶级家庭虽然在21世纪前十年里实现了一定程度的经济向上流动，增加了经济资本，但其所拥有的文化资本和社会资本总体而言并没有相应增加。就子女发展对精英大学教育抱负所需要的三类资本而言，巴西新中产阶级父母的资本状况存在结构不足的问题，缺乏文化资本和社会资本，而积累的经济资本在数量上也有限。从资本转化角度而言，巴西新中产阶级父母大多注重子女的教育问题，因此努力将增加的经济资本转化为教育场域内子女的经济、文化和社会资本。这一策略促使许多该阶层子女进入普通私立大学，成为家中第一代大学生，但该策略在促进子女形成更高教育抱负方面存在资本转化困难的问题，缺乏转化条件，即包括父母和子女在内的作为整体的家庭从教育场域的其他结构中所能获得的文化资本和社会资本。

该章的最后部分阐述本书的研究设计，包括所采用的具体研究方法以及案例研究的样本选择方式、取样过程、取样标准与原因等。本书采用的是案例研究法，主要通过质性的研究方法对案例进行分析，其中包括深度访谈、长时间参与式观察、文献搜集与分析等。最核心的研究方法是深度访谈。笔者通过半结构化的深度访谈探究多个案例的个人生活轨迹，尤其是其教育轨迹。研究案例包括42名来自圣保罗市两所精英大学的巴西新中产阶级学生，以及20名来自两所普通私立大学的同一阶层学生。

第三章是对田野收集的实证材料和数据的描述，以便在此基础上进一步分析精英大学和普通大学这两个对比组内的受访学生在高校教育抱负和选择方面存在差异的原因。该章首先描述了受访对象的概况，包括个人基本信息、家庭社会经济状况和教育轨迹状况；其次，分析了两个对比组内的受访学生在精英大学教育抱负方面的差异及具体的四种不同类型；最后，本章描述了笔者在田野调查期间观察到的四所巴西高等教育机构的特征与这些高校内学生的特征，以便清晰地体现精英大学与普通大学之间的差别。

对研究对象概况的描述显示，两个对比组的研究对象在个人基本信息方面的差别较小，在家庭社会经济状况和教育轨迹状况方面的差异较大。巴西新中产阶级内部存在异质性，从整体而言在社经地位和教育轨迹方面也存在分层现象。在对精英大学的教育抱负方面，进入精英大学的巴西新中产阶级受访学生在入学前均发展出了对精英高等教育的强烈教育抱负，而进入普通私立大学的该阶层学生不具有对精英高校的强教育抱负，有意愿但没有足够的行动或无行动，或者没有意愿也不付诸任何行动。值得注意的是，家庭社会经济状况和教育轨迹并不与精英大学教育抱负呈现直接正相关的关系。从田野调查描述的四所巴西高等教育机构的特征和学生情况可以看出，精英大学和普通大学之间存在显著的差异，体现在机构设置、入学要求、教学质量、课程设置、课外活动、学生特征等各个方面。

第四章主要分析巴西新中产阶级家庭在资本结构方面的不足情况，从而影响子女在教育场域内的资本状况及在此基础上形成的高等教育抱负。这些家庭虽然实现了一定程度的经济向上流动，增加了经济资本，但其所拥有的文化资本和社会资本总体而言并没有相应增加。就子女发展对精英大学教育抱负所需要的三类资本而言，巴西新中产阶级家庭缺乏文化资本和社会资本，而积累的经济资本也有限。资本的结构不足影响其代际转化，巴西新中产阶级子女的资本结构在很大程度上是再生产其家庭的资本结构。

该阶层家庭在经济资本方面依然具有脆弱性，由此制约父母及子女的教育选择。从文化资本来看，该阶层家庭的父母提高了对子女教育的重视度，但认为工作高于学习、学习要以服务于工作为目的，对子女教育活动和文凭的要求也以找到更高收入的工作为导向。从社会资本来看，该阶层的社会网络以家庭和社区为主导，呈现本地化和同质化的特征，缺乏有关更好教育机会的信息，也没有对于进入精英大学的教育鼓励和支持，该阶层的大多数学生难以从社会网络中获得有利于形成对精英大学教育抱负的社会资本。

第五章主要从资本转化的角度分析精英大学和普通大学这两个对比组内的巴西新中产阶级学生为何形成差异化的精英大学教育抱负，在此基础上影响其高等教育选择。巴西大多数新中产阶级父母在将经济资本转化为子女在教育场域内的经济、文化和社会资本时缺乏足够的转化条件，他们的资本投资策略缺乏文化和社会资本的支持，由此阻碍子女形成更高的高校教育抱负。两所普通私立大学的受访学生家庭在投资子女教育时，都遇到了这种资本转化的困难。

与此相比，少数成功进入精英大学的巴西新中产阶级学生在家庭经济资本转化为子女在教育场域内的三种资本时，有更多文化和社会资本作为转化条件，使得子女在获得更多教育场域内的经济、文化和社会资本时不断发展对精英大学的教育抱负。作为转化条件的文化和社会资本来自家庭、社区、学校、工作等各个结构，但获得这些资本的渠道并没有制度化，具有稀缺性与偶然性。

最后是结论部分，首先，总结了本项研究的发现，从巴西新中产阶级的资本结构和资本转化两方面回答该阶层为何在教育流动方面存在对进入精英高校的主观限制以及可采取哪些突破机制这些研究问题。其次，该部分总结了巴西新中产阶级在社会阶层结构中的边缘地位。他们在经济资本方面依然具有脆弱性，在文化资本方面具有局限性，在社会资本方面具有封闭性，与主流社会存在清晰的隔离，本质上仍是低社经地位阶层。他们在教育流动方面遭遇了机会隔离。一方面，该阶层在经济向上流动的同时获得了高等教育层面一定程度的教育流动的机会；另一方面，这种机会是受限的，存在向上流动的天花板，尤其是在精英高等教育入学机会方面。巴西新中产阶级依然面临着社会隔离带来的文化隔离与教育隔离，其背后体现的是巴西长久以来不同阶层之间的体制性隔离。最后，该部分阐述了本书的创新点与不足之处，并指出了下一步的研究方向。

第一章

理论回顾：阶层与高校入学选择

本章主要回顾有关高校入学选择的理论，包括从理性选择、主观认同和教育实践三个维度出发解释不同社会阶层的高等教育入学选择与机会问题。这三个维度分别从经济学、心理学和社会学的视角切入分析。在此基础上，本章将这三种理论视角与目前巴西已有的研究低社经地位阶层高等教育入学机会的文献相结合，并阐述现有解释机制的不足之处。

从经济学视角切入的理论认为，高校入学选择是在对投资高等教育的收益和成本进行评估的基础上所做的理性选择。从心理学视角进行分析的理论质疑理性选择，认为学生的认知、直觉、情绪、认同等心理因素对个人的偏好和选择有着重要影响。从社会学视角研究的理论认为，学生的社会经济地位及在此基础上从家庭、学校、社区等主要社会化环境中获得的不同的教育实践塑造了他们差异化的高等教育入学选择。

在研究巴西低社经地位阶层的高等教育入学机会方面，现有的巴西文献主要关注该阶层所面临的众多困难和阻碍，即教育不平等在高等教育层面的具体表现；只有较少研究探讨该阶层为何能突破自身社经地位的弱势而实现一定的教育成功。自20世纪90年代巴西高等教育开始扩张以来，有关低社经地位阶层的高等教育入学机会问题得到了学界更多的关注。本书搜集的巴西相关实证研究共19篇，其解释机制也可以归结于理性选择、主观认同和教育实践三个方面。

第一节 理性选择：高等教育的成本与收益

从经济学视角出发的理论将高校入学选择视为一个理性的过程：做决策的个人在结合自己的背景特征与偏好的基础上，预测就读某所高等教育机构的收益和成本，将其与所有竞争性选择做对比，并最终选取收益最大化的方案。①

一 消费选择过程中的利益最大化方案

经济学视角下的理论强调的是行为人在做出具体选择的阶段对于高等教育所带来的收益和成本的预测和对比，在此基础上选择利益最大化的方案。接受高等教育的短期收益包括享受学习的体验、参与课外活动、参加社会和文化活动、提高社会地位等；长期收益包括更高的工作收入、更优越的工作环境、更好的健康状况、享有更多知情权的消费、更低的失业可能性等。② 投入高等教育的成本包括学费、生活费、资料购买费等直接经济成本，时间和精力的投入，以及损失收入的机会成本等。③ 当预测的收益高于付出的成本时，行为人更可能选择就读某所高等教育机构。

在理性选择的模式下，支付大学费用的经济能力是即将做出高校选择的学生所考虑的重点因素，涉及学费成本和经济资助两方面。有

---

① Charles F. Manski and David A. Wise, *College Choice in America*, Cambridge, MA: Harvard University Press, 1983; Michael B. Paulsen, "The Economics of Human Capital and Investment in Higher Education", in Michael B. Paulsen and John C. Smart eds., *The Finance of Higher Education: Theory, Research, Policy, and Practice*, New York: Agathon Press, 2001, pp. 55-94.

② Larry L. Leslie and Paul T. Brinkman, *The Economic Value of Higher Education*, American Council on Education/Macmillan Series on Higher Education, New York: Macmillan Publishing, 1988.

③ Gary S. Becker, "Investment in Human Capital: A Theoretical Analysis", *Journal of Political Economy*, Vol. 70, No. 5, 1962, pp. 9-49; Gary S. Becker, *Human Capital: A Theoretical and Empirical Analysis with Special Reference to Education 3rd Edition*, Chicago: University of Chicago Press, 1993.

倾向选择高等教育的学生对学费价格存在敏感性，当高校学费提高且经济资助减少时，学生选择该所高校的可能性会随之降低。[①] 在其他条件都相同的情况下，学生更有可能选择提供更多奖学金资助、更高贷款比例、更多勤工俭学机会的高校；为了获得更多经济资助，学生在大多数情况下会选择资源和声望更低的一所高校，即以降低人力资本投资和教育消费水平来换取更多的经济资助。[②] 学费和经济资助不仅影响学生的入学选择，而且影响学生对是否能完成高等教育学业的认知和预测。[③] 低社经地位学生对价格因素的敏感度更高，更有可能选择学费低的高等教育机构，经济资助则会对他们的高校选择产生更多积极影响。[④]

除了学费与资助的因素外，高校质量是学生做选择时重点考虑的另一因素。随着高等教育扩张带来的入学机会的提高，高校入学选择越来越被认为是一种消费选择。与基于对某学科的兴趣和热爱相比，作为消费者的学生更重视与就业前景相关的因素；因此，学生在做出"购买"选择时不仅要考虑基本的价格，而且注重高等教育的质量及其能带来的一系列附加价值。[⑤] 对高社经地位阶层学生而言，他们往往更少考虑学费和经济资助等价格因素，而更在乎入学竞争激烈的高

[①] Larry L. Leslie and Paul T. Brinkman, "Student Price Response in Higher Education: The Student Demand Studies", *The Journal of Higher Education*, Vol. 58, No. 2, 1987, pp. 181-204.

[②] Christopher Avery and Caroline M. Hoxby, "Do and Should Financial Aid Packages Affect Students' College Choices?", in Caroline M. Hoxby ed., *College Choices: The Economics of Where to Go, When to Go, and How to Pay For it*, Chicago, IL: University of Chicago Press, 2004, pp. 239-302.

[③] Michael B. Paulsen and Edward P. St. John, "Social Class and College Costs: Examining the Financial Nexus Between College Choice and Persistence", *The Journal of Higher Education*, Vol. 73, No. 2, 2002, pp. 189-236.

[④] Edward P. St. John, "Assessing Tuition and Student Aid Strategies: Using Price-Response Measures to Simulate Pricing Alternatives", *Research in Higher Education*, Vol. 35, No. 3, 1994, pp. 301-335.

[⑤] Felix Maringe, "University and Course Choice: Implications for Positioning, Recruitment and Marketing", *International Journal of Educational Management*, Vol. 20, No. 6, 2006, pp. 466-479.

选择性大学所具备的更多资源和更优质的同伴。① 而低社经地位阶层学生则更看重大学的实用价值和职业指导倾向，希望能学到有用的知识和技能，在未来的就业市场上取得优势，使自己的教育投资有实际价值。②

二 信息限制与风险偏好影响下的有限理性

理性选择理论的基本逻辑简明直接，但高校入学选择是一个更为复杂的过程，行为者所能接触到的信息及其个人偏好也影响着决策结果。人们根据所掌握的信息在选择高等教育机构时作出理性选择，然而，他们所拥有的信息可能并不完整和准确；即使两个人对收益和成本有相同的期望，由于偏好和风险承受能力的差异，他们也可能做出不同的选择。③

非传统第一代大学生在选择高校时面临着掌握高等教育信息方面的劣势。这是因为高等教育是一种不重复的购买行为，购买者在真正体验和经历之前通常不了解自己所购买的是什么。④ 他们通常非常依赖兄弟姐妹、同伴、亲戚和在高中学校里接触的人来规划高等教育。⑤

---

① Christopher Avery and Caroline M. Hoxby, "Do and Should Financial Aid Packages Affect Students' College Choices?", in Caroline M. Hoxby ed., *College Choices: The Economics of Where to Go, When to Go, and How to Pay For it*, Chicago, IL: University of Chicago Press, 2004, pp. 239-302.

② Wolfgang Lehmann, "University as Vocational Education: Working-class Students' Expectations for University", *British Journal of Sociology of Education*, Vol. 30, No. 2, 2009, pp. 137-149.

③ Stephen DesJardins and Robert Toutkoushian, "Are Students Really Rational? The Development of Rational Thought and its Application to Student Choice", in John C. Smart ed., *Higher Education: Handbook of Theory and Research*, Vol. 20, Dordrecht, The Netherlands: Springer, 2005, pp. 191-240.

④ Gordon C. Winston, "Subsidies, Hierarchy and Peers: The Awkward Economics of Higher Education", *The Journal of Economic Perspectives*, Vol. 13, No. 1, 1999, pp. 13-36.

⑤ Patricia A. Perez and Patricia M. McDonough, "Understanding Latina and Latino College Choice: A Social Capital and Chain Migration Analysis", *Journal of Hispanic Higher Education*, Vol. 7, No. 3, 2008, pp. 249-265.

而他们的直系亲属、学校和社区往往没有关于高校的完整或准确的信息。①

此外,教育领域的理性选择并不等同于经济收益最大化,成功概率和潜在风险也是选择过程中考虑的因素之一;除了教育投资的成本之外,学生还会考虑自己的高等教育成功机会,是否能够实现预期的结果和收益等。② 不同社经地位阶层背景的学生对潜在风险的认知和接受度是不一样的。低社经地位阶层学生相比高社经地位阶层学生而言更难以承担潜在的不成功风险,因此更希望避免将有限的资源投放在成功希望很小的教育选择上。③

有学者认为,高校入学选择通常遵循有限理性原则,受个人的期望、态度、抱负等影响,更确切地说是一种合理、实际的选择。④ 这些内化的思想、信念和看法被法国社会学家皮埃尔·布迪厄(Pierre Bourdieu)称为"习性"(Habitus),受周围社会环境的影响和塑造。⑤ 阶层、种族、性别和认知能力的差异都会影响学生精准衡量高等教育收益和成本的能力。⑥ 因此,在运用高校入学的理性选择理论时,不可避免地要考虑行为者在计算预期效用时所依据的社会结构背景和个

---

① Laura W. Perna, "Studying College Access and Choice: A Proposed Conceptual Model", in John C. Smart ed., *Higher Education: Handbook of Theory and Research*, Vol. 21, Amsterdam, The Netherlands: Springer, 2006, pp. 99-157.

② Richard Breen and John H. Goldthorpe, "Explaining Educational Differentials: Towards a Formal Rational Action Theory", *Rationality and Society*, Vol. 9, No. 3, 1997, pp. 275-305.

③ Amy A. Bergerson, *College Choice and Access to College: Moving Policy, Research and Practice to the 21st Century: ASHE Higher Education Report*, Vol. 35, No. 4, Hoboken, NJ: Jossey-Bass, 2009, p. 40.

④ Laura W. Perna, "Differences in the Decision to Attend College Among African Americans, Hispanics, and Whites", *The Journal of Higher Education*, Vol. 71, No. 2, 2000, pp. 117-141.

⑤ Patricia M. McDonough, *Choosing Colleges: How Social Class and Schools Structure Opportunity*, Albany, NY: Suny Press, 1997.

⑥ Irenee R. Beattie, "Are All Adolescent Econometricians Created Equal? Racial, Class, and Gender Differences in College Enrollment", *Sociology of Education*, Vol. 75, No. 1, 2002, pp. 19-43.

人具体状况。[1]

三 巴西与学费资助相关的公共政策的影响

一些巴西学者在研究低社经地位学生的高等教育选择时考虑到了教育成本对择校结果的影响。他们认为,与学费资助相关的社会政策对低社经地位学生的高校选择有积极影响。例如,PROUNI 和 REUNI 等旨在提高低社经地位阶层学生高等教育入学机会的政府项目都在一定程度上促进了高等教育民主化。

杰尔森·索萨席尔瓦（Jailson D. Souza e Silva）访谈了 11 名巴西里约热内卢市最大贫民窟内的大学生,其中有 9 人上的是公立大学,只有 2 人是私立大学学生。他认为这主要是因为巴西公立大学免学费的教育政策;申请公立大学的贫民窟学生考虑的并非大部分公立大学相较于私立大学而言更好的教育质量,而是无须支付学费的政策更贴近低收入阶层的现实。[2] 威尔逊·阿尔梅达（Wilson M. Almeida）也在研究中指出,名校圣保罗大学（Universidade de São Paulo, USP）是免学费的州立公立大学,这是进入该校的低社经地位学生选择报考并为入校而付出努力的原因之一。[3]

同样,为低收入家庭学生提供私立大学奖学金的 PROUNI 项目也促进了这些学生的高校选择。威尔逊·阿尔梅达研究[4]样本中的 50 名 PROUNI 奖学金生都获得了全额奖学金,因此免学费进入私立大学;

---

[1] Stephen L. Morgan, "Modeling Preparatory Commitment and Non-repeatable Decisions: Information-processing, Preference Formation and Educational Attainment", *Rationality and Society*, Vol. 14, No. 4, 2002, pp. 387–429.

[2] Jailson D. Souza e Silva, *Por Que Uns e Não Outros? Caminhada de Estudantes da Maré Para a Universidade*, Tese de Doutorado, Rio de Janeiro: Pontifícia Universidade Católica do Rio de Janeiro, 1999.

[3] Wilson M. Almeida, "Estudantes com Desvantagens Econômicas e Educacionais e Fruição da Universidade", *Caderno CRH*, Vol. 20, No. 49, 2007, pp. 35–46.

[4] Wilson M. Almeida, *Ampliação do Acesso ao Ensino Superior Privado Lucrativo Brasileiro: um Estudo Sociológico com Bolsistas do Prouni na Cidade de São Paulo*, Tese de Doutorado, São Paulo: Universidade de São Paulo, 2012.

他们大多没有尝试公立大学或只考一次就放弃。相对于入学竞争更加激烈的公立大学，通过 ENEM 考试成绩就可以申请的 PROUNI 项目为经济困难的低社经地位学生提供了另一条相对容易一些的免费接受高等教育的途径。然而，玛可里尼·诺吉依拉（Makeliny O. Nogueira）在研究中指出，PROUNI 项目虽然有助于减轻贫困学生上大学的经济负担，但并没有从根本上解决教育包容的问题，也掩盖了教育政策需要对提高教育质量有更多投资的现实。① 大部分 PROUNI 奖学金生所上的私立大学存在教育质量较低的问题；进入较好私立大学的奖学金生在入校后往往会遇到社会融入和生活费用等方面的困难。同时，虽然 PROUNI 项目的受益者大多是公立高中毕业生，但它并没有对提高公立基础教育的质量有明显作用。

另一项针对联邦公立高等教育的公共政策 REUNI 通过在内陆或偏远城市增设校区、增加招生名额、增设夜间课程等方式，在一定程度上使联邦公立大学对低社经地位阶层而言更加可及，有助于促进联邦高等教育入学机会的民主化。但蒂亚戈·佩雷拉（Thiago I. Pereira）的研究发现，大众阶层尤其是公立高中学生对公立大学仍然存在自我排斥，缺乏对公立大学的认知，象征意义上的障碍依然存在。②

露西娅·瓦拉达雷斯（Lucia Valladares）也在研究中肯定了私立大学的奖学金项目和公立大学免学费的政策对低社经地位学生接受高等教育的影响。③ 她以问卷调查的形式研究了来自里约热内卢市 28 个贫民窟的 109 名在读或已毕业的大学生，发现他们大多获得私立大学

---

① Makeliny O. Nogueira, *Educação, Desigualdade e Políticas Públicas: a Subjetividade no Processo de Escolarização da Camada Pobre*, Tese de Doutorado, São Paulo: Pontifícia Universidade Católica de São Paulo, 2013.

② Thiago I. Pereira, *Classes Populares na Universidade Pública Brasileira e Suas Contradições: a Experiência do Alto Uruguai Gaúcho*, Tese de Doutorado, Porto Alegre: Universidade Federal do Rio Grande do Sul, 2014.

③ Lucia Valladares, "Educação e Mobilidade Social nas Favelas do Rio de Janeiro: O Caso dos Universitários (Graduandos e Graduados) das Favelas", *DILEMAS: Revista de Estudos de Conflito e Controle Social*, Vol. 2, No. 5-6, 2010, pp. 153-172.

奖学金或上公立大学，只有少数人上付费的私立大学，其中年纪较小的大学生大部分受益于针对贫困学生的奖学金项目。

第二节 主观认同：身份匹配与自我效能

从心理学视角出发的高校入学选择理论与经济学视角一样，也侧重对行为者做选择阶段的衡量与预测。该视角大多从社会心理学角度出发，分析行为者个人偏好背后的心理因素。与经济学的理性选择视角不同的是，心理学视角强调与认知、直觉、情绪相关的影响因素。许多看似非常理性的选择其实是建立在身份认同和情绪影响的基础上的。[①]

一 社会心理需求作用下的自我分配

从心理学视角出发的研究重点探索学生个人特征与高等教育机构特征之间的互动与匹配，即学生对高校环境与气氛的认知如何影响他们对机构的选择。学生的高校入学选择首先看起来是直接客观的实用主义选择，存在理性选择的成分，在对比不同高校的设施和课程设置等特征的基础上做出选择；但他们的选择存在隐性原因，潜在目的是保持或提高"个人形象"，因此所选高校学生的社会阶层构成和外表形象是重要考虑因素。[②] 基于对高校社会环境的认知，学生会衡量个人包括价值观和兴趣等在内的社会心理需求是否与前者匹配，这对第一代大学生而言尤其普遍。[③] 行为者通常倾向于选择学生构成主体的

[①] Louise Archer and Carole Leathwood, "Identities, Inequalities and Higher Education", in Louise Archer, Merryn Hutchings and Alistair Ross eds., *Higher Education and Social Class: Issues of Exclusion and Inclusion*, New York, NY: RoutledgeFalmer, 2003, pp. 175-191.

[②] Jane Hemsley-Brown, "College Choice: Perceptions and Priorities", *Educational Management & Administration*, Vol. 27, No. 1, 1999, pp. 85-98.

[③] Su-Je Cho, Cynthia Hudley, Soyoung Lee et al., "Roles of Gender, Race, and SES in the College Choice Process Among First-generation and Nonfirst-generation Students", *Journal of Diversity in Higher Education*, Vol. 1, No. 2, 2008, pp. 95-107.

特征与自己相近的高等教育机构，这是一个健康、自然的自我分配过程。① 有学者认为，在学生做出高校入学选择的最后阶段，社会心理学相关因素的影响超越了包括学业成绩、学业准备和已知的高等教育经验，也优先于教学质量、学校位置、校园多样性和就学成本等与高校机构相关的特征；学生更在乎自己在新的学术和社会环境中是否感到安全、舒适并得到认可和接受。②

信息并不是中性的，信息提供方有其特定的角度、立场和目的，信息接收方也以与自己视角和立场相符的方式选择并诠释信息；接收到相同的与高校选择相关信息的人会因此根据自己的认知、个人情况和身份认同等作出完全不同的选择。③

直觉、感受和情绪等心理因素在很大程度上与社会阶层相联系，涉及不同阶层对身份认同的差异以及较低社会阶层的人们对社会污名（Social Stigma）的承受力。学生在前期搜索潜在选项的阶段会根据社会和文化框架下的参照对象、自我形象和群体身份认同等形成先入之见，并据此在后期阶段过滤与高校选择相关的信息；心理防御机制也是重要影响因素，学生在做选择的过程中倾向于保护自我形象与自尊，以此寻求社会认同，有时甚至以自我欺骗和自我安慰的方式来说服自己所做选择是目前情况下的最优方案。④ 与高社经地位阶层在做教育选择时普遍存在的理性态度不同的是，低社经地位阶层可能采取更保守的态度，以维持目前的阶层归属为目标，在

---

① Michael B. Paulsen, *College Choice: Understanding Student Enrollment Behavior*, ASHE-ERIC Higher Education Report No. 6, Washington, DC: The George Washington University, 1990, pp. 7-8.

② Amaury Nora, "The Role of Habitus and Cultural Capital in Choosing a College, Transitioning from High School to Higher Education, and Persisting in College Among Minority and Nonminority students", *Journal of Hispanic Higher Education*, Vol. 3, No. 2, 2004, pp. 180-208.

③ Louise Archer and Carole Leathwood, "Identities, Inequalities and Higher Education", in Louise Archer, Merryn Hutchings and Alistair Ross eds., *Higher Education and Social Class: Issues of Exclusion and Inclusion*, New York, NY: RoutledgeFalmer, 2003, pp. 175-191.

④ Jane Hemsley-Brown, "College Choice: Perceptions and Priorities", *Educational Management & Administration*, Vol. 27, No. 1, 1999, pp. 85-98.

此基础上实现小幅度的社会流动。① 基于社会阶层、种族和性别等不同结构的资源和资本的不平等会影响个体对自我身份的认知和认同，产生"适合我这样的人"的想法；身份认同由时间和空间里的社会和文化背景所构建，在排斥、错位和渴望等因素的影响下发生一定改变；高校入学选择受身份认同的表达和压抑所影响。② 许多低社经地位阶层学生拒绝身份认同的转变，他们倾向于选择名望更低、竞争更小的高等教育机构，以减少在适应校园生活方面的问题。与身份认同相关的因素使得有些高校选择不被考虑、等同于无形，而另一些则是自动的、无意识的。③

关于社会污名的心理学理论认为，被污名化群体的成员意识到自己是受主导群体所贬低和歧视的，了解他人对自己的负面刻板印象；当与污名相关的应激源被个人评估为可能损害个人的社会身份认同时，会针对身份威胁采取相应的策略，通常选择进一步加强对自身所属群体的认同，以获取社会支持、归属感和自尊。④ 因此，低社经地位阶层学生倾向于选择他们能结交朋友、主体是本群体成员的高等教育机构，以此保护自己免受潜在的身份威胁和遭贬低的负面感受。⑤ 这一倾向不仅体现在高校选择阶段，而且与学生能否继续大学学业及其具体学业表现有关。

---

① Richard Hatcher, "Class Differentiation in Education: Rational Choices?", *British Journal of Sociology of Education*, Vol. 19, No. 1, 1998, pp. 5-24.

② Louise Archer and Carole Leathwood, "Identities, Inequalities and Higher Education", in Louise Archer, Merryn Hutchings and Alistair Ross eds., *Higher Education and Social Class: Issues of Exclusion and Inclusion*, New York, NY: RoutledgeFalmer, 2003, pp. 175-191.

③ Diane Reay, Jacqueline Davies, Miriam David et al., "Choice of Degree or Degrees of Choice? Class, 'Race' and the Higher Education Choice Process", *Sociology*, Vol. 35, No. 4, 2001, pp. 855-874.

④ Brenda Major and Laurie T. O'brien, "The Social Psychology of Stigma", *Annual Review of Psychology*, Vol. 56, 2005, pp. 393-421.

⑤ Su-Je Cho, Cynthia Hudley, Soyoung Lee et al., "Roles of Gender, Race, and SES in the College Choice Process Among First-generation and Nonfirst-generation Students", *Journal of Diversity in Higher Education*, Vol. 1, No. 2, 2008, pp. 95-107.

二 自我效能与学业表现

除了关注做选择的最后阶段外，从心理学视角出发的自我效能理论涉及学生高校入学选择的前期准备阶段，尤其是学业准备阶段。自我效能指的是个人是否相信自己能够完成某项具体任务，对自我效能的预测和期待决定与此相应的对策，包括是否继续努力并应对困难和挑战；预测自我效能的信息来源包括个人既有的经历、对他人经验的观察、他人的劝说、生理状态等。①

与学业相关的自我效能对学习积极性和学业表现都有影响，来自此前的学业成功经历、观察并对比班级中同伴的表现、受到积极的教育激励，以及在应对紧张情绪和压力时的积极态度；学生倾向于选择做那些他们认为自己能够成功的事情，对此会投入更多时间和精力，同时避免参与自己认为可能失败的活动。②

自我效能的发展与环境因素密切相关，其中包括从早期就存在的家庭影响，来自同伴的榜样和社会网络影响，来自学校的教学实践、老师和同学的影响，以及升学过渡阶段的影响。③

三 巴西低社经地位学生的自我排斥与个人动员

巴西学者的一些研究关注了主观维度对低社经地位学生进入精英大学的影响，尤其是公立大学，其中包括消极和积极两方面的影响。消极方面主要涉及大部分低社经地位学生对报考公立大学的主观排斥；积极方面强调小部分低社经地位学生为进入公立大学而付出的超

---

① Albert Bandura, "Self-efficacy: Toward a Unifying Theory of Behavioral Change", *Psychological Review*, Vol. 84, No. 2, 1977, pp. 191-215.
② Frank Pajares, "Motivational Role of Self-Efficacy Beliefs in Self-Regulated Learning", in Dale H. Schunk and Barry J. Zimmerman eds., *Motivation and Self-regulated Learning: Theory, Research, and Applications*, New York: Erlbaum, 2008, pp. 111-139.
③ Dale H. Schunk and Frank Pajares, "The Development of Academic Self-Efficacy", in Allan Wigfield and Jacquelynne S. Eccles eds., *Development of Achievement Motivation*, San Diego, CA: Academic Press, 2002, pp. 15-31.

越常人的努力。

蒂亚戈·佩雷拉以巴西南部一所联邦公立大学开设在内陆城市的新校区为例,通过与四所公立高中高三学生的谈话、该大学新校区八个不同专业大一新生的问卷调查及对十名师范专业夜间课程学生的访谈,研究了大众阶层学生进入公立大学在主观维度的困难。[1] 该研究发现,这所新开设的联邦大学新校区可被视为大众阶层的大学,90%的学生来自公立高中,尤其是夜间上课的师范课程;即便如此,公立高中学生对公立大学仍存在自我排斥,高中教学质量低下且缺乏对公立大学的认知;虽然新校区的设立使公立大学更靠近大众阶层学生,但象征意义上的障碍仍存在。宝拉·席尔瓦(Paula N. Silva)的研究则指出了低社经地位阶层学生在主观层面排斥公立大学的原因。[2] 她通过问卷调查和访谈研究了圣保罗市一所处于较中心地带的公立高中的高三学生,发现公立高中学生不报考公立大学不仅是因为缺乏信息,更是因为缺乏对高等教育的期待;他们对公立大学的自我排斥是巴西教育系统发展过程中客观现实导致的意识形态作用的结果。该研究发现,公立学校缺老师及较差的教学质量导致人们在社会认知中普遍不相信公立教育,即使公立学校里有些学生有条件取得好成绩;位于边缘地带与较中心地带的公立学校之间的教学质量差距很大,但即便是较中心地带的公立学校也存在严重的缺老师或缺课状况;即使学生知道上一所好大学的重要性,他们也不愿意放弃此刻的社交生活而花大量时间和努力专注于准备公立大学入学考试,同时担心入学后存在无法融入大学生活和团体的问题。

另一些研究指出低社经地位学生为进入精英大学而付出的艰苦努

---

[1] Thiago I. Pereira, *Classes Populares na Universidade Pública Brasileira e Suas Contradições: a Experiência do Alto Uruguai Gaúcho*, Tese de Doutorado, Porto Alegre: Universidade Federal do Rio Grande do Sul, 2014.

[2] Paula N. Silva, *Do Ensino Básico ao Superior: a Ideologia Como um dos Obstáculos à Democratização do Acesso ao Ensino Superior Público Paulista*, Tese de Doutorado, São Paulo: Universidade de São Paulo, 2013.

力和个人动员,通常该主观因素与其他客观影响共同存在。威尔逊·阿尔梅达在研究考入公立精英大学 USP 的低社经地位学生的教育轨迹时,将其入学原因归结为家庭、学校、社会关系以及主观维度的共同作用,认为这些学生付出了非一般人的个人努力,协调工作和学习,牺牲休息和娱乐,同时应对来自家庭和社会的负面评价并证明自己可以考上公立大学。① 玛丽亚·索萨指出,大众阶层学生在缺少家庭资源时,主要依靠个人动员以克服不利条件而考上公立大学竞争最激烈的专业。这些学生往往很早就体现出自主、自律和强烈的决心,制订未来计划、遵守学校规则并为自己选择高中等。② 黛波拉·皮欧托的另一项研究同样关注大众阶层学生如何进入精英公立大学竞争激烈的专业,尤其侧重主观维度对教育轨迹的影响。③ 她深度访谈了五名公立精英大学里不同专业的学生,从教育心理学角度分析,这些学生为进入公立大学付出了许多努力,经历了孤独、错位和羞辱等,但同时入校后精英大学的高竞争性课程也完全改变了他们的人生轨迹;除个人因素外,社会支持也帮助他们进入名校,包括家庭、老师、同伴、朋友和工作的影响。

较少研究提及低社经地位学生对报考精英大学的主观能动性的来源。艾修·博尔齐斯在研究穷人学生如何进入公立大学竞争激烈的专业时,提到来自他人和学校的影响使这些学生认识到自己在学业上的更多可能性,尤其是老师对学生较好学业表现的认同能够帮助学生建构成功的逻辑。④ 玛可里尼·诺吉依拉从教育心理学角度,

---

① Wilson M. Almeida, "Estudantes com Desvantagens Econômicas e Educacionais e Fruição da Universidade", *Caderno CRH*, Vol. 20, No. 49, 2007, pp. 35-46.

② Maria S. Souza, *Do Seringal à Universidade: o Acesso das Camadas Populares ao Ensino Superior Público no Acre*, Teses de Doutorado, Belo Horizonte: Universidade Federal de Minas Gerais, 2009.

③ Débora C. Piotto, *As Exceções e Suas Regras: Estudantes das Camadas Populares em Uma Universidade Pública*, Tese de Doutorado, São Paulo: Universidade de São Paulo, 2007.

④ Écio A. Portes, *Trajetórias Escolares e Vida Acadêmica do Estudante Pobre da UFMG—um Estudo a Partir de Cinco Casos*, Tese de Doutorado, Belo Horizonte: Universidade Federal de Minas Gerais, 2001.

重点研究主观维度如何影响穷人学生的大学入学机会和大学体验。①她以问卷调查和访谈的形式研究了圣保罗市一所私立名校的30名PROUNI奖学金生，发现这些学生受到了来自父母、老师、同学、朋友、熟人、同伴等对其教育轨迹的支持；在此基础上，教育激励影响着主体战胜教育不平等而进入大学，这种激励的来源包括可使用的读物和图书馆资源、与更政治化团体的接触、与敬业且有能力的老师的接触等。

第三节 教育实践：家庭、学校与社区的社会化过程

从社会学视角出发的理论将高校入学选择视为教育获得的过程，重点关注学生的社会经济地位及其他相关因素如何影响他们的学业表现，在此基础上左右高校入学选择。许多研究认为社会阶层塑造高校入学选择过程，具体包括与家庭相关的社经地位状况、学校情况、同伴与朋友的作用、社区与其他社会网络的影响等。② 从经济学和心理学视角出发的大多数研究侧重学生在做出具体的高校选择时的衡量标准与考虑因素；与之不同的是，社会学视角相关的高校入学选择研究认为，相关决定因素是在学生整个生活中发展而来的结果。与个人背景相关的变量影响与教育行为相关的变量，决定学生的教育抱负，并贯穿学生生活和教育的整个轨迹。③ 因此，从该视角出发的相关理论

---

① Makeliny O. Nogueira, *Educação, Desigualdade e Políticas Públicas: a Subjetividade no Processo de Escolarização da Camada Pobre*, Tese de Doutorado, São Paulo: Pontifícia Universidade Católica de São Paulo, 2013.

② Patricia M. McDonough, *Choosing Colleges: How Social Class and Schools Structure Opportunity*, Albany, NY: Suny Press, 1997; Don Hossler, Nick Vesper and Jack Schmit, *Going to College: How Social, Economic, and Educational Factors Influence the Decisions Students Make*, Baltimore, MD: Johns Hopkins University Press, 1999.

③ Demetris Vrontis, Alkis Thrassou and Yioula Melanthiou, "A Contemporary Higher Education Student-choice Model for Developed Countries", *Journal of Business Research*, Vol. 60, No. 9, 2007, pp. 979-989.

侧重选择过程的前期阶段,即哪些因素影响学生形成教育抱负或制订高等教育计划。①

一 家庭社经地位对学业表现和教育期望的影响

学生的社会经济背景对其高等教育入学选择有着重要的影响。② 其中,最关键的因素之一是来自家庭的影响。③

在学生教育轨迹的早期,父母对于子女的学业表现和教育抱负形成有着重要的推动和塑造作用。④ 父母的受教育程度高低、对子女学业的鼓励和支持以及对其他教育实践的参与都对子女的学业表现有重要影响。⑤ 父母对子女的教育期望影响子女对自我教育的期望,两者呈正向关系;父母对子女的高等教育期望越高、鼓励越多,子女则越可能考虑选择入学竞争更激烈的精英大学。⑥ 这与家庭文化和教育传统有关,⑦ 包括父母、兄弟姐妹和其他亲属的教育经历。基于这种上大学的传统,许多父母在子女上高中前就决定他们是否要上大学,由

---

① Michael B. Paulsen, *College Choice*: *Understanding Student Enrollment Behavior*, ASHE-ERIC Higher Education Report, No. 6, Washington, DC: The George Washington University, 1990, p. 7.

② Patrick T. Terenzini, Alberto F. Cabrera and Elena M. Bernal, *Swimming Against the Tide*: *The Poor in American Higher Education*, Research Report, New York, NY: College Entrance Examination Board, 2001, p. 1.

③ Erin M. Horvat, "African American Students and College Choice Decisionmaking in Social Context: The Influence of Race and Class on Educational Opportunity", Paper Presented at the Annual Meeting of the American Educational Research Association, New York, NY, Apr. 8-13, 1996, p. 7.

④ Florence A. Hamrick and Frances K. Stage, "College Predisposition at High-minority Enrollment, Low-income Schools", *The Review of Higher Education*, Vol. 27, No. 2, 2004, pp. 151-168.

⑤ Don Hossler, Nick Vesper and Jack Schmit, *Going to College*: *How Social, Economic, and Educational Factors Influence the Decisions Students Make*, Baltimore, MD: Johns Hopkins University Press, 1999; Laura W. Perna and Marvin A. Titus, "The Relationship Between Parental Involvement as Social Capital and College Enrollment: An Examination of Racial/ethnic Group Differences", *The Journal of Higher Education*, Vol. 76, No. 5, 2005, pp. 485-518.

⑥ Thomas A. Flint, "Parental and Planning Influences on the Formation of Student College Choice Sets", *Research in Higher Education*, Vol. 33, No. 6, 1992, pp. 689-708.

⑦ Paul N. Dixon and Nancy K. Martin, "Measuring Factors That Influence College Choice", *NASPA Journal*, Vol. 29, No. 1, 1991, pp. 31-36.

此选择高中的学校类型以达成这一目标。① 一些高社经地位阶层家庭通常会将"家传地位"（Legacy Status）传递给子女，鼓励他们进入与父母相同的精英教育机构。②

在子女的高校教育抱负形成阶段，父母除了鼓励外，其支付子女高等教育学费的能力、对高等教育机构的认知、对入学信息和经济资助信息的了解等都会影响子女的高等教育计划。高社经地位阶层学生的父母不仅有更多的为子女高校学费而准备的经济积蓄，而且掌握更多关于高校入学的选拔标准和程序、可申请的经济资助和奖学金项目等的信息；而低社经地位阶层学生的父母则更可能高估大学学费，同时低估经济资助的可及性。③

此外，家庭结构对于学生的高校入学机会也有影响，尤其是精英大学的入学机会。家庭结构破碎的学生接受高等教育的机会更少，也更不可能进入入学竞争激烈的精英大学；其背后原因包括更低的学业表现、更少参与课外活动、更少的家庭收入和家庭规模。④ 低社经地位阶层家庭往往更可能出现结构破碎的情况，从而进一步减少这些家庭中子女的高等教育入学机会。

二 学校内的教育分流与社区内的社会分层

除了来自家庭的直接影响外，学校被认为是影响学生高等教育入

---

① Don Hossler, Nick Vesper and Jack Schmit, *Going to College: How Social, Economic, and Educational Factors Influence the Decisions Students Make*, Baltimore, MD: Johns Hopkins University Press, 1999, p. 63.

② Ann L. Mullen, "Elite Destinations: Pathways to Attending an Ivy League University", *British Journal of Sociology of Education*, Vol. 30, No. 1, 2009, pp. 15-27.

③ Alberto F. Cabrera and Steven M. La Nasa, *Understanding the College Choice of Disadvantaged Students*, New Directions for Institutional Research, No. 107, San Francisco, CA: Jossey-Bass Publishers, 2000, p. 4.

④ Dean Lillard and Jennifer Gerner, "Getting to the Ivy League: How Family Composition Affects College Choice", *The Journal of Higher Education*, Vol. 70, No. 6, 1999, pp. 706-730.

学选择的重要机构性因素，尤其是高中阶段的学校。①

学校的教学安排、课程设置和学生特征等方面都对其学生的学业表现和教育抱负有影响。与高校入学选拔考试内容相关的教学课程的质量高低与学生的高校入学学业准备状况直接相关，尤其是精英高校。② 不同的高中在鼓励其学生接受高等教育方面的效能也有差异。③ 学校结构内包括老师、顾问和同伴在内的重要他者被认为有助于学生形成对高等教育的认知和抱负。④ 然而，不同类型的高中往往会鼓励其学生遵循某种特定的教育实践。⑤ 教育分流（Educational Tracking）体制使得学校在阶层和种族差异的基础上形成了一定的等级制度。⑥

高中与高等教育入学相关的文化在很大程度上是由学生家长和其他学校社区内成员的教育期望所塑造的，因此学生的家庭社会经济状况与所上学校的资源与质量有直接联系。⑦ 高社经地位阶层学

---

① Sunny X. Niu and Marta Tienda, "Choosing Colleges: Identifying and Modeling Choice Sets", *Social Science Research*, Vol. 37, No. 2, 2008, pp. 416-433; Joshua Klugman, "How Resource Inequalities Among High Schools Reproduce Class Advantages in College Destinations", *Research in Higher Education*, Vol. 53, No. 8, 2012, pp. 803-830.

② Shani Adia Evans, *How High School Contexts Shape the College Choices of High-Achieving, Low-Ses Students: Why a "College-Going" Culture is Not Enough*, PhD diss, University of Pennsylvania, 2016, pp. 236-237.

③ Diane H. Hill, "School Strategies and the 'College-linking' Process: Reconsidering the Effects of High Schools on College Enrollment", *Sociology of Education*, Vol. 81, No. 1, 2008, pp. 53-76.

④ Amy A. Bergerson, *College Choice and Access to College: Moving Policy, Research and Practice to the 21st Century: ASHE Higher Education Report*, Vol. 35, No. 4, Hoboken, NJ: Jossey-Bass, 2009, p. 23.

⑤ Erin M. Horvat, "African American Students and College Choice Decisionmaking in Social Context: The Influence of Race and Class on Educational Opportunity", Paper Presented at the Annual Meeting of the American Educational Research Association, New York, NY, Apr. 8-13, 1996, p. 33.

⑥ Jeannie Oakes, *Multiplying Inequalities: The Effects of Race, Social Class, and Tracking on Opportunities to Learn Mathematics and Science*, Santa Monica, CA: Rand Corporation, 1990, pp. 102-103.

⑦ Patricia M. McDonough, "Structuring College Opportunities: A Cross-case Analysis of Organizational Cultures, Climates, and Habiti", in Carlos A. Torres and Theodore R. Mitchell eds., *Sociology of Education: Emerging Perspectives*, Albany, NY: SUNY Press, 1998, pp. 181-224.

生更有可能在教育分流中进入教学质量更好的高中学习,这些学校通过使学生们沉浸在一种"上大学文化"("College Going" Culture)中来帮助他们做好相应的学业准备并树立高等教育目标。① 高社经地位阶层学生聚集的高中往往会在学生申请大学的过程中提供更多的辅导、咨询和支持;而低社经地位阶层学生除了在家庭层面缺乏有关高校入学选择的指导和信息外,主要依赖的高中学校资源也有可能因为教学质量和机构文化的原因而无法提供足够的支持。② 学校的文化或者说是机构惯习为其中的学生们在高校入学选择的过程中提供了一种基于阶层的视角,通过塑造学生对于高等教育机会的认知来传递关于某些大学的特别偏好。③ 精英高中与精英大学之间也存在紧密的联系;精英高中不仅为其学生提供高强度的学术训练使他们在学业上符合高校录取要求,而且帮助学生熟悉并习惯精英大学里的社会交往方式。④

此外,从社会学视角出发的研究还关注其他社会网络对学生教育获得的影响,其中包括朋友与同伴、社区环境等。来自同一社交圈的朋友通常有相似的教育抱负,可以强化彼此的目标,同时还分享有关高等教育机构和申请程序的信息;许多情况下,如果学生不做出与同一朋友圈内的人相似的高校选择,会感觉到尴尬。⑤ 提高学生的朋友和同伴群体的高等教育抱负和计划有助于促进该学生的高校入学可能

---

① Laura W. Perna and Marvin A. Titus, "The Relationship between Parental Involvement as Social Capital and College Enrollment: An Examination of Racial/ethnic Group Differences", *The Journal of Higher Education*, Vol. 76, No. 5, 2005, pp. 485-518; Zoe B. Corwin and William G. Tierney, *Getting There And Beyond: Building a Culture of College-Going in High Schools*, Report, Center for Higher Education Policy Analysis, University of Southern California, 2007.

② Diane Reay, "'Always Knowing' and 'Never Being Sure': Familial and Institutional Habituses and Higher Education Choice", *Journal of Education Policy*, Vol. 13, No. 4, 1998, pp. 519-529.

③ Michael Donnelly, "The Road to Oxbridge: Schools and Elite University Choices", *British Journal of Educational Studies*, Vol. 62, No. 1, 2014, pp. 57-72.

④ Ann L. Mullen, "Elite Destinations: Pathways to Attending an Ivy League University", *British Journal of Sociology of Education*, Vol. 30, No. 1, 2009, pp. 15-27.

⑤ Patricia M. McDonough, *Choosing Colleges: How Social Class and Schools Structure Opportunity*, Albany, NY: Suny Press, 1997, pp. 137-140.

性,尤其是增加精英高校入学机会。① 然而,学生的朋友圈在很大程度上受家庭、学校和社区等环境影响,低社经地位阶层学生通过与朋友之间的互动形成更强高校教育抱负的可能性依然较低。

社区通过其居民特征、教会活动和其他组织等社会网络对学生的高等教育入学选择产生影响。② 整体而言,来自低社经地位阶层社区的学生的高等教育抱负更弱,存在"教育获得的空间性隔离"。③ 这些学生所住社区的结构性劣势在很大程度上降低了他们的高等教育抱负;尽管学校被视为改善社会经济资源不平等对教育获得影响的主要机构,但坐落于低社经地位阶层社区的学校反映出的仍然是该社区环境内的社会弊病。④

三 巴西低社经地位学生在社会化过程中受到的影响

巴西已有的研究表明,低社经地位家庭内部存在异质性,父母的经济、文化和社会资本有所差异,由此影响子女的学业表现、教育年限及高等教育机会的质量差异。在控制这些变量之后,家庭对子女教育的态度和社会化实践影响着子女的教育轨迹。

希尔达·席尔瓦(Hilda M. Silva)的研究探讨了许多基础教育阶段公立学校的学生为何不报考公立大学的入学考试,她首先以定量数据描述了圣保罗州立大学(Universidade Estadual Paulista,UNESP)2004—2008 年入学考试报名者的社会经济状况。该研究的分析发现,

---

① Laura W. Perna and Marvin A. Titus, "The Relationship between Parental Involvement as Social Capital and College Enrollment: An Examination of Racial/ethnic Group Differences", *The Journal of Higher Education*, Vol. 76, No. 5, 2005, pp. 485-518.

② Florence A. Hamrick and Frances K. Stage, "College Predisposition at High-minority Enrollment, Low-income Schools", *The Review of Higher Education*, Vol. 27, No. 2, 2004, pp. 151-168.

③ Raquel L. Farmer-Hinton, "Social Capital and College Planning: Students of Color Using School Networks for Support and Guidance", *Education and Urban Society*, Vol. 41, No. 1, 2008, pp. 127-157.

④ Endya B. Stewart, Eric A. Stewart and Ronald L. Simons, "The Effect of Neighborhood Context on the College Aspirations of African American Adolescents", *American Educational Research Journal*, Vol. 44, No. 4, 2007, pp. 896-919.

UNESP 在该五年入学考试的报名学生从经济、社会和文化角度考虑，大多来自社经地位更高的中产或上层中产家庭，父母教育水平较高（至少完成高中学业），基础教育阶段不用工作因此可以专注学业。①若泽·巴罗尼（José M. Baroni）分析了公立大学入学机会与考试形式之间的关系，用定量数据描述了拉丁美洲国家中排名前列的公立大学圣保罗大学入学考试在 1980—2008 年的考生社经地位问卷调查结果，同时探讨了其他几种入学考试形式，发现目前已有的不同形式的大学入学考试都与考生的家庭社会经济条件有较强的联系。②

即便在低社经地位学生内部，家庭社会经济状况也存在分化的情况，因此影响着他们的高等教育入学机会。低社经地位阶层家庭的异质化导致父母所拥有的经济、文化和社会资本存在差异，对子女有不同的教育投资和引导，由此影响子女的学业表现，使他们进入教育质量不同的高等教育机构或具体专业课程。威尔逊·阿尔梅达研究了 PROUNI 奖学金生的入学与大学体验情况，以问卷和访谈的形式调查了圣保罗市六所私立大学的 50 名 PROUNI 奖学金生，其中包括高等职业技术课程、师范课程和本科课程三类学生，均是公立高中毕业生。③ PROUNI 项目是巴西联邦政府为促进高等教育民主化而实施的教育政策之一，为进入私立高等教育机构的经济困难学生提供奖学金支持。该研究发现，本科学生尤其是就读于教会背景的慈善性私立大学的奖学金生有更好的经济和文化家庭背景，一些父母教育背景更高且出生于圣保罗市，而师范院校和高职院校学生的社经地位更低；本科学生在大学前不工作或只实习，如今工作但不用补贴家用，而师范

---

① Hilda M. Silva, *Os Jovens Provenientes do Segmento Popular e o Desafio do Acesso à Universidade Pública: a Exclusão que Antecede o Vestibular*, Tese de Doutorado, Araraquara, SP: Universidade Estadual Paulista, 2010.

② José M. Baroni, *Acesso ao Ensino Superior Público: Realidade e Alternativas*, Tese de Doutorado, São Paulo: Universidade de São Paulo, 2010.

③ Wilson M. Almeida, *Ampliação do Acesso ao Ensino Superior Privado Lucrativo Brasileiro: um Estudo Sociológico com Bolsistas do Prouni na Cidade de São Paulo*, Tese de Doutorado, São Paulo: Universidade de São Paulo, 2012.

◈ 资本与隔离：巴西新中产阶级的教育流动研究

和高职课程的学生大多在基础教育阶段就开始工作以缓解家庭经济紧张状况；本科学生住在属于自家的房子里，位置处于更中心地带，另外两类学生则住在城市更边缘地带；本科学生文化资本更高，阅读更多，课外课程大多与文化相关而非注重提高工作技能的课程，另两类学生如果上课外课程则大多选择与提高具体工作技能相关的课程。玛丽亚·索萨（Maria S. Souza）在访谈了巴西北部阿克里州联邦大学（Universidade Federal do Acre）入学竞争最激烈的医学和法律专业的七名大众阶层学生后，发现这些学生在教育经历中都表现出了高度的个人动员性。其中第一类学生之所以有较高的个人学业追求是因为他们拥有更多家庭文化资本，家人引导并参与制订教育计划，家庭的教育动员程度高，子女因此知道如何取得更好的学业表现并渴望获得成功。①

另外，有巴西学者将这种低社经地位家庭内部对教育态度的差异进一步具体化，在控制父母的经济收入和教育水平等变量后探究家庭教育实践的差别。瓦尼娅·拉塞尔达（Wania M. Lacerda）研究了缺乏家庭文化和教育资本的学生如何考上最难考入的公立精英大学之一巴西航空理工学院（Instituto Tecnológico de Aeronáutica，ITA）。② 她访谈了来自低社经地位家庭的六名ITA男生，发现考上ITA是两代人的共同努力，即父母和子女共同的教育动员。父母自己的教育经历影响了他们对子女教育的期待，进而影响了子女对学校的态度与受教育行为。父母在上学期间与学校之间的正面关系使子女更容易对学校产生相同的态度；子女理解父母中断学业是因为工作需要，但并未内化"学业失败"这种所处社会阶层的集体"惯习"，而是形成个体惯习，打破这种注定失败的认知；父母在孩子入学初期为其制订较长年限的

---

① Maria S. Souza, *Do Seringal à Universidade*: *o Acesso das Camadas Populares ao Ensino Superior Público no Acre*, Teses de Doutorado, Belo Horizonte: Universidade Federal de Minas Gerais, 2009.

② Wania M. Lacerda, *Famílias e Filhos na Construção de Trajetórias Escolares Pouco Prováveis*: *o Caso dos Iteanos*, Tese de Doutorado, Niterói: Universidade Federal Fluminense, 2006.

教育计划或重视其教育，使子女从教育初期就与学校形成良好的关系，此后出色的学业表现使子女不断在教育上进行自我动员。

玛丽亚·维亚纳（Maria J. Viana）访谈了公立大学的七名大众阶层学生，研究这个阶层的学生如何拥有更长的教育年限（接受高等教育）。① 她探讨了家庭、学生和学校之间的相互关系如何影响大众阶层学生进入大学，尤其是家庭的社会化实践如何影响教育年限。该研究发现，这些家庭不一定会进行积极的教育动员，但会以不同方式帮助子女形成重视未来发展的性情倾向（Dispositions），由此建立人生计划，促进他们获得更长教育年限。这些方式包括父母的权威（专制）、家庭封闭造成与外部消极环境的隔离、子女被赋予一定自主权等。

艾修·博尔齐斯（Écio A. Portes）的研究结果也肯定了家庭的教育实践对子女学业表现及高等教育入学机会的积极作用。② 他深度访谈了米纳斯吉拉斯州联邦大学（Universidade Federal de Minas Gerais，UFMG）的六名不同专业的穷人家庭学生，研究穷人家庭学生如何进入公立大学竞争激烈的专业及其大学体验。该研究发现，经济条件不是穷人家庭学生行为和实践的决定因素。他们比家庭经济条件好的学生花更多时间和努力进入好大学的好专业，此前有较好的学业表现。这些家庭对子女教育有理性的态度，虽然谈不上投资或动员，但尽量防止子女退学，注意子女学业情况，理解并支持子女，激励子女向老师或学校内的其他团体寻求帮助，帮助子女形成道德规范等。

家庭外的社会网络中对子女教育有直接影响的就是学校。巴西低社经地位阶层学生在基础教育阶段上的大多是公立学校。众多研究指

---

① Maria J. Viana, *Longevidade Escolar em Famílias de Camadas Populares*：*Algumas Condições de Possibilidade*，Tese de Doutorado, Belo Horizonte：Universidade Federal de Minas Gerais, 1998；"Práticas Socializadoras em Famílias Populaes e a Longevidade Escolar dos Filhos", *Educação em Revista*, Vol. 28, No. 1, 2012, pp. 421-440.

② Écio A. Portes, *Trajetórias Escolares e Vida Acadêmica do Estudante Pobre da UFMG—um Estudo a Partir de Cinco Casos*, Tese de Doutorado, Belo Horizonte：Universidade Federal de Minas Gerais, 2001.

出，公立学校尤其是公立高中对该阶层学生进入公立大学及其竞争激烈的专业缺乏足够的指导和帮助。希尔达·席尔瓦在研究中以问卷的形式调查了160名高三学生，分别来自圣保罗州的两所公立高中和一所私立高中。① 她发现三所学校学生的社经地位和文化资本有差异，由此影响高三学生是否报考大学，尤其是公立大学。低社经地位学生与大学环境之间存在较大距离，缺乏对公立大学的信息和认知；公立高中老师认为学生能考上公立大学的可能性很小。在有意愿报考公立大学的高三学生中，位于较中心地带的公立高中录取率是33%，私立高中录取率是35%，差别不大，然而，两所高中里有意愿报考公立大学的学生数量有较大差距；边缘地带公立高中里只有40%的学生想考大学，其中10%想报考公立大学，存在很大的经济困难和学业差距。② 纳迪尔·扎戈研究了低购买力和低文化资本家庭的学生如何进入大学并维持学业，用数据描述了2001年巴西南部圣卡塔琳娜州联邦大学（Universidade Federal de Santa Catarina，UFSC）入学考试报名者和通过者的社会经济特征，并访谈了该校27名毕业于公立高中的本科学生。③ 她也在研究中证实了公立高中对其学生缺乏学业指导，较少提供有关大学的信息；这些学生大多有较好的学业表现，没有过重读现象，认为自己考上公立大学是运气，通过在辅导班里的学习补足学业差距；他们选择的通常是比较容易考入、竞争较小的专业，高校选择其实是适应客观条件限制的结果。

巴西大部分公立高中的教学质量欠佳，对学生考大学缺乏指导和

---

① Hilda M. Silva, *Os Jovens Provenientes do Segmento Popular e o Desafio do Acesso à Universidade Pública：a Exclusão que Antecede o Vestibular*, Tese de Doutorado, Araraquara, SP：Universidade Estadual Paulista, 2010.

② Hilda M. Silva, *Os Jovens Provenientes do Segmento Popular e o Desafio do Acesso à Universidade Pública：a Exclusão que Antecede o Vestibular*, Tese de Doutorado, Araraquara, SP：Universidade Estadual Paulista, 2010, p.169.

③ Nadir Zago, "Do Acesso à Permanência no Ensino Superior：Percursos de Estudantes Universitários de Camadas Populares", *Revista Brasileira de Educação*, Vol.11, No.32, 2006, pp.226-237.

帮助，但少数公立高中拥有稍好一些的教学质量。安娜·特希拉（Ana M. Teixeira）的研究样本包括了巴西东北部塞尔希培州联邦大学（Universidade Federal de Sergipe，UFS）的六名毕业于公立高中的大众阶层本科学生。[1] 该研究发现，公立高中对受访学生进入大学并没有帮助，只有少数公立高中的教学质量稍好一些，取决于学校位置、老师和校长等。一些研究肯定了公立高中里某些老师对低社经地位阶层学生学业表现和教育计划的积极作用。黛波拉·皮欧托和赫娜达·阿尔维斯（Débora C. Piotto and Renata O. Alves）访谈了两名毕业于公立高中的公立大学教育学专业的大众阶层学生，发现这两名女生从正式教育初始就非常自律、听话，被老师认为是好学生，因此被区别对待；她们对学习投入比较多，同时从小就喜欢阅读，阅读帮助她们自学答疑；公立学校老师缺课现象严重，对学生学业进步帮助很少；老师只关注好学生，因此个别老师对两名受访学生的学业成功有较大帮助。[2] 艾修·博尔齐斯也指出，老师对学业表现好的学生的认同有助于这些穷人家庭的学生建构成功的逻辑。[3]

其他一些研究将社会网络的影响扩展到了学校外的个人、团体和组织。杰尔森·索萨席尔瓦在其分析贫民窟大学生教育轨迹的研究中探讨了家庭初始社会化和继续社会化之间的关系。[4] 他访谈了来自里约热内卢最大贫民窟马来（Maré）的11名大学生，认为他们的教育

---

[1] Ana M. Teixeira, "Entre a Escola Pública e a Universidade: Longa Travessia Para Jovens de Origem Popular", in Sônia M. Sampaio org., *Observatório da Vida Estudantil: Primeiros Estudos*, Salvador: EDUFBA, 2011, pp. 27-51.

[2] Débora C. Piotto and Renata O. Alves, "Estudantes das Camadas Populares no Ensino Superior Público: Qual a Contribuição da Escola?", *Psicologia Escolar e Educacional*, Vol.15, No.1, 2011, pp. 81-89.

[3] Écio A. Portes, *Trajetórias Escolares e Vida Acadêmica do Estudante Pobre da UFMG—um Estudo a Partir de Cinco Casos*, Tese de Doutorado, Belo Horizonte: Universidade Federal de Minas Gerais, 2001.

[4] Jailson D. Souza e Silva, *Por Que Uns e Não Outros? Caminhada de Estudantes da Maré Para a Universidade*, Tese de Doutorado, Rio de Janeiro: Pontifícia Universidade Católica do Rio de Janeiro, 1999.

成功是一系列因素综合作用的结果。该研究发现，受访对象的父母没有要子女上大学的计划，文化资本有限，但重视教育，防止子女退学；家中长子长女的地位使他们有更多责任感；受访对象有意愿获得更高的社会地位，因此理解并接受学校规范，有较好的学业表现，发展出"机构性智慧"（葡语原文为 inteligênciainstitucional）；受访对象从选择高中起就有一定的自主性，逐渐形成新的教育策略，此过程受到来自学校、教会和社区团体的二次社会化影响。受访对象在不同于初始社会化环境的社会网络中的参与，有助于他们形成新的惯习，促进更长教育年限的获得。如果家庭惯习与新的社会网络中性情倾向不一致，受访对象就会有惯习的转变，产生新的兴趣和抱负，在一定程度上疏远初始社会化环境。

威尔逊·阿尔梅达在另一项研究中分析了在经济与教育方面处于不利地位的学生进入著名公立大学 USP 的轨迹和入学后的困难。[①] 他也在结论中提到了家庭教育实践、较好的公立高中以及其他社会网络的积极影响，其中除家庭和学校外的社会网络的主要作用是为受访学生提供有关上精英大学的信息和激励，其来源包括有就读 USP 经历的公立学校老师或与家庭有关系的人、男女朋友、大学入学考试辅导班或教堂的人。安娜·特希拉也在研究中指出，考入公立大学的大众阶层学生都是在多次尝试入学考试后才进入 UFS，通过大学入学考试辅导班补足学业劣势，有强烈的个人意愿和自我动员性；这种个人计划也是在家庭和学校的社会环境下建构的，尤其是在朋友、同学及老师的支持和帮助下建构的。[②]

拉加拉·科赫娅和玛利亚·利布朗迪（Lajara J. Correa and Maria S. Librandi）专门研究了大学入学考试辅导班对大众阶层学生考入精

[①] Wilson M. Almeida, "Estudantes com Desvantagens Econômicas e Educacionais e Fruição da Universidade", *Caderno CRH*, Vol. 20, No. 49, 2007, pp. 35–46.

[②] Ana M. Teixeira, "Entre a Escola Pública e a Universidade: Longa Travessia Para Jovens de Origem Popular", in Sônia M. Sampaio org., *Observatório da Vida Estudantil: Primeiros Estudos*, Salvador: EDUFBA, 2011, pp. 27–51.

英大学的影响。① 她们通过半结构化访谈研究了考入精英大学的同一个大众性辅导班里的七名学生；这些学生都是工人阶级家庭的子女，公立学校毕业生，考入了不同精英大学的本科专业。研究发现，公立学校教学质量差，缺乏对学生考大学的激励和指导；这些受访学生通过偶尔从宣传材料或朋友处获得的信息得知该辅导班，并在辅导班里花了很长时间补足学业准备的不足，同时辅导班也促进了他们主体性的重新建构。大众性辅导班里的老师帮助这些低社经地位学生看到构筑未来计划的可能性，并更清晰地认识到此前教育的不足。这种意识的觉醒促进了学生认同的重建，使他们重新理解"公立学校学生""黑人"和"穷人"的含义。这种身份认同促使低社经地位学生在辅导班里产生集体归属感，而在大学里却感到被排斥和孤立。

第四节 解释不足：同一阶层内部学生的高校选择差异

从前文对巴西现有研究和国际已有的高校入学选择理论的梳理可以看出，学生的高等教育入学选择是一个非常复杂的过程。构建一个全面性的、综合性的高校入学选择理论是非常困难的，尤其是考虑到在高等教育分层进一步加剧的背景下不同阶层的教育选择，以及不同国家内政治、经济、文化和政策的差异化影响。目前大多数关于高校入学选择的理论都是基于西方发达国家尤其是美国的经验，同时更多地依据传统中产阶级或更高社经地位阶层家庭学生的高校选择过程。与发达国家更早开始的高等教育扩张和高社经地位阶层学生所拥有的更多高等教育经验相比，我们在分析巴西低社经地位阶层学生的高校入学选择时需要考虑基于国别和阶层的特殊性。

---

① Lajara J. Correa and Maria S. Librandi, "Disposições aos Sacrifícios da Escolarização: Trajetórias de Jovens das Classes Populares", *ETD-Educação Temática Digital*, Vol. 14, No. 1, 2012, pp. 420–441.

对于巴西新中产阶级学生在获得精英大学入学机会方面的教育流动困境与跃升机制，已有文献存在解释力不足的问题。巴西目前已有的实证研究都着重分析进入精英公立大学的低社经地位阶层学生为何能成功，但没有与同一阶层内只能进入普通私立大学的学生进行充分对比，并在此基础上解释两个对比组研究对象的差异。另外，现有巴西文献在研究中大多以免学费的公立大学作为精英大学的定义，但实际上巴西的公立大学不等于精英大学；公立大学的教学质量与精英化程度根据不同专业、不同校区和不同时段的课程而存在较大的差别。此外，已有研究将研究对象表述为"大众阶层"，事实上是社会结构中的低社经地位阶层，但该阶层在实现一定经济向上流动即成为"新中产阶级"并渴望进一步向上流动后的高等教育选择值得进一步深入研究。

在解释机制方面，从理性选择切入的分析视角强调个人在对比投资高等教育的成本和收益后作出利益最大化的理性选择，但忽视了个人理性受到客观社会结构的塑造和限制。从主观认同切入的分析视角认为高校选择是学生基于对高校存在身份认同和在学业方面发挥自我效能的结果，但这种解释忽略了客观现实对主观因素的影响。从教育实践和社会化过程切入的分析视角关注家庭、学校和社区等主要结构对学生教育抱负和教育计划的影响，但并没有指出同属低社经地位阶层的学生为何会进入特征不同的社会结构，也没有说明什么样的社会资源与互动会导致该阶层学生内部差异化的教育轨迹。

现将三种解释机制的主要逻辑和不足之处做以下总结，见表1.1。

表1.1　巴西低社经地位阶层学生精英大学选择的三种解释及不足

三种解释	基本逻辑	不足之处
理性选择	对高等教育成本与收益的考量→利益最大化方案	理性受不同社会结构的限制，无法解释对高等教育成本和收益存在不同评估的原因

续表

三种解释	基本逻辑	不足之处
主观认同	身份认同、自我效能→克服不利外部条件和内部自我排斥感	主观因素是因变量而非自变量，受其他外部因素的影响
以教育实践为主的社会化过程	家庭、学校、社区等社会结构内的教育激励→更好的学业表现和更强烈的教育抱负	没有说明同属低社经地位阶层的学生为何存在主要社会结构的差异，也没有说明什么样的社会资源与互动会导致该阶层学生内部教育轨迹的差异

一 理性限制：对成本和收益的不同预期

从经济学视角出发的理性选择理论强调个人理性在高校入学决策中的作用，在对比投资高等教育的收益和成本后作出选择。然而，这种个人理性是不同结构影响的结果。与成本相关的学费支付能力和经济资助项目涉及家庭经济收入和对子女教育的投资、高等教育机构的学费和资助情况以及政府与教育相关的公共政策；与收益相关的对高校质量、资源和使用价值的评估涉及家庭社会经济状况和已有的高等教育经验、基础教育阶段学校内同伴和老师的影响、国家政策框架下高等教育发展的资源分布和趋势等。更确切地说，高校入学选择的个人理性是一种受限的理性，个人选择受到其所在的社会结构的塑造和限制。

巴西相关研究认为，公立大学免学费的政策是低社经地位阶层学生选择报考并为入校而付出努力的原因之一；政府为私立大学设立的奖学金项目也有助于促进低社经地位阶层学生选择私立大学。虽然高等教育的成本是低社经地位学生在做高校选择时必然会考虑的，但并不对他们前期的教育抱负产生根本性影响。此外，数量众多的低社经地位阶层学生宁愿选择支付普通私立大学的学费也不尝试报考免费的公立精英大学。因此，理性选择的理论无法解释为何同一阶层的学生会对高等教育的成本和收益有不同的评估。

二 认同来源：客观因素影响下的主观结果

从心理学视角出发的理论注重主观维度，探索个人与高等教育机构之间如何互动，个人对高等教育机构特征的认知和感受如何影响他们的入学选择。学生倾向于选择他们有身份认同的高校，使自己在新的学术和社会环境中感到安全和舒适，获得社会支持与归属感。显然，学生身份认同的构建是以阶层、族群和其他社会群体的分类方式为基础的；不同结构内资源和资本的不平等、时间和空间框架下的社会和文化背景等都会影响个人对自我身份的认知和认同。此外，心理学理论中提到的自我效能也是各个结构塑造的结果。与学业相关的自我效能有利于提高学生的学习积极性和促进学生拥有好的学业表现，其发展受到家庭、学校、朋友和其他社会网络的影响。

巴西相关研究指出，一些低社经地位阶层学生为进入精英大学付出了超出常人的努力，通过不断的个人动员克服外部不利条件和内心对精英大学的自我排斥。这种解释的问题在于，主观因素并不是自变量，更恰当地说是一个因变量；主观能动性的差别是客观现实影响的结果。理解同属低社经地位阶层的巴西学生为何对高等教育机构产生不同的主观认同，需要我们对两个对比组的学生在各个结构内的社会资源差异进行分析。

三 社会化路径：家庭和学校等结构差异的根源

从社会学视角出发的理论将个人高校入学选择视为不同结构影响的结果，探究与家庭相关的社经地位状况、学校、同伴与朋友、社区与其他社会网络等如何作用于学生教育抱负和教育计划的形成，从而影响他们的教育获得。家庭、学校和社区等是学生社会化过程中的重要结构。现有研究认为巴西低社经地位阶层学生在家庭、学校和社区等结构内存在差异，但并没有进一步指出同一阶层内这种差异的根本来源。父母不同的教育实践、教学质量具有差别的学校，以及社区内的社会网络等都会作用于低社经地位阶层学生的教育发展,但同一阶层学生进入特征不同的结构的原因还有待研究。此外,现有研究也没有明确指出什么样的社会资源和社会互动会导致低社经地位阶层学生内部形成差异化的教育轨迹。

巴西相关研究分析了家庭作为初始社会化的结构对低社经地位阶层学生进入精英大学的影响。该解释机制认为,家庭对子女教育的态度和社会化实践对子女的教育轨迹有着重要影响。低社经地位阶层内部存在异质性,一些父母拥有更多经济、文化和社会资本,对子女有更好的教育投资和引导,因此影响子女的学业表现,使他们进入教育质量不同的高等教育机构或具体专业课程;在控制父母的经济收入和教育水平后,低社经地位家庭父母对待子女教育的理性态度及支持同样影响着子女的高等教育入学机会。虽然家庭因素对子女教育获得的重要影响是毋庸置疑的,但只从家庭社会化实践的角度无法充分解释同属低社经地位阶层的学生在高校入学机会方面的差异。例如,许多进入普通私立大学的低社经地位学生在成长和教育过程中一直受到来自父母的激励、投资和支持,学业成绩不错,但他们并没有报考精英大学或第一次考试失败后就放弃;相反,一些进入精英大学的低社经地位学生缺乏来自家庭的教育激励,但屡次尝试报考精英大学并在付出大量努力后终于成功。

巴西现有研究也分析了以学校为主的继续社会化的结构对低社经地位阶层学生精英大学入学机会的影响。该解释机制认为,家庭之外的以学校为主的社会网络对低社经地位阶层学生的学业表现和教育计划有积极作用。巴西的少数低社经地位学生曾就读于教学质量稍好的公立高中,其中个别教师对促进这些学生的学业表现有重要影响。其他社会网络包括教会、社区团体、大学入学考试辅导班等,主要为低社经地位学生提供有关精英大学的信息和教育激励。对于那些缺乏家庭经济、文化和社会资本的巴西低社经地位阶层学生而言,来自其他社会网络的影响是促进他们形成对精英大学的教育抱负并为之努力的重要原因之一。然而，已有文献的解释并没有说明为什么同一阶层学生在家庭之外的社会网络会出现差异，也没有分析具备哪些特征的社会资源和社会互动会导致低社经地位学生内部形成差异化的教育轨迹。一些进入普通私立大学的低社经地位学生在高中阶段受到了来自老师的教育激励，学业表现优秀，但并没有报考或考入精英大学；另一些考入精英大学的同一阶层学生在高中阶段的学校是教学质量低下的公立高中，他们白天工作，晚上上课，成绩并不出色，但最终进入了精英大学；两类低社经地位学生中的许多人与教会、社区团体和大学入学考试辅导班都有接触，但导致其差异化的高校入学机会的原因还需进一步探究。

第五节　研究拓展：作为整体的教育场域内的资本状况

学者前辈们提出的各种解释逻辑和所做的深入研究为我们理解实质上仍属于低社经地位阶层的巴西新中产阶级学生的精英大学入学机会提供了坚实的基础。本书借鉴既有理论对结构和个体之间互动的重视，结合所研究问题在国别和阶层方面的特殊性，在这些理论分析框架的基础上推进和拓展。高等教育扩张中出现的教育分层要求我们改善一般性的理论解释模型，以便更好地分析和理解不同阶层的高等教育选择，尤其是低社经地位阶层。同时，我们在应用或改善这些理论的时候必须考虑所研究国家的具体情况，尤其是巴西作为发展中国家在政治、经济、社会和文化等各方面的历史背景和发展现状。

已有的理论和解释机制都强调了结构对个体选择的重要性，这也是社会科学研究中始终关注的基础性问题。从经济学视角出发的高校入学选择理论强调个人理性在高校入学决策中的作用，在对比投资高等教育的收益和成本后作出选择。然而，这种个人理性是不同结构影响的结果。与成本相关的学费支付能力和经济资助项目涉及家庭经济收入和对子女教育的投资、高等教育机构的学费和资助情况以及政府与教育相关的公共政策；与收益相关的对高校质量、资源和使用价值的评估涉及家庭社会经济状况和已有的高等教育经验、基础教育阶段学校内同伴和老师的影响、国家政策框架下高等教育发展的资源分布和趋势等。更确切地说，高校入学选择的个人理性是一种受限的理性，个人选择受到其所在的各个不同社会结构的塑造和限制。从心理学视角出发的理论注重主观维度，探索个人与高等教育机构之间如何互动，个人对高等教育机构特征的认知和感受如何影响他们的入学选择。学生倾向于选择他们有身份认同的高校，使自己在新的学术和社会环境中感到安全和舒适，获得社会支持与归属感。显然，学生身份认同的构建是以阶层、族群和其他社会群体的分类方式为基础的；不同结构内资源和资本的不平等、时间和空间框架下的社会和文化背景等都会影响个人对自我身份的认知和认同。此外，心理学理论中提到的自我效能也是各个结构塑造的结果。与学业相关的自我效能促进学生的学习积极性和学业表现，其发展受到家庭、学校、朋友和其他社会网络的影响。从社会学视角出发的理论更是将个人高校入学选择视为不同结构影响的结果，探究与家庭相关的社经地位状况、学校、同伴与朋友、社区与其他社会网络等如何作用于学生教育抱负和教育计划的形成，从而影响他们的教育获得。不同结构内资源的区别会导致学生在学业准备、教育抱负、高校信息等方面的差异。

除了重视不同结构的作用外，从以上理论视角出发的研究都提到了个人主观维度。对于高校入学选择而言，个人主观维度可以被视为因变量，受不同结构内自变量的影响。心理学视角中所涉及的学生对投资高等教育收益和成本的评估是一种主观行为，而这种主观的理性又受到不同结构内客观因素的影响。从心理学视角出发的高校入学选择研究将这一主观因变量称为认知、偏好、倾向、身份认同、自我效能等，也是个人在各个结构内与不同群体互动并作用于主观维度的结果。社会学相关的高校入学选择理论则将布迪厄提出的"习性"概念视为教育获得和教育决策的重要基础；学生首先形成包括教育抱负在内的个人习性，之后再据此做出具体的教育选择；习性所指的内化的思想、信念和看法等受周围社会环境的影响和塑造。

从巴西新中产阶级的人群组成及其社会经济状况来看，他们仍属于低社经地位阶层，其高校入学选择受到社会经济资源的限制。高校入学机会存在基于阶层的不平等，我们在分析不同阶层学生的选择时也要考虑他们所面对的具体情况的区别。与高社经地位阶层的学生相比，低社经地位阶层学生的高校入学选择受到多方位、多因素的限制，他们倾向于根据自己所处的具体情况和环境做出适合自己境遇的选择。在分析他们的高校入学选择时，我们必须考虑该阶层学生在家庭、学校、社区等各个结构内所拥有资源的有限性和特殊性，他们如何利用有限的资源，资源如何作用于学生的教育轨迹，各种结构内的资源如何相互影响，等等。另外，低社经地位阶层学生的高校入学选择通常不是线性发展的过程，并不必然按照培养高等教育倾向、搜索信息和选择机构等阶段的顺序，相对而言更加复杂，影响因素更为多元化。

巴西在教育发展方面有其特殊性，是由政治、经济、社会、历史、文化等因素综合作用的结果。巴西自葡萄牙殖民时期起就存在严重的阶层隔离，这一现象在教育层面也有体现：基础教育分层严重，公立学校教学质量普遍低下；高等教育领域则保有精英主义的传统。以初级产品出口和国内消费拉动的经济发展模式对劳动力技能的要求不高，因此经济条件更脆弱的低社经地位阶层家庭和社区内普遍存在重视工作甚于教育的文化。工作在巴西学生的教育轨迹中产生重要影响，尤其是低社经地位阶层的学生；公立学校是非全日制教学，因此学生可以在基础教育阶段就开始一边工作一边学习。另外，巴西社会中强烈的家庭主义倾向以及教会在低社经地位阶层社区中的显著作用，都是我们在考虑巴西低社经地位阶层学生的教育发展和教育选择时不可忽视的结构性因素。

本书将巴西新中产阶级学生在进入高校之前的教育轨迹视为一个整体性的教育场域，探究该阶层学生在不同教育阶段和不同结构内的各类资本如何影响他们的教育轨迹和高等教育选择。

在许多国家的教育分层日益严重的情况下，从教育场域内资本状况的视角出发分析社会弱势群体的教育发展，有助于我们更好地理解在阶层、种族和性别等方面的教育不平等的状况下这些群体如何受社会结构中的分层和反分层力量影响。本书着重从阶层分层的角度分析巴西新中产阶级的资本状况如何影响其高校选择。

第二章

研究框架：基于资本理论的解释机制

本章是对理论基础、解释机制和研究方法的阐述。

本书的理论分析基于布迪厄关于阶层与资本的相关理论，在此基础上进行拓展。在阐述了基础理论后，本章对研究中使用的核心概念进行界定，包括经济资本、文化资本、社会资本和教育抱负等主要概念。在此基础上，本书构建了以资本结构和资本转化来解释巴西新中产阶级内部为何形成差异化的精英大学教育抱负的逻辑机制。本章的最后部分说明了研究设计的方式，包括所采用的不同质性研究方法和案例选择的方式。

第一节 基础理论：阶级、资本与教育

布迪厄的资本理论与其阶级分析方法密切相关，他以各种资本的数量、结构及其变化来定义阶级。资本的基本形式包括客观的经济资本、文化资本和社会资本，以及具有表征性的象征资本。[1] 布迪厄十分关注文化在社会分层中的重要作用，认为阶级、文化和权力之间存在紧密联系，而教育在文化再生产与社会再生产的过程中

---

[1] Pierre Bourdieu, "The Forms of Capital", in John G. Richardson ed., *Handbook of Theory and Research for the Sociology of Education*, Westport, CT: Greenwood Press, 1986, pp. 241-258.

第二章 研究框架：基于资本理论的解释机制

起到了关键作用。

布迪厄对阶级的分析吸收了现代阶级理论的两大主要传统，马克思主义和韦伯主义，在此基础上改造并予以区别化的拓展。他试图超越社会阶级研究中的主观主义和客观主义两种方法之间的二元对立，从关系性的角度研究阶级。① 布迪厄认为，马克思主义关于社会阶级的经济解释并不能反映社会空间的多重维度，社会生产关系中的地位差异只是划分阶级的权力资源中的一种，经济因素并不是单一的因果机制；除了物质权力资源外，符号权力资源同样重要。② 对于韦伯主义从身份地位角度划分社会阶层的方式，布迪厄认为阶级与身份是相联系的，身份地位或生活方式的区隔在本质上是阶级区隔的符号化体现，用以掩盖潜在的阶级利益。他提出了阶级符号化的身份模型，将文化差异作为阶级差异的标志。③

用布迪厄的阶级分析方式来思考巴西新中产阶级的社会流动及其阶级状况，我们可以发现，仅以物质层面的收入增加和消费能力提高来定义这一收入中间阶层是不足以体现其实际的阶级状况的。经济资本只是考量阶级状况的一方面，虽然布迪厄认为经济资本是其他形式资本的基础，但是文化资本与社会资本的衡量在巴西这个财富分配高度不平等的社会中对理解阶级的实际状况而言更加重要。此外，从职业类型的变化来思考巴西社会的阶级和阶层流动也有其局限性。布迪厄认为职业变化并不一定意味着相对阶级地位的变化；随着现代工业发展和经济结构的变化，职业身份的改变或提升反映的主要是阶级处境的改善，但每个群体在社会阶级结构中的相对地位实际上变化很

---

① ［美］戴维·斯沃茨：《文化与权力：布尔迪厄的社会学》，陶东风译，上海译文出版社2006年版，第165页。
② Pierre Bourdieu, "The Social Space and the Genesis of Groups", *Theory and Society*, Vol. 14, No. 6, 1985, pp. 723-744.
③ ［美］戴维·斯沃茨：《文化与权力：布尔迪厄的社会学》，陶东风译，上海译文出版社2006年版，第171—173页。

小。① 因此，巴西新中产阶级家庭及其子女在经济向上流动过程中的职业身份变化并不能完全体现其阶级地位的跃升；他们所拥有的各类资本的结构及其变化是更能体现其阶级地位变化的考量指标。

布迪厄认为，社会空间中的阶级结构、阶级关系与阶级流动可以从资本的数量、组成结构及前两者在时间层面的变化来进行考量。不同阶层的划分主要依据不同群体成员所拥有的资本总量的差异，即实际可用的资源和权力的集合，主要包括经济资本、文化资本和社会资本三种形式；每一阶层内部还存在进一步的分化，主要划分依据是资本结构中不同类型的资本的分布情况及起主导作用的资本类型。② 社会阶层流动则与资本在时间层面的再生产和再转化策略相关。资本的投资和转化策略包括同一场域内纵向的向上或向下运动，也包括跨场域的横向的转化运动。纵向运动更为常见，主要体现为对资本结构中占主导地位的资本类型的积累，而横向运动是一种资本向另一种资本的类型转化，从而引起资本结构的变化。③ 不同社会阶级的个人和群体倾向于通过不同的投资策略来维护或改善自己在社会等级中的地位。

布迪厄对阶级的分析离不开他提出的几个关键概念，主要包括资本、习性④、场域和实践等，以此构筑了对社会阶层结构和社会流动的分析脉络。布迪厄认为，被建构出来的社会阶级是在社会空间里拥有相似地位或权力的行为者的集合；他们受到相似生存条件的制约，发展出相似的生存倾向，从而促使其采取相似的实践。⑤ 布迪厄试图

---

① Pierre Bourdieu and Jean Claude Passeron, *The Inheritors: French Students and Their Relation to Culture*, Chicago, IL: The University of Chicago Press, 1979, pp. 79-80.

② Pierre Bourdieu, *Distinction: A Social Critique of the Judgement of Taste*, Cambridge, MA: Harvard University Press, 1984, p. 114.

③ Pierre Bourdieu, *Distinction: A Social Critique of the Judgement of Taste*, Cambridge, MA: Harvard University Press, 1984, pp. 131-132。

④ Habitus，有学者将其翻译成"惯习"或"生存心态"。

⑤ Pierre Bourdieu, "What Makes a Social Class? On the Theoretical and Practical Existence of Groups", *Berkeley Journal of Sociology*, Vol. 32, 1987, pp. 1-17.

打破社会结构与行为者能动性之间的二元对立,从两者运作的相互依存的权力关系角度去进行研究。① 他提出的实践理论将行动者的行为归结为资本、习性和场域之间互相作用的结果,简要公式表现为"[(习性)(资本)] + 场域 = 实践"。② 场域是由行为者的关系网络及其相互作用的各种社会力量所建构的社会空间,行为者在场域中参与资本的争夺,其策略及结果受特定的习性所左右。习性是可持续、可转换的倾向系统,通过在外在结构中的社会化经验而得以内化。③ 当内化的习性在与其生成条件相似的情境下发生作用时,习性促使行为者生产与现有结构对应的实践。而当场域内的机会与行为者拥有的资本发生变化时,习性会相应地适应调节。④

为了维护或改善自己的阶级地位,不同阶级的群体成员采取不同类型的教育投资策略,通过在教育场域中对资本的积累和转化来实现教育再生产和社会再生产。本书在分析巴西新中产阶级群体成员的教育实践时,关注他们在作为整体的教育场域内所拥有的资本的类型结构、积累过程与转化情况,以及在此过程中习性的惯性与变化。

第二节 核心概念:三种资本与教育抱负

本书以巴西新中产阶级的资本状况来解释该群体的高等教育选择。本节内容首先对书中涉及的资本的概念进行界定,其中包括三种资本,即经济、文化和社会资本;此后对作为高等教育选择的主观基础的教育抱负进行界定。

---

① 高宣扬:《布迪厄的社会理论》,同济大学出版社 2004 年版,第 141 页。
② Pierre Bourdieu, *Distinction: A Social Critique of the Judgement of Taste*, Cambridge, MA: Harvard University Press, 1984, p. 101.
③ Pierre Bourdieu, *The Logic of Practice*, Stanford, CA: Stanford University Press, 1990, p. 53.
④ Pierre Bourdieu, *The Logic of Practice*, Stanford, CA: Stanford University Press, 1990, p. 63.

一 三种资本：经济、文化与社会资本

对于资本这一概念，布迪厄有自己的定义。他认为资本是以客观或象征形式通过时间所积累的劳动，当被个人或群体以私人或排他性方式占有时具有产生利益的潜在能力，并能再生产自身或转化成其他拓展形式的资本。① 资本可以被认为是社会物理能量，以不同的形式存在，同时在一定条件下能够相互转化。② 客观化的资本的三种基本形式包括经济资本、文化资本和社会资本。③

经济资本的概念相对其他两种资本而言更加明确，指的是直接的经济资源和物质财富，可以体现为金钱的形式，或是制度化为产权的形式。④ 在本书的分析中，经济资本的定义是直接的经济资源，对巴西新中产阶级所拥有的经济资本的衡量以家庭收入为指标。考虑到巴西新中产阶级虽然实现了一定的经济向上流动，但依然具有经济脆弱性，财富积累较少，因此以家庭收入衡量其经济资本更贴近该阶层的实际情况。

文化资本在布迪厄的著作中是一个核心概念，与经济资本交叉又对立的关系构成了权力场域。他认为文化资本以三种形式存在：第一种是具身化的状态，体现为心智和身体所呈现的持久性倾向；第二种是客观化的形式，体现为包括书籍、工具、图片等在内的文化产品；第三种是制度化的形式，体现为教育文凭。⑤ 具身化形式的文化资本

---

① Pierre Bourdieu, "The Forms of Capital", in John G. Richardson ed., *Handbook of Theory and Research for the Sociology of Education*, Westport, CT: Greenwood Press, 1986, pp. 241-258.

② Pierre Bourdieu, *The Logic of Practice*, Stanford, CA: Stanford University Press, 1990, p. 122.

③ Pierre Bourdieu, "The Forms of Capital", in John G. Richardson ed., *Handbook of Theory and Research for the Sociology of Education*, Westport, CT: Greenwood Press, 1986, pp. 241-258.

④ Pierre Bourdieu, "The Forms of Capital", in John G. Richardson ed., *Handbook of Theory and Research for the Sociology of Education*, Westport, CT: Greenwood Press, 1986, pp. 241-258.

⑤ Pierre Bourdieu, "The Forms of Capital", in John G. Richardson ed., *Handbook of Theory and Research for the Sociology of Education*, Westport, CT: Greenwood Press, 1986, pp. 241-258.

第二章 研究框架：基于资本理论的解释机制

与行为者在社会化过程中投入个人发展的外部资源与时间相关；客观化形式的文化资本是行为者占有或消费的物化文化产品；制度化形式的文化资本将行为者的文化能力以证书形式予以承认，使文化资本的比较和转化更加显性。

此后，其他许多学者运用并进一步发展了文化资本的概念。保罗·迪马吉奥（Paul DiMaggio）延续布迪厄将文化资本与精英阶层相联系的脉络，认为文化资本与高雅文化相关，身份文化（Status Culture）所彰显的品位、风格和领悟是文化资源，能使行为者更容易获得某一身份群体的准入资格；他以对艺术活动、古典音乐和文学阅读的参与来衡量行为者的文化资本。[①] 另有学者认为文化资本不只限于精英阶层，在某些情境下中产阶级家庭的文化资源也可被视为文化资本，例如家长对子女教育的态度和介入。这一概念可以扩展到所有社会群体，只是文化资本的某些形式在某一历史阶段被主导群体和机构所强化，从而赋予其更高的价值。[②] 在这一思路下，有学者将社会弱势群体的文化资本定义为教师以技能、习惯和风格等为奖励的非正式学术标准。[③]

本书研究的群体实质上仍属于低社经地位阶层的巴西新中产阶级，该阶层同样拥有文化资本，但其形式和数量与高社经地位阶层存在差别。本书中所使用的文化资本的定义：行为者在社会化过程中发展出来的与文化相关的个人性情倾向，包括内化和外化两方面；其中内化形式包括对某种文化的态度和价值认同，外化形式包括参加与某种文化相关的活动以及制度化的教育文凭。在本书中，内化形式包括对教育的态度以及对某种教育发展路径的价值认同；外化形式包括参加以知识和技能

---

① Paul DiMaggio, "Cultural Capital and School Success: The Impact of Status Culture Participation on the Grades of U.S. High School Students", *American Sociological Review*, Vol. 47, No. 2, 1982, pp. 189-201.

② Annette Lareau, "Social Class Differences in Family-School Relationships: The Importance of Cultural Capital", *Sociology of Education*, Vol. 60, No. 2, 1987, pp. 73-85.

③ George Farkas, Robert P. Grobe, Daniel Sheehan et al., "Cultural Resources and School Success: Gender, Ethnicity, and Poverty Groups within an Urban School District", *American Sociological Review*, Vol. 55, No. 1, 1990, pp. 127-142.

传递为目的的教育活动，以及获得某一阶段的教育文凭。

相比文化资本，布迪厄对社会资本的论述更少一些。他将社会资本定义为通过拥有基于彼此相识或认同的、在一定程度上制度化的、持久的关系网络而获得的既有或潜在资源的集合。① 他的定义基于社会再生产的角度，强调个人可以通过其在某一群体的成员身份获得集体性或制度性的资源，这些群体包括家庭、阶层、部落、学校、政党等；资源的产生基于物质或象征符号的交换，而某一行为者所拥有的社会资本的多少取决于其所能有效调动的社会联系网络的规模以及这些网络中所包含的经济、文化和象征资本。② 詹姆斯·科尔曼（James Coleman）从社会资本在促进社会控制和社会行动方面的作用出发，将其作为存在社会规范、规则和义务等约束的结构与结构内理性行为者之间的桥梁，既强调社会资本所包含的社会结构内的元素，又强调社会资本对推动结构内个体或团体行为者某些行为的作用。他认为社会资本具有一定的独立性，是无形的，其三种形式分别包括体现为义务和期望的信任水平、信息渠道以及促进公共利益的规范和惩罚。③

自布迪厄和科尔曼之后，许多学者进一步丰富和扩展了社会资本的概念。罗伯特·帕特南（Robert Putnam）将社会资本定义为诸如网络、规范和社会信任等的社会组织的特征，可以促进以共同利益为目的的协调与合作。④ 在结构性或集体性的视角下，社会资本可以被视为一种公共产品。与此相比，罗纳德·伯特（Ronald Burt）和华裔社会学家林南对社会资本的定义则更侧重其个人性，强调行为者通过主

---

① Pierre Bourdieu, "The Forms of Capital", in John G. Richardson ed., *Handbook of Theory and Research for the Sociology of Education*, Westport, CT: Greenwood Press, 1986, pp. 241-258.

② Pierre Bourdieu, "The Forms of Capital", in John G. Richardson ed., *Handbook of Theory and Research for the Sociology of Education*, Westport, CT: Greenwood Press, 1986, pp. 241-258.

③ James S. Coleman, "Social Capital in the Creation of Human Capital", *American Journal of Sociology*, Vol. 94, Supplement: Organizations and Institutions: Sociological and Economic Approaches to the Analysis of Social Structure, 1988, S95-S120.

④ Robert. D. Putnam, "Bowling Alone: America's Declining Social Capital", *Journal of Democracy*, Vol. 6, No. 1, 1995, pp. 65-78.

观能动性从结构中获取资源。①

本书对社会资本的定义同时注重结构性和功能性两方面,具体定义为:行为者通过与不同结构内的社会联系发生互动而使用或调动的内嵌于结构中的资源,能够促成具有特定目的的行动。对社会资本的衡量包括信息流动和鼓励支持两方面。其中信息流动指的是学生获得与教育相关的信息,包括教育机构的入学程序信息和教育经济资助信息。鼓励支持指的是学生在教育发展过程中从他人处得到的促进其教育获得的力量,在本书中包括教育鼓励和精神支持。

本书对经济资本、文化资本和社会资本的衡量指标如图2.1所示。

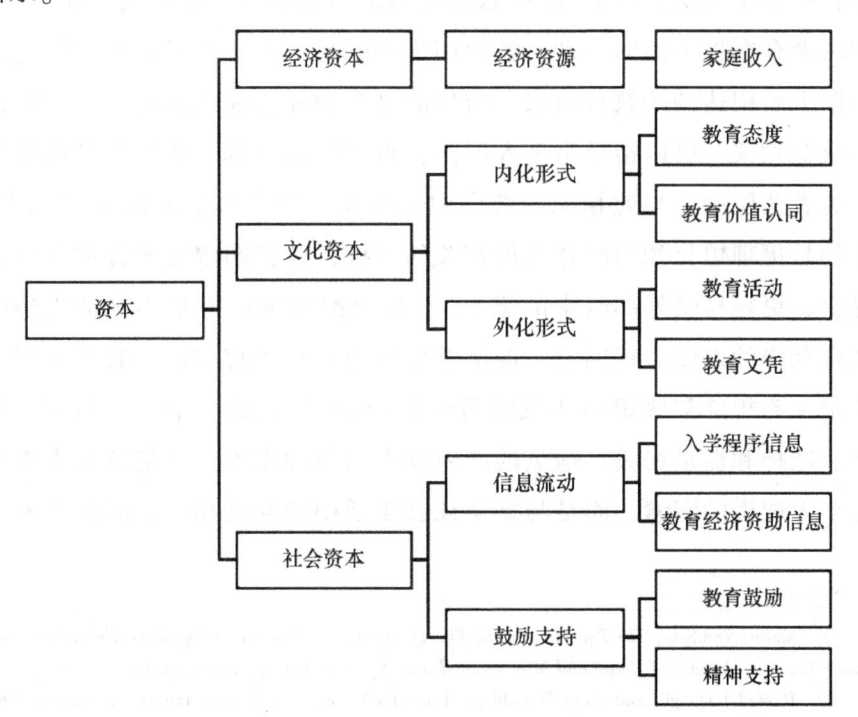

图2.1 经济资本、文化资本和社会资本的衡量指标

---

① Ronald S. Burt, *Structural Holes: The Social Structure of Competition*, Cambridge, MA: Harvard University Press, 1992; Nan Lin, "Building a Network Theory of Social Capital", *Connections*, Vol. 22, No. 1, 1999, pp. 28-51.

二 教育抱负：高校选择的基础

教育抱负在本书中是学生做出高等教育选择的主观基础，与巴西新中产阶级学生能否突破对进入精英大学的主观限制直接相关。教育抱负与习性相关，是习性的组成部分之一。对巴西新中产阶级学生而言，形成对精英大学的教育抱负是进入精英大学的前提和必要条件。

教育抱负在通常意义上指的是学生为自己设立的教育目标。[①] 教育抱负可以是具体的或是模糊的，但这一概念的本质是对未来目标和事件的渴望能够引导和激励学生在目前阶段的努力，从而提高他们在教育系统中成功的可能性。[②] 教育抱负的概念容易与教育期望相混淆，但两者存在根本性的区别。教育期望指的是行为者在考虑现实情况的基础上希望达到的教育结果，与目前已有的社会和经济资源及其带来的机会相关，可以指学生个人层面，也可以指父母、老师等其他相关行为者的层面；与此相比，教育抱负强调学生个人层面的主观因素，指的是更理想化的与教育获得相关的目标；教育期望比教育抱负更加易变，更容易受外部因素的影响。[③] 教育抱负被认为是影响学生最终教育获得的重要心理因素，促使学生努力获得教育成功。有学者将抱负定义为想象某些想要达成的目标的能力。[④] 抱负与个人的愿望、偏好、选择和衡量相关，抱负的能力具有引导性作用；但抱负从来不只是个人层面的因素，而是与复杂社会生活中的互动相关，因此不平等

---

① Marina Trebbels, *The Transition at the End of Compulsory Full-time Education: Educational and Future Career Aspirations of Native and Migrant Students*, Springer-Verlag, 2014, p. 37.

② Russell J. Quaglia and Casey D. Cobb, "Toward a Theory of Student Aspirations", *Journal of Research in Rural Education*, Vol. 12, No. 3, 1996, pp. 127-132.

③ John R. Reynolds and Jennifer Pemberton, "Rising College Expectations Among Youth in the United States: A Comparison of the 1979 and 1997 NLSY", *Journal of Human Resources*, Vol. 36, No. 4, 2001, pp. 703-726.

④ Sam Sellar and Trevor Gale, "Mobility, Aspiration, Voice: A New Structure of Feeling for Student Equity in Higher Education", *Critical Studies in Education*, Vol. 52, No. 2, 2011, pp. 115-134.

地分布在社会中,阻碍社会弱势群体改善自身状况。① 抱负可以从六个维度进行理解:社会想象,即对集体性社会生活的共同理解;品位,即对物品和实践相关的好处与优点的判断;渴望,即对某种有价值认同的生活的希望;可能性,即自我渴望所面临的限制;导向能力,即认同并追寻实现目标的路径的能力;资源,即形成和实现抱负所涉及的资本。②

本书认为,衡量巴西新中产阶级学生在高等教育选择方面的主观因素时用教育抱负的概念更为恰当。本书这样定义精英大学的教育抱负:学生将进入精英高等教育机构作为自己的教育目标,并以此指导与达成此目标相关的个人行为。

对精英大学教育抱负的衡量包括意愿和行动两个方面。意愿指的是认同精英高等教育的价值、想要进入精英高校,用于衡量学生是否具有对精英大学的教育抱负;行动指的是努力补足学业准备的不足并参与精英高校的入学考试,用于衡量学生对精英大学教育抱负的强弱程度。

由此,巴西新中产阶级学生对精英大学的教育抱负分为以下四类。

第一类教育抱负为"有意愿,有行动",可以被视为"强教育抱负"。在这类情况下,学生渴望进入精英大学,并以此引导自己在行为上努力达成此教育目标。

第二类教育抱负为"有意愿,有部分行动",可以被视为"弱教育抱负"。在这类情况下,学生渴望进入精英大学,并为此开展了部分行动,但其教育抱负并不十分强烈,不足以指导个人克服现有困难

---

① Arjun Appadurai, "The Capacity to Aspire: Culture and the Terms of Recognition", in Vijayendra Rao and Michael Walton eds., *Culture and Public Action*, Palo Alto, CA: Stanford University Press, 2004, pp. 59-84.

② Trevor Gale, Stephen Parker, Piper Rodd et al., *Student Aspirations for Higher Education in Central Queensland: A Survey of School Students' Navigational Capacities*, Centre for Research in Education Futures and Innovation (CREFI), Melbourne: Deakin University, 2013, p. 7.

而实现目标。

第三类教育抱负为"有意愿，无行动"，可以被视为"初始教育抱负"。在这类情况下，学生只在意愿层面希望能进入精英大学，但并不认为这对于自己而言是可以实现的目标，因此没有为此目标开展任何相关行动。

第四类教育抱负为"无意愿，无行动"，可以被视为"无教育抱负"。在这类情况下，学生首先没有想要进入一所精英大学，自然也没有为此开展任何行为。

精英大学教育抱负的四种类型如图 2.2 所示。

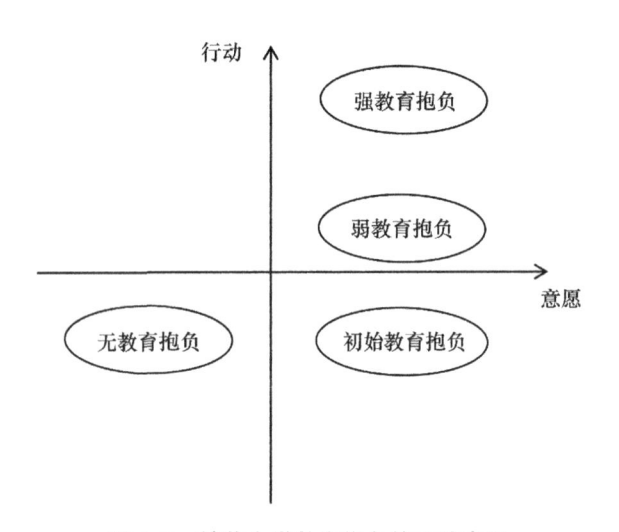

图 2.2　精英大学教育抱负的四种类型

第三节　解释机制：资本结构与资本转化

根据布迪厄的资本理论，不同社会阶层的个人和群体倾向于使用不同的投资策略来维护或提升自己在社会等级中的地位，主要策略包括资本的积累和转化。同一种资本可以在时间层面再生产自身、不断积累；不同资本之间可以互相转化，一种形式的资本总是可以转化为另一种形式的资本；资本转化不仅可以发生在同一行为者拥有的不同类型资本之间，也可以发生在不同行为者所拥有的同类或不同资本之间。从教育场域而言，父母具备的经济、文化和社会资本的数量、结构和转化问题影响着子女能够获得的资本状况。资本的代际转化主要通过习性的形成来实现。在父母资本转化为子女资本的过程中，子女逐渐形成与所处社会阶层特征相符的习性，在此基础上指导其实践。

本书将资本理论运用于分析巴西新中产阶级内部的高等教育选择分化，从该阶层所拥有的资本结构与资本转化的角度解释其对精英大学教育抱负的差异。

从资本结构角度而言，巴西新中产阶级家庭虽然在 21 世纪前十年里实现了一定程度的经济向上流动，增加了经济资本，但其所拥有的文化资本和社会资本总体而言并没有相应增加。就子女发展对精英大学教育抱负所需要的三类资本而言，巴西新中产阶级父母的资本状况存在结构不足的问题，缺乏文化资本和社会资本，而积累的经济资本在数量上也有限，无法与传统中产阶级相比。资本的结构不足影响其代际转化，巴西新中产阶级子女的资本结构在很大程度上是再生产其家庭的资本结构。

从资本转化角度而言，巴西新中产阶级父母大多注重子女的教育问题，因此努力将增加的经济资本转化为教育场域内子女的经济资本、文化资本和社会资本。这一策略促使许多该阶层子女进入普通私立大学，成为家中第一代大学生，但该策略在促进子女形成更强教育抱负方面存在资本转化困难的问题。作为一种社会物理能量的资本在不同形式和不同行为者之间的转化过程遵循能量守恒定律。[①] 巴西新中产阶级子女想要发展出对精英大学的强烈教育抱负，需要更多文化资本和社会资本。除了消耗劳动时间外，该阶层父母增加的经济资本需要通过一定的条件才能转化为子女所能拥有的文化资本和社会资本，该前提条件就是包括父母和子女在内的作为整体的家庭从教育场

---

① Pierre Bourdieu, "The Forms of Capital", in John G. Richardson ed., *Handbook of Theory and Research for the Sociology of Education*, Westport, CT: Greenwood Press, 1986, pp. 241-258.

域的其他结构中能够获得文化资本和社会资本。

解释机制的逻辑如图 2.3 所示。

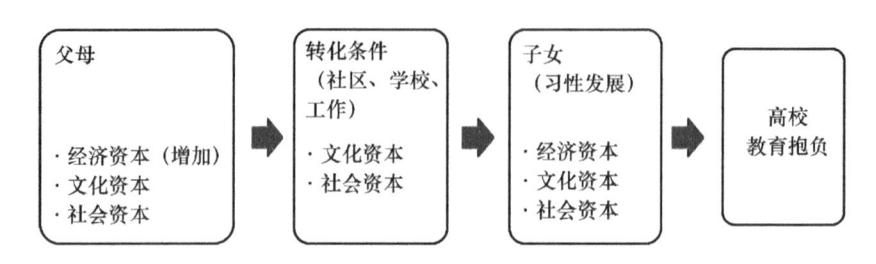

```
┌─────────────┐    ┌─────────────┐    ┌─────────────┐    ┌─────────────┐
│ 父母        │    │ 转化条件    │    │ 子女        │    │             │
│             │ →  │ (社区、学校、│ →  │ (习性发展)  │ →  │ 高校        │
│ ·经济资本   │    │  工作)      │    │ ·经济资本   │    │ 教育抱负    │
│  (增加)     │    │ ·文化资本   │    │ ·文化资本   │    │             │
│ ·文化资本   │    │ ·社会资本   │    │ ·社会资本   │    │             │
│ ·社会资本   │    │             │    │             │    │             │
└─────────────┘    └─────────────┘    └─────────────┘    └─────────────┘
```

图 2.3　解释机制逻辑

对于大多数没能发展出对精英大学强烈教育抱负的巴西新中产阶级学生而言，他们的父母在经济向上流动的过程中增加了家庭经济资本，并且将增加的一部分经济资本投入子女的教育；通过劳动时间的消耗与子女习性的发展，父母经济资本的投入转化为子女在教育场域内的三种资本。新中产阶级的子女所拥有的资本状况从整体而言高于其父母，尤其是文化资本和社会资本，因此拥有比父母更好的教育机会和更长的教育年限，在此基础上发展出高校教育抱负。然而，巴西大多数新中产阶级父母在将经济资本转化为子女在教育场域内的经济、文化和社会资本时缺乏足够的转化条件，他们的投资策略缺乏文化和社会资本的支持，由此阻碍子女形成更高的高校教育抱负。例如，家庭经济资本是用于支付子女在家附近上社区私立学校的学费，还是用于支付子女去离家更远的中产阶级社区上公立学校所需要的车费和餐费；是用于支付技能培训班的学费，还是支付高考辅导班的费用，这些都对子女所能拥有的文化和社会资本产生影响。

少数发展出对精英大学强烈教育抱负的巴西新中产阶级学生在家庭资本转化为个人资本的过程中获得了转化条件的支持。这些学生与父母通过社区、学校、工作单位等结构获得了文化资本和社会资本，在一定程度上补足了新中产阶级家庭资本结构不足的弱势；在此基础上，这些学生通过劳动时间的消耗与习性发展积累了更多经济资本、文化资本和社会资本，形成对精英大学的强烈教育抱负。

第四节 研究设计：具体方法与样本选择

本节内容主要阐述研究设计细节，包括所采用的具体研究方法以及案例研究的样本选择方式、取样过程、取样标准与原因等。

本书采用定性研究的方式探究巴西新中产阶级家庭的资本结构与资本转化过程如何影响该阶层子女的高校教育抱负。在衡量经济资本、文化资本和社会资本这些复杂且无形的概念时，通过定性的方法产生并分析文本数据，有助于研究者更加深入地探索社会过程中资本积累和转化的动态过程。

一 案例研究：深度访谈、参与式观察与文献分析

本书采用的是案例研究法，主要通过质性的研究方法对案例进行分析，其中包括深度访谈、长时间参与式观察、文献搜集与分析等。其中最核心的研究方法是深度访谈。笔者通过半结构化的深度访谈探究多个案例的个人生活轨迹，尤其是其教育轨迹。研究案例包括42名来自两所精英大学的巴西新中产阶级学生，以及20名来自两所普通私立大学的同一阶层学生。研究对象的选取采用了滚雪球的抽样策略。

通过控制研究对象的家庭社经地位与高等教育目的地，笔者旨在分析两个对比组的学生为何在教育轨迹上产生差异。与以社区或高中为单位选取研究对象并比较他们高校选择的做法相比，直接从高等教育目的地选择样本有助于我们分析研究对象在整个教育发展过程中所受到的来自家庭、社区、学校、工作和其他结构的影响。

所有半结构化深度访谈均由笔者以一对一面谈的形式用葡萄牙语完成，每次访谈持续1—2小时。笔者在2016年内共访谈了78名新中

产阶级家庭的巴西本科学生，其中大部分在该学年的第二个学期（巴西的8月初至12月初）完成。由于部分访谈是在初期实地调查期间进行的，所以本书的实证分析仅使用访谈中的62个案例。

访谈对象的选择参考了他们的家庭收入。与高等教育有关的巴西公共政策，例如公立大学的"配额法案"以及PROUNI项目中私立大学基于社会经济需求的全额奖学金等，规定申请者的每月人均家庭收入不应超过1.5倍最低工资标准。① 本书在选取访谈对象时参照了这一收入基准，这也在定义巴西新中产阶级家庭的收入区间内。实证案例中的受访者是来自巴西圣保罗市四所高校的本科学生。

访谈的目的是了解这些学生的个人经历和教育轨迹。访谈中的问题涉及个人基本信息、家庭背景、基础教育经历、工作经历、社会网络、高等教育决策、大学体验、未来计划和政治立场等方面。总体而言，访谈是半结构化的，以便覆盖可能被忽视的信息。问题所包括的详细信息如下。

（1）个人信息：年龄；种族；大学专业和入学时间；婚姻状况；目前住址及同居人。

（2）家庭背景：家庭成员；家庭收入；父母或监护人及兄弟姐妹的职业和受教育程度；籍贯；家庭移民历史和住址变化；与父母和兄弟姐妹的关系；父母对教育的态度与参与情况。

（3）基础教育经历：学校类型；学校环境和基础设施状况；在学校期间的学业表现以及高等教育入学准备情况；与老师和同学的关系。

（4）工作经历：支持学业的经济来源；工作类型；工作与学习之间的关系；与主管和同事的关系。

（5）社会网络：是否参与政府项目、非政府组织或其他组织；与社区内邻居的关系；是否有宗教信仰及与教会的关系；朋友圈的组

---

① 笔者开展田野调查的2016年，巴西最低工资标准是880雷亚尔，因此1.5倍最低工资数额相当于1320雷亚尔（约合363美元）。

成；休闲活动类型；迄今为止生活中的重要人物或事件。

（6）高等教育决策：进入目前所在高校的过程；影响高校选择的因素；有关专业课程、高校机构和入学考试的信息来源。

（7）大学体验：在学术生活和人际关系方面如何适应大学生活；在学生活动中的参与情况；对大学所提供的机会和前景的认识。

（8）未来计划：大学毕业后的计划；期望的职业。

（9）政治立场：政治态度；是否参加任何协会或政党。

在访谈过程中，以上问题并未按顺序提出。针对不同的访谈对象，笔者采用不同的策略，以使他们可以迅速地敞开心扉讲述自己的人生经历，有时甚至是非常私人的经历。敏感信息通常会在访谈将要结束时提及，如家庭具体月收入、自我认定的种族归类和政治立场等。

笔者在每次访谈前都会出示关于本项研究的介绍信，以取得受访对象的同意并就涉及的信息及访谈数据的使用达成一致。所有访谈均有葡萄牙语录音，后期由笔者转录并听译成中文文本，再使用 Nvivo 质性分析软件对文本进行编码和分析。本书中呈现的 62 名受访学生姓名均为化名，以保护受访者的隐私。

此外，笔者在巴西圣保罗市居住了两年半，在此期间通过长时间的参与式观察对所研究的巴西新中产阶级群体进行全面的了解，尤其是该阶层学生的教育轨迹与教育体验。田野调查期间的实地观察也有助于笔者进一步了解高等教育机构和受访对象。大多数访谈都在四所高校校内或附近进行，这为笔者观察高校的环境设施以及学生互动提供了很好的机会。笔者还与几名受访对象成为朋友，多次与他们交流或参与聚会，有助于从其他角度观察受访对象的行为和态度。除了对巴西新中产阶级有深入了解外，笔者还在长期的参与式观察中与来自不同社会阶层的巴西人进行互动，探访不同类型的社区，并在圣保罗市东部边缘地带的某贫民窟进行志愿工作等。

另外，笔者搜集并分析了与巴西新中产阶级相关的文献资料，包括已有的学术研究成果以及政府法规、政策与文件。与各种教育政策和项目有关的官方文件、高等教育机构的官方网站以及受访对象的社交网站等也为具体案例的研究提供了重要的背景和辅助信息。

二 案例选择：研究地点与两个对比组的研究对象

本书按照家庭收入的标准选取了 62 个研究对象，其中 42 人就读于精英大学，20 人就读于普通私立大学。研究对象的选择考虑到了他们各方面的特点，包括性别、种族、所在的大学年级以及上大学前基础教育阶段的学校类型。

本书的田野调查在巴西圣保罗市完成。研究对象来自圣保罗市的四所高校，访谈开展时均是在校本科生，分别来自工程学和管理学专业。其中 21 名学生来自一所在巴西排名前列的公立大学圣保罗大学（USP），专业为工程学；另有 21 名学生来自一所教育质量靠前的精英私立大学热图里奥·瓦加斯基金会大学（Fundação Getulio Vargas，FGV），专业为管理学。为了建立对比的基准，另有 10 名学生来自一所普通私立大学城市联合学院大学中心（Centro Universitário das Faculdades Metropolitanas Unidas，FMU）的工程学专业，最后 10 名学生来自第二所普通私立大学保利斯塔大学（Universidade Paulista，UNIP）的管理学专业。

研究选择圣保罗市作为主要田野考察地点，有以下四个原因。

第一，圣保罗大都会地区拥有庞大的新中产阶级人口，2016 年 C 阶层人口已占该地区总人口的 53.4%，超过巴西全国及其他主要大都会地区的该阶层比例。[①] 2012 年对巴西新中产阶级开展的调查显示，该阶层主要集中在城市地带，比例为 88%，高于全国城市化水平。[②] 因此，以圣保罗市为例研究巴西新中产阶级的教育流动问题，具有一

[①] Associação Brasileira de Empresas de Pesquisa（ABEP），"Critério de Classificação Econômica Brasil"，2016 年，http://www.abep.org/criterio-brasil，访问日期：2018 年 5 月 2 日。

[②] Brasil, *Vozes da Classe Média*, Brasília：Secretaria de Assuntos Estratégicos, 2012, p.20.

定的典型性。圣保罗市的新中产阶级大多住在城市边缘地带，从事的工作技能要求低、工资收入低。为了提高家庭经济稳定性和生活水平，该阶层中数量众多的年轻人逐渐意识到取得大学文凭对于增加就业机会的重要性。这些人通常选择付费进入入学门槛低的普通私立高校学习，已经成为高等教育服务的重要"消费者"。

第二，圣保罗市是巴西最大的城市，同时也是最大的高等教育市场。作为巴西的经济中心，圣保罗市及其大都会地区存在大量就业机会，但同时就业竞争也非常激烈。在此情况下，就业者不断增加对高等教育的需求；如果想要获得更好的职业机会，就业者通常需要获得高等教育文凭。圣保罗市除了几所传统的排名靠前的公立大学和私立精英大学外，在过去二十多年里形成了庞大的商业化高等教育市场，私立高校遍布各个社区。因此，高等教育扩张及其对第一代大学生的影响在圣保罗市的表现非常典型。

第三，圣保罗的高等教育精英化现象尤其严重，少数顶尖大学与数量众多的低入学门槛、低教育质量的商业化普通私立大学之间的分化十分明显。因此，高等教育扩张中不同社经地位学生在入学机会方面的质量上的不平等在这里得到了清晰的体现。

第四，低社经地位阶层学生在选择高等教育机构时，高校所在位置是重要的考虑因素。受家庭财政状况的限制，他们通常倾向于选择离家较近的高校，以减少租房、饮食、交通等生活成本。这一点明确体现在新中产阶级学生的高等教育选择中。选择位于圣保罗市的高校及其学生有助于研究者分析当地的具体情况与政策如何影响新中产阶级学生的教育轨迹。

关于高等教育机构和专业课程的选择，笔者考虑了它们在入学竞争和教学质量方面的巨大差异，从而有助于发现两个对比组内的新中产阶级学生在教育轨迹上的明显差异。

在工程和管理领域的专业课程中选择研究对象是因为这两个领域的课程非常受低社经地位阶层学生欢迎，也在他们选择最多的几门课程之列。在巴西，工程学、医学和法律被认为是能够在毕业后带来高经济回报的专业，可以从事工程师、医生和律师等高收入和高声望的职业。许多低社经地位学生在择校时倾向于与工程学专业有关的课程，希望大学毕业后能够实现经济上的向上流动。此外，管理学专业课程也受到低社经地位学生的欢迎。与上述三个专业相比，管理学课程的入学门槛更低，进入普通私立大学的管理学专业基本上不要求太高的学业准备，只要付费就可以。同时，管理学专业非常实用，应用性很广，可以为毕业生提供各个不同领域的就业机会。这非常符合低社经地位学生的现实。他们在基础教育阶段上的大多是教育质量较低的公立学校，没有足够的学业准备，很难通过竞争激烈的精英大学和更好专业的入学考试。管理学专业可以提供的就业前景也符合他们通过工作追求经济稳定的需求。

四所具体高校的选取考虑了它们的入学竞争性和教育质量。USP 被认为是巴西最好的综合性大学之一，并以其工程学院而闻名。该学院提供四大工程领域内的 16 种专业课程，入学竞争激烈，在 USP 入学考试中的分数线一向较高。FGV 是巴西一所传统精英私立大学，规模小，开设专业较少，侧重经济、管理、法律、社会科学等方面，自建校以来为巴西培养了政治、经济和社会各个领域的众多高级管理人才。FGV 在巴西教育部评估高校整体教学质量的"机构评估课程综合指数"（Índice Geral de Cursos Avaliados da Instituição，IGC）中始终名列前茅。该校的管理学课程包括企业管理和公共管理，入学要求非常高，也在教育部评估本科课程质量的"初步课程概念"（Conceito Preliminar de Curso，CPC）的排名中位居前列。[①]

另外两所作为对比基准的普通私立高等教育机构的选择也参考了

[①] IGC 和 CPC 分别是评估巴西高等教育机构整体教学质量和本科课程教学质量的指标，评估对象包括公立高校和私立高校。所有联邦公立高校和私立高校都必须参与教育部的评估，但州政府支持的公立高校不包括其中，可自愿参与。USP 属于州立公立大学，没有参与教育部的评估。

它们在 IGC 和 CPC 中的排名。FMU 和 UNIP 在 IGC 排名中都属于教学质量一般的三流私立大学，其本科课程在 CPC 中的排名位置根据不同专业和不同校区有所浮动，但整体而言是高度商业化、入学门槛低、注重就业技能培训的大学。这两所大学在圣保罗市分布广泛，在不同社区都设有校区，尤其是在就业机会多的区域。FMU 的工程学专业和 UNIP 的管理学专业在 CPC 中的评分都不高，符合本书中的对比标准。

第三章

田野概况：新中产阶级的高校选择分化

本章是对田野调查中收集的实证材料和数据的描述，以便在此基础上进一步分析精英大学和普通大学这两个对比组内的受访学生在高校教育抱负和选择方面存在差异的原因。

本章首先描述了 62 名受访对象的概况，包括个人基本信息、家庭社会经济状况和教育轨迹状况；其次，分析了两个对比组内的受访学生在精英大学教育抱负方面的差异及具体的四种不同类型；最后，描述了笔者在田野调查期间观察到的四所巴西高等教育机构的特征与这些机构内学生的特征，以便清晰地展现精英大学与普通大学之间的差别。

第一节 研究对象概况：建立对比分析的基础

本节描述了受访对象的基本情况。对样本基础数据的整理和统计不仅有助于我们了解研究对象整体性的特征，而且能够在此基础上比较两个对比组的差异与相似之处。总体而言，两个对比组的研究对象在个人基本信息方面的差别较小，在家庭社会经济状况和教育轨迹状况方面的差异较大。

从个人基本信息来看，两个对比组内的样本反映出巴西新中产阶级的女性在高等教育入学机会方面相比男性更加弱势的状况；种族在该阶层教育分层方面的影响依然存在，黑人和混血人种在高校入学机会上更弱势；该阶层学生在高等教育阶段的在校年龄普遍大于高社经地位阶层学生；四所大学的受访者大多来自圣保罗市及邻近小城市的边缘地带社区，体现出巴西新中产阶级学生在择校时倾向于选择离家近的高校，受经济条件和家庭主义传统的影响不愿去外地就学。

从家庭社会经济状况来看，精英高校和普通高校的学生大多来自收入中间阶层C阶层，但其父母在职业类型和受教育程度方面存在差异。精英大学USP受访学生的父母有约47%属于工人阶级，53%属于下层中产阶级；精英大学FGV受访学生的父母有约40%属于工人阶级，60%属于下层中产阶级；普通私立大学FMU受访学生的父母有约55%属于工人阶级，45%属于下层中产阶级；普通私立大学UNIP受访学生的父母有约80%属于工人阶级，20%属于下层中产阶级。

从两个对比组内受访学生的教育轨迹状况来看，不同类型高校的受访学生也存在差异。进入两所精英大学USP和FGV的42名巴西新中产阶级学生中，有约54.8%的学生在基础教育阶段上的是教育质量更好的学校，教育轨迹为"好—好—好"；21.4%的学生在初等教育阶段上了普通学校，但在高中阶段进入好学校学习，教育轨迹为"好—普通—好"；剩下23.8%的学生在进入大学之前上的都是普通学校，教育轨迹为"普通—普通—好"。与之相比，进入普通私立大学FMU和UNIP的大部分学生（占80%）在普通公立学校接受初等和中等教育，教育轨迹为"普通—普通—普通"；另外有15%的学生上了普通的初等教育学校，进入了本社区内教育质量更好的高中，属于"普通—好—普通"类型；还有5%的学生在基础教育阶段上的都是社区内较好的学校，但在高等教育阶段进入了普通大学，教育轨迹为"好—好—普通"。

一 个人基本信息：性别、种族、入学时间与家庭住址

下文将描述四所大学研究对象的个人基本信息，其中包括性别与

种族、所在年级、接受访谈时的年龄、从高中毕业到进入大学之间的时间、家庭住址分布等。对这些信息的统计与描述有助于我们在对比的视角下了解 62 名受访对象的基本情况。由于本书采用的是目的抽样法，主要依照家庭人均月收入不超过 1.5 倍最低工资数额的标准，同时在一定程度上平衡性别、种族、所在的大学年级以及上大学前基础教育阶段的学校类型，因此对样本基础信息的描述与随机样本的结果会存在一定差异，只能在有限的范围内反映研究对象的整体性特征。

(一) 性别与种族情况

首先，从受访对象的性别分布情况来看，如图 3.1 所示，不论是精英大学 USP 和 FGV，还是普通大学 FMU 和 UNIP，女性都占少数。由于 USP 和 FMU 的研究对象来自工程专业，该专业相对而言会吸引更多男性报考，因此女性学生数量通常比男性少。笔者在 USP 和 FMU 两校取样时刻意寻找一些女性样本。USP 工程学院在 2012—2016 年的数据显示[①]，男性学生比例平均为 80.9%，女性学生比例平均为 19.1%。FGV 和 UNIP 两校研究对象来自管理学专业，入学考试和课程设置中对理科知识要求相对更低，吸引的女性学生比例更高一些。其中 FGV 的研究对象是在该校本科阶段基于经济需求的全额奖学金生中抽取的样本，因此更能体现巴西新中产阶级学生在该校的性别分布。这在一定程度上反映出该阶层的女性在高等教育入学机会方面相比男性更为弱势。

其次，从受访对象的种族分布情况来看，如图 3.2 所示，USP 和 FGV 两所精英大学受访对象中白人学生的比例最高，超过总人数的一半；这一比例高出白人人口在巴西总人口中的比例，即 47.7%[②]，在

[①] 数据来源网址：http://acervo.fuvest.br/fuvest/。因 USP 是公立大学，因此有关入学考试及考生社经地位状况的信息会对公众开放；其余三所学校 FGV、FMU 和 UNIP 是私立大学，此类信息不公开，笔者在与校方的沟通过程中也无法取得此类信息。
[②] 巴西 2010 年的人口普查数据显示，白人人口比例为 47.7%，黑人为 7.6%，混血人为 43.1%，亚裔人口为 1.1%。

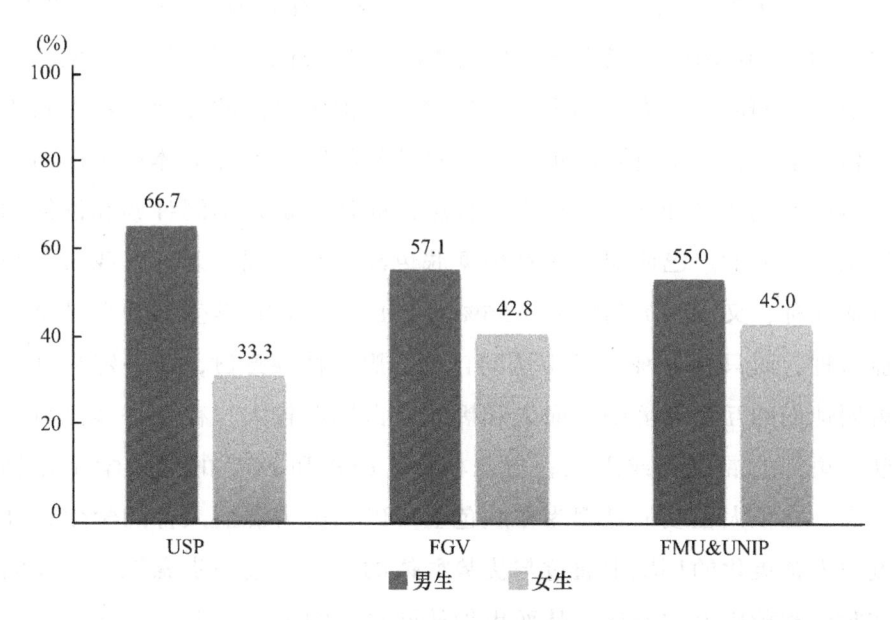

第三章 田野概况：新中产阶级的高校选择分化

图 3.1 受访对象的性别分布

学校	男生	女生
USP	66.7	33.3
FGV	57.1	42.8
FMU&UNIP	55.0	45.0

一定程度上体现出巴西新中产阶级中的白人学生在精英大学入学机会方面的相对优势。然而，这一比例又显著低于两校内白人学生的整体比例。USP 工程学院近五年的数据显示，白人学生比例为 75.7%，亚裔学生比例为 14.9%，黑人、混血人与印第安人学生比例只有 9.4%。① FGV 学生的组成也是以白人高社经地位家庭子女为主，亚裔学生比例也高于黑人和混血人学生。这在一定程度上体现了阶层与种族在巴西的关系，即白人和亚裔的社经地位普遍高于黑人和混血人种；即使在低社经地位阶层内部，这种分层依然存在。

FMU 和 UNIP 两校的受访对象中混血学生的比例最高，达到 55%，显著高于 USP 和 FGV 的混血学生比例；白人学生比例为 35%，明显低于两所精英大学，甚至低于白人人口在巴西总人口中的比例。这再次体现出种族在教育分层方面的影响。进入低质量普通私立大学

---

① 数据来源网址：http://acervo.fuvest.br/fuvest/。

的巴西新中产阶级学生中,混血人和黑人学生的比例更高。① 此外,FMU 和 UNIP 两校的黑人学生仅占 10%,显著低于混血学生比例,同时也低于两所精英大学的黑人学生比例。由于巴西的种族认定方式不是依据血缘,而是自我申报,因此对种族的归类实际上体现了巴西人对自己所属族群和文化的认同。种族认同往往是在不同种族和群体的互动中形成的。巴西混血人种根据肤色深浅的不同,既可自我归类为混血人种,又可归类为黑人。55% 的 FMU 和 UNIP 学生认为自己是混血人种,而只有 10% 的学生认同自己的黑人种族身份,在一定程度上说明他们的互动环境中混血人和黑人所占比例较大,存在许多比自己肤色更深的混血人或黑人。与此相比,USP 和 FGV 的黑人学生比例更高,在很大程度上是因为在肤色上可以归类为混血人种的学生在高度白人精英化的环境中通过与优势群体的互动,进一步意识到与他们在阶层和种族上的差异,从而更加认同自己的黑人身份。

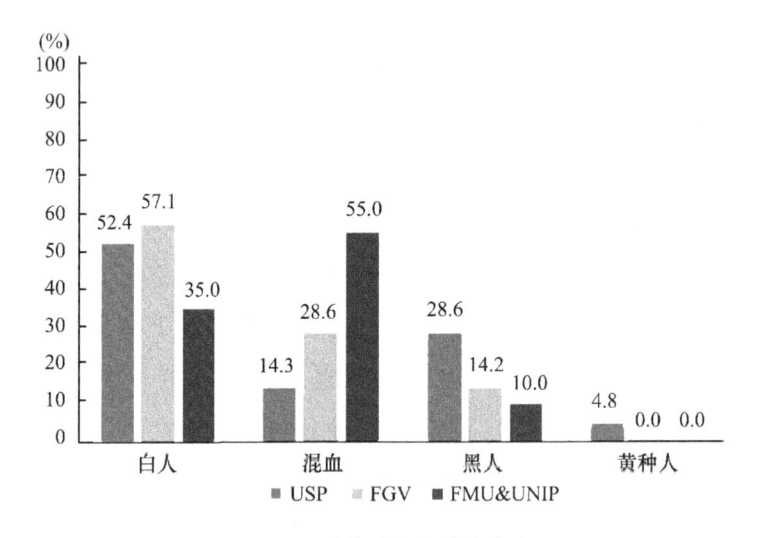

图 3.2 受访对象的种族分布

---

① 2010 年巴西第 12288 号法案规定,黑人和混血人可以统一归类为黑人,详细法案可见 http://www.planalto.gov.br/ccivil_03/_ato2007-2010/2010/lei/l12288.htm。

(二) 年级与年龄分布情况

图 3.3 展示了四所大学受访对象在大学年级方面的分布情况。笔者在寻找研究对象时特意考虑从不同年级的大学生中抽取样本,以便分析他们做出高校入学选择时的不同情境以及大学阶段的适应和体验情况。由于巴西的工程专业学习年限设置是五年,因此 USP 和 FMU 两所大学有学生处于第五年或以上的学习状态;其中 USP 工程专业由于课程学习难度大,许多学生在五年内无法完成学业,必须延长修学年限。此外,USP 和 FGV 两校学生在校期间有许多出国交换的机会,也会因此而延长修学年限。

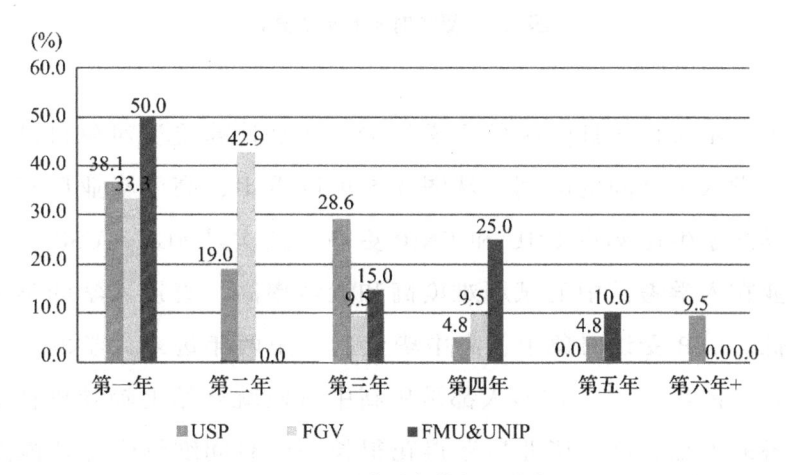

图 3.3 受访对象的年级分布

图 3.4 展示了四所大学受访对象的年龄分布情况。巴西学生如果在高中毕业之后直接进入大学,其高校入学年龄一般在 17 岁左右。[①] 通常高等教育的学制为四至五年,学生在 17 岁入学的情况下,毕业年龄在 21—22 岁。从图 3.4 可以看出,许多巴西新中产阶级学生在高等教育阶段的在校年龄大于普通标准。

由于少数受访学生在高中阶段接受了四年的联邦技术高中教育,

---

① 巴西学生接受正式教育的普遍年龄是 6 周岁,基础教育阶段持续 11 年。

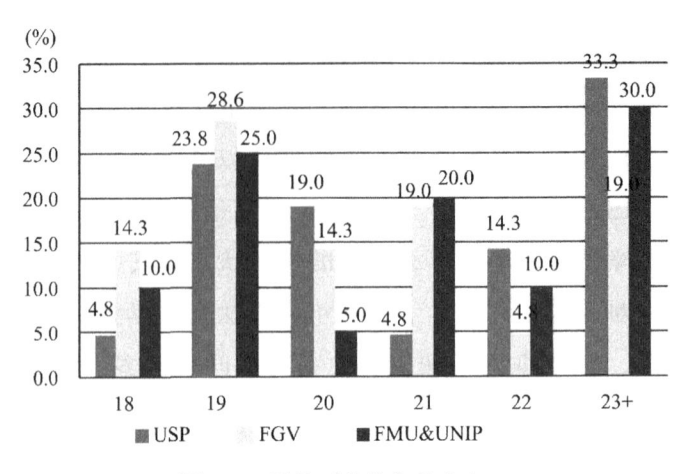

图 3.4 受访对象的年龄分布

因此本书不直接统计学生的入学年龄，而是计算受访对象自高中毕业到大学入学之间的时间。从图 3.5 可以看出，高中毕业后直接进入大学的学生比例在 FMU 和 UNIP 更高，其次是 FGV；USP 由于工程专业在入学考试中的试题难度高和竞争率高，直接入学的学生比例最低。USP 受访对象中，高中毕业后一至两年进入大学的学生比例最高，占 66.7%；许多人都是从高中阶段就开始上辅导班补足学业准备的不足，高中毕业后还得花很长一段时间继续学习才能通过高难度、高竞争率的 USP 工程专业入学考试。FGV 受访对象中，高中毕业后直接进入大学的学生比例不低，为 33.3%，这部分学生许多也是从高中阶段就开始上辅导班；另外有近 43% 的学生在高中毕业后继续弥补学业准备的不足，在一至两年后进入 FGV。FMU 和 UNIP 的受访对象中，一年内进入大学的学生占 75%，体现出这两所普通私立大学入学门槛较低，对学业准备的要求不高。此外值得注意的是，FGV 以及 FMU 和 UNIP 有比例不小的学生在高中毕业四年以上的时间之后再入校学习，但两个对比组的这部分学生也存在差异。FGV 受访对象中 19% 的学生在高中毕业的五至十年后再进入精英大学，其中大多数人曾有其他大学的学习经历，同时拥有较丰富的工作经历；而 FMU 和 UNIP 中 15% 的受访对象在高中毕业的五至八年之后进入大学，大多数人只有工作经历，出于提升工作技能和职业资格的目的而回到校园。

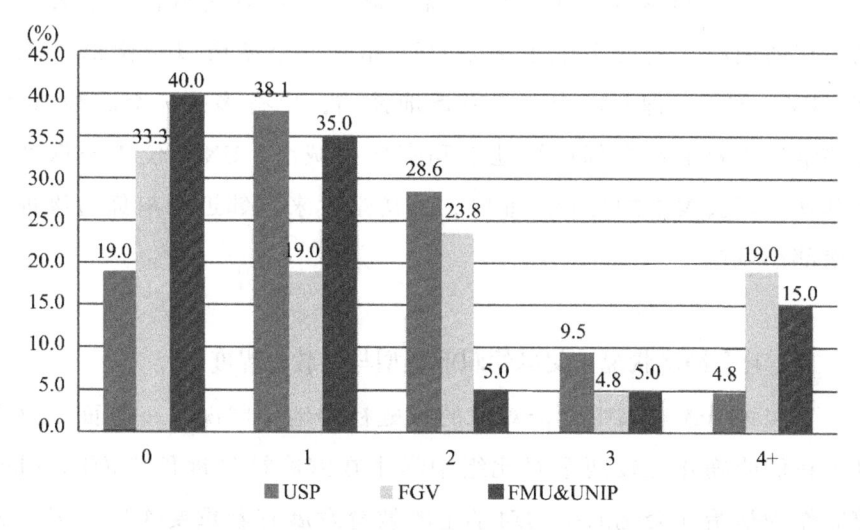

图 3.5　受访对象自高中毕业到大学入学的时间

（三）家庭住址分布情况

四所大学的巴西新中产阶级受访学生的家庭大多位于圣保罗市及周边邻近小城市。这体现出该阶层学生对大学所在位置的敏感性，在选择高校时倾向于选择离家近的机构，不愿去外地就学。受经济条件限制，大部分受访对象在大学上学期间依然与家人住在一起，以此节约房租成本；此外，受强烈的家庭主义传统的影响，大多数人在结婚成家前仍然会与父母或监护人一起居住，甚至成家后也会住在邻近的地方。

此外，大多数来自圣保罗市本地的受访对象的家庭居住在远离城市中心的社区，尤其在北部、东部和南部更为集中。这些区域在圣保罗市被称为"边缘"地带（Periferia），其中很多靠近或属于贫民窟，

93

其中南部有圣保罗市最大的贫民窟群。来自周边小城市的受访对象也都住在贫寒的社区里。

USP 位于圣保罗市西部，受访的巴西新中产阶级学生主要来自东部、南部和北部的边缘地带；学校位置与家庭住址之间的距离较远。FGV 位于靠近圣保罗市中心的传统金融区，有地铁站和多个公交车站，交通便利，受访学生主要来自西部邻近小城市以及南部边缘地带。FMU 位于圣保罗市中心，靠近地铁站，也有多条公交路线直达，受访学生主要来自东部边缘地带和南部小城市。UNIP 位于圣保罗市南部就业机会集中的高新产业区，受访学生来自邻近的南部边缘地区和南部小城市。

二 社会经济状况：父母的职业类型与受教育程度

下文将描述本书中受访对象的家庭社经地位状况。一方面，这有助于我们明确并比较两个对比组中学生在家庭社经地位方面的异同，家庭作为初始社会化的结构对学生的教育发展有着重要作用。另一方面，通过对研究对象家庭社经地位状况的描述，我们将更加准确地理解本书中所提到的巴西新中产阶级到底在巴西社会结构分层中占据怎样的位置。既有的巴西相关研究经常将这一阶层称为"大众阶层"，该阶层的收入标准也成为政府制定面向有经济资助需求的学生的奖学金项目或平权政策的基准。然而，该阶层在社会学意义上的分类需要进一步明确。

本书采用的是目的抽样法，抽样标准是基于在读大学生的家庭月收入，以家庭人均月收入不超过 1.5 倍最低工资数额为基准。这也是巴西公立大学的平权法案以及私立大学基于社会经济需求的全额奖学金等公共教育政策所划分的标准。从经济水平而言，四所大学受访学生的家庭根据巴西经济分类标准 CCEB 都属于收入中间阶层 C 阶层，家庭平均月收入在 1625—4851 雷亚尔的区间内（约等于 2—6 个最低工资数额)①。62名受访者的家庭中只有7人的家庭月收入略微超过了C阶层的收入上限。然而,由于受访者的家庭收入是他们自报的,而且仅反映目前的经济状况,因此在了解他们的社会经济背景时更恰当的做法是描述其父母的受教育背景和职业地位。整体而言,精英大学与普通大学受访学生的父母在受教育背景和职业地位方面也存在一些差异。

本书采用由巴西学者②调整后的 EGP（Erikson – Goldthrope – Portocarrero）阶层分析框架,对受访者父母的职业状况进行分类。巴西学者为了更加符合本国的阶层结构现状,调整了原来的 EGP 阶层分析框架,根据职业将阶层分为六大类,其中包括专业人员和管理者（EGP 分类中的阶层Ⅰ和Ⅱ）,负责例行事务的非体力劳动者（阶层Ⅲa 和Ⅲb）,有或没有雇员的小业主（阶层Ⅳa 和Ⅳb）,技术性体力劳动者（阶层Ⅴ和Ⅵ）,无技术或半技术体力劳动者（阶层Ⅶa）,以及农业雇主和劳动者（阶层Ⅳc 和Ⅶb）。由于本书使用改编后的 EGP 阶层分类仅是为了描述受访者父母的职业状况,因此"农业雇主和劳动者"这一类别在本书中被改为"家庭照看者与失业者",以使研究数据与阶层分类更相关。表3.1至表3.4是对四所大学受访者父母在子女14周岁时的受教育程度及职业地位的分类。

---

① 2016年的巴西经济分类标准规定,A 阶层家庭月收入超过20888雷亚尔,B1 阶层家庭月收入在9254—20887雷亚尔,B2 阶层在4852—9253雷亚尔,C1 阶层在2705—4851雷亚尔,C2 阶层在1625—2704雷亚尔,D 阶层和 E 阶层在768—1624雷亚尔。这一分类标准的设置是基于消费品的拥有和家庭潜在的购买力。

② Eduardo Marques, Celi Scalonand Maria A. Oliveira, "Comparando Estruturas Sociais no Rio de Janeiro e em São Paulo", *Dados-Revista de Ciências Sociais*, Vol. 51, No. 1, 2008, pp. 215–238; Celi Scalonand André Salata, "Uma Nova Classe Média no Brasil da última Década?: o Debate a Partir da Perspectiva Sociológica", *Sociedade e Estado*, Vol. 27, No. 2, 2012, pp. 387–407; Carlos A. Ribeiro, "Mobilidade e Estrutura de Classes no Brasil Contemporâneo", *Sociologias*, Vol. 16, No. 37, 2014, pp. 178–217.

表3.1　　　　　　　USP学生父母的职业与受教育程度

	职业	受教育程度占比（%）			
		大学	高中	初中	小学
父亲	专业人员和管理者	6.6	0	0	0
	负责例行事务的非体力劳动者	26.7	0	0	0
	小业主	6.6	13.3	0	0
	技术性体力劳动者	6.6	13.3	13.3	0
	无技术或半技术体力劳动者	0	0	6.6	6.6
	家庭照看者与失业者	0	0	0	0
母亲	专业人员和管理者	0	0	0	0
	负责例行事务的非体力劳动者	19	28.6	0	0
	小业主	0	4.8	0	0
	技术性体力劳动者	0	0	0	4.8
	无技术或半技术体力劳动者	0	9.5	0	33.3
	家庭照看者与失业者	0	0	0	0

表3.2　　　　　　　FGV学生父母的职业和受教育程度

	职业	受教育程度占比（%）			
		大学	高中	初中	小学
父亲	专业人员和管理者	0	0	0	0
	负责例行事务的非体力劳动者	10	20	0	5
	小业主	5	5	5	10
	技术性体力劳动者	0	10	15	0
	无技术或半技术体力劳动者	0	5	5	5
	家庭照看者与失业者	0	0	0	0
母亲	专业人员和管理者	0	0	0	0
	负责例行事务的非体力劳动者	23.8	28.6	4.8	0
	小业主	4.8	0	0	0
	技术性体力劳动者	0	0	4.8	0
	无技术或半技术体力劳动者	0	4.8	9.5	9.5
	家庭照看者与失业者	0	4.8	0	4.8

表 3.3　　　　　　　FMU 学生父母的职业和受教育程度

职业		受教育程度占比（%）			
		大学	高中	初中	小学
父亲	专业人员和管理者	0	0	0	0
	负责例行事务的非体力劳动者	0	20	10	0
	小业主	0	10	0	0
	技术性体力劳动者	10	10	10	20
	无技术或半技术体力劳动者	0	0	0	10
	家庭照看者与失业者	0	0	0	0
母亲	专业人员和管理者	0	0	0	0
	负责例行事务的非体力劳动者	10	30	0	0
	小业主	0	10	0	0
	技术性体力劳动者	0	0	0	10
	无技术或半技术体力劳动者	0	10	10	20
	家庭照看者与失业者	0	0	0	0

表 3.4　　　　　　　UNIP 学生父母的职业和受教育程度

职业		受教育程度占比（%）			
		大学	高中	初中	小学
父亲	专业人员和管理者	0	0	0	0
	负责例行事务的非体力劳动者	0	0	10	0
	小业主	0	0	0	10
	技术性体力劳动者	0	20	0	40
	无技术或半技术体力劳动者	0	0	0	20
	家庭照看者与失业者	0	0	0	0
母亲	专业人员和管理者	0	0	0	0
	负责例行事务的非体力劳动者	0	22.20	0	0
	小业主	0	0	0	0
	技术性体力劳动者	0	0	0	0
	无技术或半技术体力劳动者	0	33.30	11.10	22.20
	家庭照看者与失业者	0	11.10	0	0

体力与非体力劳动的区别在巴西可被视为划分工人阶级与中产阶级的标准。① 因此，我们将专业人员与管理者、负责例行事务的非体力劳动者及小业主三个阶层视为中产阶级，后三个阶层则为工人阶级。关于四所大学学生父母的数据显示，USP 学生的父母中约有 47% 属于工人阶级，他们大多是具有一定技术或没有技术的体力劳动者，受教育程度较低，工作包括司机、技术工人、个体工匠、厨师、保安、家政工、清洁工等。其余约 53% 在职业分类上落入了改编 EGP 分析框架的前三类，但具体来看，他们在职业地位上大多属于第二和第三类别中的低层级别，包括基础教育教师、销售人员、接待员、办公室助理、护士助理、没有雇员的小店主等。因此，他们可被归入"下层中产阶级"。USP 学生父母中具有大学文凭的父亲占 46.5%，大学毕业的母亲占 19%。

同样是精英大学的 FGV 学生父母中，工人阶级约占 40%，下层中产阶级占 60% 左右。虽然 FGV 学生父母的下层中产阶级比例高于 USP，但其中有一部分 FGV 学生父母文化程度较低，只有小学或初中文凭。FGV 学生父母中大学毕业的父亲占 15%，母亲占 28.6%。

普通大学 FMU 学生的父母中，工人阶级的占比更大，包括 60% 的父亲和 50% 的母亲；另外 40% 的父亲和 50% 的母亲属于下层中产阶级。然而，具有大学文凭的 FMU 学生父母的比例远远小于两所精英大学，分别只有 10%。

UNIP 学生父母中工人阶级的比例超过了前三所学校，约为 80%，其余 20% 左右的学生父母属于下层中产阶级。没有学生的父母具有大学文凭。

三 教育轨迹状况：基础教育阶段的学校类型

通过与 62 名研究对象的半结构化深度访谈而收集的数据显示，

---

① Celi Scalon and André Salata, "Uma Nova Classe Média no Brasil da última Década?: o Debate a Partir da Perspectiva Sociológica", *Sociedade e Estado*, Vol. 27, No. 2, 2012, pp. 387–407.

精英大学与普通大学的巴西新中产阶级学生们在大学前基础教育阶段的学校类型存在明显差异。两所普通私立大学的受访学生的共同教育轨迹是，绝大多数人是在家附近的普通公立学校接受基础教育，而他们所住的社区大多位于城市边缘地带，公立学校的教育质量普遍不高。相比之下，进入精英大学的大部分巴西新中产阶级学生在基础教育阶段上的是质量较好的公立或私立学校。因此，本书将教育轨迹分为初等教育、中等教育和高等教育三个阶段。其中，初等教育包含初等一和初等二两个阶段，相当于小学和初中；中等教育指的是高中阶段。在每个教育阶段，学校类型根据其教学质量分为"好"与"普通"两种。由此我们可以假设总共八种不同教育轨迹的配置。

对进入精英高校的巴西新中产阶级学生而言，他们的教育轨迹有四种假设的可能，见表3.5。

表3.5　　　　　　精英高校学生教育轨迹的四种可能

初等教育	中等教育	高等教育
好	好	好
好	普通	好
普通	好	好
普通	普通	好

另外两所普通私立大学的受访学生也有四种假设的教育轨迹，见表3.6。

表3.6　　　　　　普通高校学生教育轨迹的四种可能

初等教育	中等教育	高等教育
好	好	普通
好	普通	普通
普通	好	普通
普通	普通	普通

田野调查收集的资料显示，初等教育阶段的好学校包括私立学校、某些行业雇员的子弟学校以及某些位于城市较为中心区域的公立学校。中等教育阶段的好学校包括私立高中、公立技术高中以及位于更中心地区的公立学校。普通学校通常是指位于受访学生所居住的城市边缘地带社区的公立学校，以及以技术课程为重、弱化高中课程的私立技术高中。值得注意的是，这些好学校的教学质量也各不相同，但在通常意义上而言依然高于被划为"普通"的学校。

笔者对62名受访学生的教育轨迹进行了分类。受访者大多来自月收入水平相似的家庭，但他们父母的受教育水平和职业背景存在一定差异，由此可能影响他们对基础教育阶段所上学校质量的评价。因此，本书在划分基础教育阶段的学校质量时，不仅考虑了受访者在访谈中对老师、同学、课程设置和教育激励等方面的评价，而且参考了学校的每月学费价格以及所在社区的社会经济状况。此外，由于巴西初等教育阶段分为零至四年级与五至八年级两个阶段[①]，有些学校（尤其是公立学校）并不同时包含两个阶段的课程，当学生在初等教育两个阶段上的学校质量有所差异时，本书的分类参照学生在五至八年级所上学校的质量。

根据表3.7，进入两所精英大学USP和FGV的42名巴西新中产阶级学生中，有超过一半的学生在基础教育阶段上的都是好学校，教育轨迹为"好—好—好"；21.4%的学生在初等教育阶段上了普通学校，但在高中阶段进入好学校学习，教育轨迹为"普通—好—好"；剩下23.8%的学生在进入大学之前上的都是普通学校，教育轨迹为"普通—普通—好"。样本中没有学生的教育轨迹符合"好—普通—好"。

---

① 巴西义务教育在1971年前规定是4年；1971年后义务教育年限延长为8年；2006年的法案将这一期限扩展为9年，儿童必须6岁入学，此前学前班的最后一年（即零年级）被纳入初等教育的第一年，具体可见2006年颁布的第11274号法案，http://www.planalto.gov.br/ccivil_03/_ato2004-2006/2006/lei/l11274.htm。自2013年起，巴西义务教育扩展为14年，包括4—17岁学生的学前教育、初等教育和中等教育，具体可见2013年颁布的第12796号法案，http://www.planalto.gov.br/ccivil_03/_ato2011-2014/2013/lei/l12796.htm。

表 3.7　　　　　　两所精英高校学生的教育轨迹分布

初等教育	中等教育	高等教育	学生数量（人）	所占比例（%）
好	好	好	23	54.8
好	普通	好	0	0
普通	好	好	9	21.4
普通	普通	好	10	23.8

表 3.8 显示了另外 20 名来自两所普通私立大学的受访学生的教育轨迹，其中大部分学生（占 80%）在普通公立学校接受初等和中等教育，为"普通—普通—普通"；15% 的学生上了普通的初等教育学校，进入了不错的高中，教育轨迹为"普通—好—普通"；还有 5% 的学生在基础教育阶段上的都是好学校，但在高等教育阶段进入了普通大学，教育轨迹为"好—好—普通"。

表 3.8　　　　　　两所普通高校学生的教育轨迹分布

初等教育	中等教育	高等教育	学生数量（人）	所占比例（%）
好	好	普通	1	5
好	普通	普通	0	0
普通	好	普通	3	15
普通	普通	普通	16	80

通过对四所大学受访学生的教育轨迹配置的对比可以看出，初等教育伊始、初等教育向中等教育过渡，以及中等教育向高等教育过渡的三个节点上都出现了教育轨迹的分化。FMU 和 UNIP 两校受访的大多数学生的教育轨迹都是"普通—普通—普通"，与此相比，USP 和 FGV 两校的受访学生在每个教育阶段的转折时期都体现出了更多分化。

第二节　教育抱负：同一阶层的内部差异

本书理论分析框架部分对"精英大学教育抱负"的衡量包括意愿和行动两个方面，分别衡量学生是否具有对精英大学的教育抱负及其强弱程度。巴西新中产阶级学生对精英大学的教育抱负据此分为四类，分别为强教育抱负（有意愿，有行动）；弱教育抱负（有意愿，有部分行动）；初始教育抱负（有意愿，无行动）；以及无教育抱负（无意愿，无行动）。精英大学教育抱负中的意愿指的是认同精英高等教育的价值，想要进入精英高校；行动指的是努力弥补学业准备的不足，并参与精英高校的入学考试。

实证数据表明，进入精英大学 USP 和 FGV 的巴西新中产阶级受访学生在入学前均具有对精英高等教育的强烈教育抱负；与此相比，进入普通私立大学 FMU 和 UNIP 的巴西新中产阶级学生没有发展出对精英高等教育的强教育抱负，分别属于弱教育抱负、初始教育抱负和无教育抱负三个类别。下文将描述四种精英大学教育抱负类型的具体情况。

一　精英高校学生：强教育抱负驱动的高校选择

两所精英大学 USP 和 FGV 的 42 名巴西新中产阶级受访学生都在入学前发展出了对精英大学的强教育抱负。他们认同精英高等教育的价值，想要进入精英高校；同时，他们积极在学业上为进入精英大学做准备，通过大学入学考试辅导班努力补足学业差距，并参与精英高校的入学考试，许多人尝试了不止一次的入学考试。

这些受访对象又可以分为三类，见表3.9。第一类学生在第一次参加大学入学考试时就通过选拔考试，顺利进入精英大学，共 12 人，占所有强教育抱负学生人数的 28.5%；第二类学生在参加两次大学入学考试的选拔程序后才得以进入精英大学，共 17 人，占 40.5%；第

第三章 田野概况：新中产阶级的高校选择分化

三类学生参加大学入学考试的次数在三次及以上，共 13 人，所占比例为 31%。

具有强教育抱负的学生中的第一类包括 4 名 USP 学生和 8 名 FGV 学生，其中 8 人来自下层中产阶级家庭，另外 4 人来自工人阶级家庭；5 人在高中阶段上的是教学质量非常高的私立高中，5 人在高中阶段就读教学质量较好的公立技术高中，另有 2 人就读于较中心地带、教学质量稍高的公立高中。这些学生中的许多人在教育早期就认同精英大学的价值，在高中阶段的早期就渴望进入精英大学学习；同时，他们在高中阶段通过学校围绕精英大学入学考试而设计的教学安排做好学业准备，就读于公立技术高中或公立普通高中的学生还在高中阶段同时上辅导班课程，从而为精英大学入学考试做足准备。他们在高三结束的同时报考了多所精英大学，其中主要包括排名靠前的公立大学，也包括几所著名的私立精英高校（尤其是 FGV 受访对象）。

具有强教育抱负的学生中的第二类包括 11 名 USP 学生和 6 名 FGV 学生，其中 9 人来自下层中产阶级家庭，另外 8 人来自工人阶级家庭；2 人在高中阶段上的是教学质量较好的私立高中，10 人上的是公立技术高中，2 人上的是教学质量高于普通社区公立学校的公立高中，另外 3 人上的是普通社区公立高中。这些学生大多在高中期间确立了进入精英大学学习的意愿，并都在辅导班里学习了一至两年时间补足学业差距。他们在高三结束时第一次报考大学，同时报考多所排名靠前的公立大学；少数学生获得了外地联邦公立大学的入学资格，但选择不去外地，继续备考圣保罗市附近的公立大学；一些 FGV 学生在此过程中获得了关于 FGV 这所私立精英高校的信息，进而为报考 FGV 做好学业准备。

具有强教育抱负的学生中的第三类包括 6 名 USP 学生和 7 名 FGV 学生，其中 7 人来自下层中产阶级家庭，另外 6 人来自工人阶级家庭；3 人在高中阶段上的是公立技术高中，3 人上的是教学质量高于普通社区公立学校的公立高中，3 人来自普通社区公立高中，另有 3

人来自教学质量与普通社区公立高中相似的私立技术高中。这些学生大多也是在高中阶段确立了进入精英大学学习的意愿，并在辅导班里平均花两至三年时间补足学业差距。他们往往比前两类学生更晚进入精英大学。

表3.9　　　　　　　　　　　强教育抱负的三种类型

参加精英高校入学考试次数	人数（人）	所占比例（%）
一次	12	28.5
两次	17	40.5
三次及以上	13	31

二　普通高校学生：缺乏精英大学教育抱负

两所普通大学FMU和UNIP的巴西新中产阶级受访学生在进入大学前没有形成对精英大学的强教育抱负。少数学生有进入精英大学的意愿，但是没有付诸足够行动，没有参加精英大学的入学考试或只参加一次就放弃；他们也没有在学业上做好进入精英大学的准备，少数学生参加了短期的入学考试辅导班，但其目的主要是在大学入学前保持学习的节奏。

这20名普通私立大学的受访学生在对精英大学的教育抱负方面分别具有"弱教育抱负""初始教育抱负"和"无教育抱负"。

具有精英大学弱教育抱负的受访对象有8人，包括FMU的3名学生和UNIP的5名学生。这些受访对象又可以分为两类：第一类为在高三结束时参加过一次精英高校入学考试的学生，共6人；第二类为从未参加过精英大学入学考试的学生，共2人。

第一类学生有意愿进入精英大学，但他们的教育抱负并没有强烈到支持他们弥补学业准备上的不足并再次尝试精英大学的入学考试；6名此类学生中有2人上了一年的辅导班，但因为需要兼顾工作或辅导班教学质量不高而无法补足学业差距。他们报考的都是位于圣保罗市和圣保罗大都会地区的公立大学，其中以 ENEM 成绩申请联邦公立大学的学生居多；一些学生除了申请联邦公立大学外，还报考了 USP 和另一所圣保罗州立公立大学，主要是因为学生在高三结束那年报考圣保罗州立公立大学可以免除考试申请费。这 6 名学生在高中阶段的学业表现较好，有些人是班里成绩靠前的学生；有 3 人来自下层中产阶级家庭；有 2 人在高中阶段上的是教学质量高于普通社区公立学校的高中，包括社区私立高中和公立技术高中的技术课程。值得注意的是，这部分学生中有 1 人在高三结束后利用 ENEM 成绩在 SISU 系统中申请了一所外地的联邦公立大学，成功获得入学资格，但该生因不愿去外地上学而放弃了入学机会。

第二类学生有意愿进入精英大学，但他们并没有参加任何一所精英大学的入学考试。这 2 名学生在高中毕业后参加了 6 个月至 1 年的辅导班补习，但其目的主要是在做出大学选择前保持学习的节奏，并不是为进入精英大学补足学业差距。这 2 名学生均来自工人阶级家庭，在基础教育阶段上的都是社区内的普通公立学校。

具有精英大学初始教育抱负的受访对象有 5 人，包括 2 名 FMU 学生和 3 名 UNIP 学生。这些学生在访谈中表达了一定程度上的进入精英大学的意愿，主要是考虑过进入免费的公立大学，但同时认为自己的成绩不足以通过公立大学的入学考试，因此没有为进入此类大学做出行为上的努力。这 5 名学生在高中阶段也有较好的学业表现，其中 1 人是学校里成绩最好的学生，有 3 人来自下层中产阶级家庭，1 人在高中阶段上的是教学质量高于普通社区公立学校的公立技术高中。

不具有精英大学教育抱负的受访对象有 7 人，包括 5 名 FMU 学生和 2 名 UNIP 学生。这些学生没有想过进入精英大学，因此也没有开展与之相关的行动。这 7 名学生中有 3 人来自下层中产阶级家庭，家人有普通私立大学的学习经历；他们在高中阶段有较好的学业表现，其中 1 人是学校里成绩最好的学生；另有 1 人在基础教育阶段上的都是教学质量高于普通社区公立学校的社区私立高中。这 3 名学生对自己的教育期望就是进入一所普通私立大学,并不认同公立大学的教育价值,也不想进入公立大学;精英大学对他们而言指的就是公立大学,因为他们无法支付昂贵的私立精英大学的学费,也对此类大学缺乏认知。其余有 4 名学生来自工人阶级家庭,在基础教育阶段上的是普通社区公立学校,从高中就开始一边学习一边工作。

第三节　田野描述:精英高校与普通高校的区别

本节内容主要介绍笔者开展访谈的巴西四所高等教育机构的特征,并描述笔者在田野调研期间观察到的学生特征。了解并对比这四所大学的特征与入学选择的制度化安排,有助于我们更具体地理解巴西精英大学与普通大学之间的区别及其所体现的教育机会不平等问题。对学生特征的描述,尤其是受访学生的特征,能够让我们了解巴西新中产阶级家庭的学生在这些大学内的状态及其如何与机构和其他行为者进行互动。

一　精英公立大学 USP

USP 是巴西著名的综合性公立大学,学科设置全面,师资力量强大,科研实力不俗。它被认为是拉丁美洲地区最好的大学之一。这样一所实力雄厚的大学并不是联邦公立大学,而是州立的公立大学,绝大部分资金来自圣保罗州政府,资金支配权完全属于学校。USP 在圣保罗市西部有一个占地面积广阔的主校区,在城市东部有一个小一些的分校区,此外还在圣保罗州的其他 8 个城市设有分校区。

作为老牌的精英大学,USP 并没有打算变得像大多数联邦大学那样"平易近人"。作为州立大学,USP 没有义务参与联邦政府设置的各种项目,包括 REUNI、SISU 以及 2012 年颁布的针对联邦高等教育机构的"配额法案"。然而,在促进高等教育公平的整体环境下,USP 受到了广泛的社会压力。该校在 2016 年以前一直使用独立的入学考试 vestibular 作为选拔方式，学术性强，难度大，竞争激烈，大多数考生往往需要在专门的考试辅导班里补习一段时间才能通过考试。自2016年起，USP将约13%的入学名额分配给以ENEM成绩申请入学的学生，学生可通过SISU系统用ENEM成绩申请。全国标准化的ENEM考试形式更为简单，被认为是促进高等教育公平的重要途径。然而，不论是通过vestibular还是ENEM，USP的入学分数线都很高，学生必须做好充分的学术准备才能进入。

USP的vestibular分为两个阶段，竞争十分激烈。第一阶段包括混合各个科目的90道选择题，过了规定的分数线后才可以进入第二阶段，第二阶段包括葡萄牙语与写作、高中基础学科知识、专业学科知识在内的三项考试。除了在第一阶段的考试成绩中允许公立学校毕业的学生有一定比例的加分外（前提是高中必须是公立学校，在此基础上根据初等教育的学校类别有不同比例的加分，加分力度一般在第一阶段考试成绩的12%—20%）。公立高中毕业的学生也许在第一阶段的考试中受到一些"照顾"，但到了难度更高的第二阶段考试就只能靠实力了。USP直到2018年才开始在入学考试中采用基于社会经济条件和种族的"配额法案"，此前一直排斥使用。

要求实现基于种族的"配额法案"是USP学生们罢课的目的之一，尤其是人文与社会科学专业的学生。巴西许多公立大学的问题是经常出现师生罢课的情况。教职工的罢课大多是要求涨工资，由学校的教职工大会统一决定。一旦教职工开始罢工，大多数学生也就没课上了，于是打出各种口号开始罢课。一些学院经常不参与全校性的罢工和罢课行动，其中包括工程学院、医学院、经济学院等精英化程度更高的学院，因为老师们认为罢工和罢课太过影响教学进度。本来教学大纲就紧张，再因为罢工罢课而浪费时间，那就真会影响学生毕业了。

本书访谈对象所在的USP工程学院位于主校区内，是该校历史最悠久的学院之一，为巴西发展培养了众多出色的工程师和管理人才。整个学院占地面积较大,是 USP 中占地面积最大的学院,包括 4 栋教学大楼和其他众多的实验室,15 个系,约 6700 名学生。工程学院的 15 个系按大方向分为四类:土木工程、电子工程、机械工程和化学工程。学制为 5 年,但很多学生都会延期毕业,因为课业难度大。工程学院入学竞争的激烈程度在 USP 乃至巴西整个高等教育界都是首屈一指的。学生必须有非常好的学术准备,才能考进工程学院。这就需要学生在基础教育阶段有非常扎实的基础。一般那里的学生在高中阶段上的都是昂贵的私立名校,或者在入学前上过昂贵的高考辅导班。公立高中毕业的中低收入阶层的学生必须付出更多的努力才能考进工程学院。因此,工程学院十分精英化。这里的学生一眼望去以白人男生为主,女生数量不多,黑人更少,这与其精英工程学院的背景相符。学生们衣着简单又整洁,给人十分利落的感觉。工程学院的大量学生都是开车来上课的,几栋楼之间的庞大停车场上白天都停满了车。

2010—2016 年的数据显示[①],USP 工程学院录取的学生中,家庭月收入大于 7 个最低工资数额的学生比例平均为 70.9%,大于 20 个最低工资数额的学生比例平均为 25%;私立高中毕业学生的比例平均为 79%;白人学生比例为 75.7%,亚裔学生比例为 14.9%[②],黑人、混血人与印第安人学生比例只有 9.4%[③]。与此形成对比的是,研究样本中的 21 名 USP 学生中,91% 的学生家庭月收入在 1—6 个最低工资数额之间;只有 9% 的学生是私立高中毕业生;白人学生比例为

---

① 数据来源网址:http://acervo.fuvest.br/fuvest/。
② 这部分亚裔学生主要是日裔后代,圣保罗市是除日本本土以外最大的日裔移民聚集地。与北美洲的亚裔移民类似的是,巴西的亚裔移民家庭一般也具有较高的社经地位。
③ 巴西最近一次 2010 年的人口普查数据(Censo 2010,IBGE)显示,白人人口比例为 47.7%,黑人为 7.6%,混血人为 43.1%,亚裔为 1.1%。2010 年的第 12288 号法案规定,巴西黑人的定义包括自我申报为黑人和混血人的所有人,详细法案可见 http://www.planalto.gov.br/ccivil_03/_ato2007-2010/2010/lei/l12288.htm。因此,广义上的巴西黑人比例为 50.7%。

52.4%，黑人占28.6%①，混血人占14.3%，亚裔占4.7%。

访谈低社经地位阶层本科生在很多人看来是非常困难的事情，原因在于这类学生在精英化倾向十分严重的USP工程学院实在不多，而且难以分辨。巴西公立大学的组织比较松散，不像中国大学那样有统一管理的经济困难学生的信息。笔者没能通过官方渠道找到对口的负责部门处理研究请求，最终依靠联系个人的方式进入了工程学院的田野。这些访谈对象大多非常热心，认为此项与社会流动性有关的研究十分重要。笔者所联系的学生基本上都同意接受访谈，即使期中和期末的考试忙碌期也不会以此为借口而推脱。

笔者与USP工程学院访谈对象的对话大多约在靠近校园主干道的一栋教学楼里，这里是工程学院所有系的大一、大二学生统一基础课的教学地点。学生们入学后先接受两年的统一基础课教学，大三开始上各自专业的具体课程。学生们因此有机会在大三之前在工程学院内部进行转系。这里的建筑风格是平面化的，一般只有两层，延伸面积很大。除了众多教室和实验室外，还有大量的公共休息区和学生活动聚集区，为学生们在课外时间的交流提供了充足空间。笔者在这里经常看到学生们拿着学习材料互相讨论，或者进行课下闲聊，又或者开展各种学生社团的活动。

USP工程学院对于低社经地位阶层学生而言是很遥远的存在。笔者所访谈的一些低社经地位学生是在基础教育的早期阶段就立志考入USP工程学院，其他一些学生是在高中阶段甚至高中毕业后受到了别人的启发或鼓舞，觉得自己也能考上这所精英大学里的精英学院。很多人需要上好几年的高考辅导班才能考进这里，因为低社经地位学生在基础教育阶段一般上的都是公立学校，教学质量差，尤其是数学、化学、物理、生物等科目，而这些科目都是考工程学院的重点科目。

---

① 由于种族归属在巴西是通过自我申报的方式定义的，因此一些低社经地位的混血学生在白人精英的环境中转变了对自己的种族归属定义，更认同黑人文化。

因此，他们一般都要上高考辅导班的课程，集中补习基础知识，大量做 USP 工程学院的入学考试模拟题，付出更多的努力，才有希望考进工程学院。

许多在工程学院里上学的低社经地位学生都彼此认识，他们要么来自同一所高中或者同一个高考辅导班，要么通过工程学院的学生活动相识。由于家庭社会经济条件较相似，这些学生也倾向于在课外一起娱乐或进行其他活动。

许多学生依然与家人一起住在城市边缘地区，每天单程要花至少一个小时时间来学校上课。有些来自更边远地区或者邻近城市的低社经地位学生可以申请住 USP 的学生集体宿舍，但由于房间数量有限，学校会根据个人情况进行评估，因此有时候申请无法通过或者会推迟很久才能通过。在此期间这部分学生还得每天花单程超过两个小时的时间来学校上课。申请学生宿舍但是没有通过的低社经地位学生，可以获得学校提供的住房补贴，大约为每月 400 雷亚尔。

由于工程学院要求学生全日制学习，课业难度大且非常紧张，所以学生没有办法一边上学一边工作。对于低社经地位阶层的学生而言，虽然不用支付学费，但如何维持大学期间的基本生活支出是个问题。所幸，他们可以在 USP 的学生中心食堂享受免费的三餐，可以办理免费的公共交通卡，另外，还可以通过工程学院里众多的"科研鼓励"项目参与助研工作，获得一些资金补助。此外，工程学院本身设有校友捐赠的奖学金项目，但竞争比较激烈。

笔者所访谈的学生们回复邮件十分迅速，参与访谈时会准时出现，非常高效严谨。他们大多数表达流利，思路清晰。与人们对工程学院学生的刻板印象不同，这些学生有极客（Geek）的一面，很多人同时也有人文情怀。作为精英学院里的少数派，他们非常高兴自己的人生经历和想法能够得到别人的细心聆听，很享受与笔者的交流，并希望与笔者做朋友。

二 精英私立大学 FGV

FGV 是一所传统的名牌精英私立大学，规模与公立大学及其他私立大学相比小很多，不仅招生数量少，学科也少。该校学科设置限于商科、法律、数学和社会科学等学科，目标是培养公共和私营部门的高层管理者，自建校起为巴西培养了众多商界和政界领导人。这所大学虽然是由公共资金创立的，但后来被私有化。该校总部设在里约热内卢市，同时在圣保罗市也设有三个学院。

笔者开展田野调查的 FGV 管理学院位于圣保罗市传统金融区，这里汇集了大量企业、银行、领事馆、政府机构、教育机构、酒店、医院、文化中心和购物中心。学校附近的交通便利，公共汽车站点随处可见，不远处还有两个地铁站。与巴西众多私立大学一样，FGV 在圣保罗市有散落在各处的多栋建筑，没有一个聚集所有机构的主校区；许多机构也往往只是一栋楼而已。FGV 在圣保罗市的本科生培养机构包括管理、经济和法律三个学院，分别坐落在三栋独立的大楼里，相距不远。这三所学院里不仅有本科生，也培养一部分硕士生和博士生。另外有几栋 FGV 的楼散落在附近地区，其中包括非学术学位的研究生培养（MBA 课程等）、短期课程授课、行政、研究等机构。

FGV 坚持高学费和严格的入学要求，保持学校小而精的特色，与一般的商业性私立大学非常不一样。该校的本科生课程只有全日制，学生基本上一整天都需要待在学校里，除了上课之外还要参与各种学生活动。与此相比，普通私立大学则很少开设全日制课程，大量本科生课程都是半天制，以方便学生一边上学一边工作。

FGV 由于其精英化特征，主要吸引上层阶级和传统中产阶级家庭的学生。大多数低社经地位阶层学生不了解甚至没有听说过 FGV，或不认为自己能够考取。学校自 2015 年起也将管理学专业约 10% 的入学名额分给通过 ENEM 成绩申请的学生。与 USP 一样，无论是 vestibular 还是 ENEM，FGV 的入学分数线都很高，过分数线的学生在接受面试后按排名录取。FGV 的高选择性不仅体现在入学要求上，而且与其高学费有关。2016 年该校管理学专业每月学费约为 3700 雷亚尔，相当于 4.2 个最低工资数额，大概等同于受访的低社经地位学生每月家庭总收入的全部或一半以上。自 2012 年起，FGV 圣保罗校区在公司管理和公共管理两个专业开放了更多基于社会经济需求的全额奖学金名额，旨在促进学生的多样性，承担更多的社会责任，因此低社经地位学生数量有所增长。而在此之前，该校的全额和半额奖学金只是根据入学成绩排名的绩优奖学金；另外设有"偿还性"奖学金，即学生在校期间可申请不同百分比的奖学金额度和其他补助，在毕业后进行偿还，类似不含利息的助学贷款。然而，学生的组成依然是以白人高社经地位家庭子女为主。公司管理专业每学期只有 2%—3% 的学生是基于社会经济需求的奖学金生，公共管理专业的这一比例高一些，为 10%—14%。

所有接受访谈的 20 名 FGV 学生均为基于社会经济需求的全额奖学金生，否则他们没有办法承担高额的学费及学校周边昂贵的物价。86% 的学生家庭月收入在 1—6 个最低工资数额之间；72% 的学生毕业于公立高中；白人学生比例为 57.1%，黑人占 14.3%，混血人占 28.6%。与 USP 的受访学生一样，FGV 的受访学生也来自圣保罗市的边缘地带或周边小城市的贫寒社区。大部分学生通过独立入学考试 vestibular 进入 FGV。

笔者通过 FGV 网站信息联系了该校的文化和多样性合作处（Coordenadoria de Cultura e Diversidade）。这个部门与奖学金生组织有合作关系，将该组织的负责人介绍给了笔者。该负责人是 FGV 基于社会经济需求的奖学金生。不仅是管理学院奖学金生组织的发起人，而且是文化和多样性合作处的学生助理，同时也是学生会工作人员。他十分活跃积极，几乎认识所有的基于社会经济状况需求的全额奖学金生。通过他，笔者顺利开展了访谈工作。

该负责人告诉笔者,在目前管理学院的102个基于经济需求的全额奖学金生中,大约只有四分之一的学生人均家庭月收入是不超过1.5个最低工资数额的,其他人都在这个标准之上。大多数学生都及时并热情地回复了关于访谈请求的邮件,表示十分愿意参与研究。在2016年10月底至11月,几名学生由于期末课业压力而推迟访谈时间或多次联系才同意接受访谈,这是因为该校奖学金生必须保持每门课成绩都在7分以上(10分为满分)才能继续享有奖学金。

所有访谈都在FGV管理学院内进行。与FGV的其他学院一样,管理学院只有一栋楼,是一幢十多层高的白色建筑。从沿街的门口进入,有两位接待员登记访客的信息,访客必须有FGV学生或工作人员陪同并出示证件才能进入学校。入口处有道闸,必须刷卡才能进入,还有一名保安始终站在入口处。这与开放式的公立大学十分不一样,体现出私立机构的封闭性。进入学院后有左右两个小花园,可供学生休息或讨论。学院内部有小篮球场、餐厅、学生休闲区、学生活动室、教室、办公室、书店等。学院的基础设施都维持在很好的状态,一旦有损坏就会在最短时间内得到修复;与此相比,公立大学的设施相对陈旧一些,设备受损后需要报批并走很多流程才能得到维修。

对于大多数受访的低社经地位阶层学生而言,这里是另外一个世界,与他们出身的世界完全不同。他们大多数来自城市边缘地带,住处附近基本都有贫民窟,并且至今仍住在那里。每天穿梭在两个世界之间对他们来说形成了非常大的对比反差。基础设施方面的反差是显而易见的,许多奖学金生都提到FGV设施的优越,以及学校所处社区环境的优越。很多人每天早晨6点从边缘地带的家出发,乘坐公共交通工具赶到学校,在学校待到晚上9点后才回家。在学校待一整天,一方面是因为课业紧张,要求团队协作,或需要参与其他学生活动;另一方面是因为家里不适合学习。

管理学院的学生几乎都是白人,亚裔学生的数量都比黑人或混血学生多。学生们衣着得体，大多面容姣好、身材适中。在这里几乎看不到那种奇装异服非主流打扮的学生（在巴西公立大学的文科学院经常能见到），反而常常看到西装革履的男生或者职业装打扮的女生。受访学生大多提到了他们与其他学生之间的差异，包括行为举止、习惯、兴趣、价值观等方面。其中一部分人采取了隔绝并批判的态度，另一部分人理解差异但和平相处，还有少数人主动融入。

与 USP 受访学生一样，FGV 的访谈对象大多也都十分聪明，思维敏捷，逻辑良好，善于表达。他们对于此项研究兴趣十足，觉得这个课题十分重要。因为他们是社会科学专业的学生，因此能在一定程度上理解本课题，会对教育不平等阐述一些自己的看法。

三　普通私立大学 FMU

FMU 可以说是巴西私立大学逐步扩张的一个范例。这所大众化的私立大学始建于 1968 年，一开始只设有法律、经济、管理、会计、教育和社会服务等几个专业，之后通过创立新专业课程、兼并其他学院等方式不断扩大规模。这从该学校的校名更改情况也能看出：学校原名联合学院，1999 年经巴西教育部批准更名为城市联合学院大学中心。2013 年，FMU 被美国大型私立教育集团收购，成为其旗下遍布 29 个国家的众多营利性大学之一。如今 FMU 在圣保罗市设有 9 个校区，其远程教育课程覆盖整个巴西。课程主要包括专业设置较为广泛的本科课程和高等技术课程、专业进修课程、MBA 课程、少量硕士课程、远程本科和研究生课程等。2012 年和 2013 年，FMU 先后因为多门专业课程在教育部的评估中不合格而被要求暂停这些课程的招生。

FMU 在圣保罗市广为人知，因为其可及性广，基本上只要支付学费就能入学。这是许多大众阶层学生的实际性选择：一是因为他们以薄弱的学业基础就足够通过 FMU 的入学考试；二是因为 FMU 一般都是晚上上课，他们可以利用白天的时间去工作，赚钱支付学费；三是因为 FMU 学费低，只要不失业或者家里能够暂时提供经济支持，或者花些时间和精力申请奖学金或学费贷款，在经济方面就能支撑到毕业；四是因为 FMU 对课业要求低，可以兼顾工作和学业。

FMU 在圣保罗市的主要校区位于靠近市中心①的亚裔居民聚集区，几栋教学楼和行政楼零星地分布在地铁站附近，没有集中在一起或封闭性的校区。由于靠近地铁站，交通便利，这里的学生很多来自圣保罗市东部和北部的城市边缘地区。

笔者开展田野调查的 FMU 工程学院距离地铁站有三个街区。这里原来是一栋公寓楼，后来被 FMU 所属的教育集团买下，装修一番后变成了教学楼。FMU 工程学院建于 2011 年，2013 年刚获得巴西教育部的评估认证。笔者 2016 年下半年来这里开展调研时，第一届入学的学生还没毕业；巴西的工程学本科专业至少是 5 年的学制。

笔者与该学院主要负责人取得了联系，但后续没有进展；学院官方似乎不愿意笔者在校内开展以学生为对象的调研，或许会涉及对该校教学质量的评估。后来笔者采用了直接去学校蹲点"逮人"的策略。FMU 的几栋教学楼虽然在入口设有道闸，但其实都是摆设，不需要刷卡就能直接进入。

笔者在这里观察到，该学院学生的肤色与 USP 工程学院和 FGV 管理学院的学生相比总体偏深，白人学生数量也不少。许多学生着装成熟，是直接下班后来上课的。学院大门外就有一个公交车站，地铁站也在附近，学生大多是坐公共交通工具来上课的。

工程学院大楼共有 11 层，主要是各个专业的教室。底层有两个小吃店，一个在室内，另一个在开放式的半室外。半室外的小吃店有很多桌椅，许多学生在上课前都会提前一点来学校，坐在小吃店的空位上学习。他们都是在课前学习，白天上班没时间，只能利用这一段课前的时间准备上课内容。

---

① 巴西城市的市中心与美国城市类似，并不是社会经济条件最好的社区，往往有衰败的迹象。

工程学专业由于课业较难，学生必须花一些时间来学习。因此，与普通私立大学其他专业的学生相比，这里学生的退学率较高。这不仅是因为无法支付学费或发现课程不是自己的兴趣所在，还包括无法跟上课程进度。

访谈对象大多住在圣保罗东部和北部的边缘地区，选择FMU大多是因为学费低以及交通便利，他们为数不多的少数有高等教育经历的朋友上的也是这所大学。他们都有过工作经历，大多数人现在是一边工作一边上学，少数人不工作是因为暂时失业。大部分人都在工程领域的底层岗位工作，或是在其他领域的岗位工作。

由于平时忙于工作且上课时间只在晚上时段，大多数人只认识同班同学，连本专业的其他班级和年级的人都不认识。班级规模大，有时甚至与坐在另一边的同学都不讲话。

四 普通私立大学UNIP

UNIP是巴西规模最大的私立大学之一，学生超过24万人。其总部设在圣保罗州（包括首府圣保罗市及州内的其他城市），同时在其他三个州以及巴西利亚首都特区都设有校区。UNIP成立于1988年，校长是其创始人，是一位创立了某大型教育集团的企业家，UNIP也是其集团旗下的教育机构。

UNIP在圣保罗众所周知，其主要原因有三点：第一是宣传力度大，第二是可及性广，第三是与就业市场衔接性强。可以说，这是一所"实用型"的大学：入学考试相对容易；学费价格平易近人；全职上班的人可以选择晚上上课；光是在圣保罗市内就有16个校区，且接近就业机会多的区域；学业要求较低，因此毕业相对容易；学校开设专业多且实用性强，学生就业机会多。每到招生季，地铁、公交车、网络上都可以看到大学的招生广告。

笔者开展田野调查的UNIP校区位于圣保罗市南部，靠近金融及高科技企业聚集的区域，交通也比较便利，有多条公交线路可以到达，且靠近地铁站。该校区算是 UNIP 规模比较大的校区之一，共有三栋楼，有一栋专门是工程学科的楼，另外两栋是文科和社会科学学科的楼，包括管理学、法律、市场营销、建筑、教育学等专业。课程主要包括本科教育和高等职业教育，另外还有大量的在线远程教育课程；学校还提供非学术性研究生课程（MBA 课程等），而学术性的硕士和博士课程只限于五个专业。

本科教育的上课时间为上午或晚上，选择晚上上课的学生比较多，因为很多人白天要全职上班。晚上课程的价格因此比上午课程要高，位置好的校区（靠近就业市场且交通便利）的课程价格比其他校区要高。以 UNIP 此校区的管理学专业为例，晚间课程的每月学费约为 560 雷亚尔（在 2016 年约合 1240 元人民币），如果每月在 10 日之前按时缴费，那就可以享受一定的折扣；每个学期的学费都会以一定的比例上涨。

笔者与 UNIP 该校区管理学专业负责人取得了联系，但对方回复说校方没有批准研究请求。此后，笔者通过朋友的帮助和现场蹲点的方式完成了访谈工作。

管理学专业所在的这栋楼有十几层，入口处设有道闸，必须刷卡进入，保安管理比 FMU 严格。楼附近有很多小吃店，笔者与学生们的访谈地点一般就在附近的小吃店里，一般都有一定的噪声和干扰。由于学生们大多白天要上班，所以访谈时间一般约在傍晚六点至七点。总体而言，这些学生对本研究课题的兴趣并没有那么大；与其说是对研究感兴趣，不如说是对笔者的中国人身份感兴趣。

访谈对象中有一些是在附近工作的；有几个曾有工作，近期失业。有很多人住在附近的贫寒社区；有人住在更南部地区；还有人住在附近的小城市，需要坐两三小时的公交车来上课。很多人的生活都很辛苦，每天早上五点左右起床，坐很久的公共交通工具去上班，下班之后就要赶到学校上课，夜间课程到晚上十点才结束，之后还要花很长时间回家。尽管辛苦，但许多人都很努力，以自己在努力工作为荣，同时也为可以上大学而自豪。

UNIP 不同校区和不同班级的学生很难互相认识，反倒是住在同一个社区的年轻人会经常一起玩，也会互相影响。很多人都是因为朋友在 UNIP 上学所以也选择来这里。大家来学校只是上课，上完课就走人，没有学生团体的活动，组织十分松散。基本上学生只与自己班级里一起做小组作业的同学比较熟悉，基本不认识其他班级或者年级的学生，除非他们住在同一社区。

这里的班级规模较大，但退学率也高，能完成学业的人基本不到入学人数的一半。中途退学的学生，要么是不喜欢这个专业，要么是因为经济原因而无法继续支付学费。

在这里寻找访谈对象时并不用刻意强调要访谈来自低社经地位阶层家庭的学生，因为此类学生的比例在 UNIP 非常高。大多数学生都是白天上班赚钱，因为需要自己支付学费，无法获得家里的经济支持。他们的工作一般都是办公室工作的基础岗位，如果努力且表现好，会有更多的上升空间，但是很难到达决策岗位。许多学生的认知是学位越多越好，所以他们在毕业后还打算继续读其他培训专业技能的短期课程、高职课程、本科课程或研究生课程，使自己在就业岗位上更加具有竞争力。

第四节　本章小结

本章是对田野实证材料的描述，首先，总结并对比了 62 名受访对象的概况，包括个人基本信息、家庭社会经济状况和教育轨迹状况等；其次，分析了精英大学和普通大学两个对比组内的巴西新中产阶级学生在精英大学教育抱负方面的差异；最后，描述了笔者在田野调查期间观察到的四所巴西高等教育机构的特征与这些机构内学生的特征。

对研究对象概况的描述显示，两个对比组的研究对象在个人基本

第三章 田野概况：新中产阶级的高校选择分化

信息方面的差别较小，在家庭社会经济状况和教育轨迹状况方面的差异较大。精英高校和普通高校的学生大多来自收入中间阶层C阶层，但其父母在职业类型和受教育程度方面存在差异。其中普通私立大学受访学生父母中的工人阶级比例相对更高，下层中产阶级比例更低。两个对比组的受访学生在教育轨迹方面也有差异，精英大学受访学生在基础教育阶段就读于教育质量高的学校的比例更高，普通私立大学学生在基础教育阶段就读于社区内教育质量一般的普通公立学校的比例更高。由此可以看出，巴西新中产阶级内部存在异质性，从整体而言，在社经地位和教育轨迹方面也存在分层现象。

在对精英大学的教育抱负方面，两个对比组的受访对象也存在明显的差异。进入精英大学的巴西新中产阶级受访学生在入学前均发展出了对精英高等教育的强教育抱负，而进入普通私立大学的该阶层学生不具有对精英高校的强教育抱负，有意愿但没有足够行动或无行动，或者没有意愿也不付诸任何行动。然而值得注意的是，家庭社会经济状况和教育轨迹并不与精英大学教育抱负呈直接的正向关系。因此，单从父母社经地位与学校类型的角度并不能解释同一阶层学生对精英大学教育抱负的差异，本书的第四章和第五章将从资本结构和资本转化的角度进行具体分析。

从田野描述的巴西四所高等教育机构的特征和学生情况可以看出，精英大学和普通大学之间存在显著的差异，体现在机构设置、入学要求、教学质量、课程设置、课外活动、学生特征等各个方面。两所精英大学建校时间更早，学科发展较为成熟，师资力量雄厚，教学软硬件设施好，对学生的入学要求和学业要求更高。校内学生以白人高社经地位家庭的子女为主，大部分是全日制学习，有充分的学生交流与活动空间；除了日常课程外，有丰富的课外活动，有利于促进校内学生的融合。精英大学内的巴西新中产阶级受访学生在学业和社会融合方面存在较大的困难。与精英大学相比，两所普通私立大学建校时间较短，规模庞大，扩张速度快，商业化程度高，在交通便利的地点建立了众多校区。这些大学的入学要求较低，学费低，对学生的学业要求也较低，学生通常是白天工作，晚上上课。校内学生的融合度低，大多数人只认识同班上课的同学，并不与其他学生交流，也较少开展课外活动。由于失业不能支付学费或因工作而耽误学业等原因，普通私立大学的学生退学率较高。

第四章

资本结构：三种资本的匮乏

本章主要分析巴西新中产阶级家庭在资本结构方面的不足情况，从而影响子女在教育场域内的资本状况及在此基础上形成的高等教育抱负。巴西新中产阶级家庭虽然实现了一定程度的经济向上流动，增加了经济资本，但其所拥有的文化资本和社会资本总体而言并没有相应增加。就子女发展对精英大学教育抱负所需要的三类资本而言，巴西新中产阶级家庭缺乏文化资本和社会资本，而积累的经济资本也有限。资本的结构不足影响了其代际转化，巴西新中产阶级子女的资本结构很大程度上是再生产其家庭的资本结构。

该阶层家庭在经济资本方面依然具有脆弱性，由此制约父母及子女的教育选择。从文化资本来看，该阶层家庭的父母提高了对子女教育的重视度，但认为工作高于学习，学习要以服务于工作为目的，对子女教育活动和文凭的要求也以找到更高收入的工作为导向。从社会资本来看，该阶层的社会网络以家庭和社区为主导，呈现本地化和同质化的特征，缺乏有关更好教育机会的信息，也没有对于进入精英大学的教育鼓励和支持，大多数该阶层学生难以从社会网络中获得有利于形成对精英大学教育抱负的社会资本。

第一节 经济资本：受经济状况制约的教育选择

巴西新中产阶级可以说是在左翼劳工党政府执政期间所"创造"

的一个社会阶层,有别于传统中产阶级,实际上包括社会学意义上的工人阶级和下层中产阶级。因此,该阶层具有区别于传统中产阶级的社会经济特征。虽然巴西新中产阶级家庭在 21 世纪前十年里积累了经济资本,但他们在经济上依然具有脆弱性。这些家庭将投资子女教育作为一种长期的风险抵御机制,防止家庭重回贫困状态。同时,有限的经济资本制约了该阶层的教育选择,他们更加注重教育的象征意义而非教育质量,选择基础教育阶段学校和高等教育机构时都受到家庭经济条件的制约。

一 经济脆弱性:作为风险抵御机制的教育

从本书所收集的来自巴西圣保罗市四所大学新中产阶级学生的家庭状况数据来看,这些被定义为"新中产阶级"的 C 阶层家庭确实大多依然是社会学意义上的工人阶级,另有一部分属于下层中产阶级。虽然他们在过去十几年里家庭经济收入有所增长,但仍具有重回贫困的风险。事实上,从巴西自 2014 年开始经历经济危机起,一定数量的巴西新中产阶级家庭就滑落回社会底层的 D 阶层和 E 阶层。统计数据显示,社会收入最底端两个阶层的比例由 2013 年的 26.6% 上升到 2017 年的 28.5%,而这一增幅在巴西东南部地区达到 4.6%,该地区也是新中产阶级人口最为集中的区域。[1] 这也意味着有相近比例的巴西新中产阶级降落到了社会收入的最底层。

巴西新中产阶级的这种经济脆弱性与其教育水平和职业类型直接相关。巴西政府在 2012 年开展的调查显示,巴西新中产阶级家庭的一家之主在受教育程度方面整体偏低,其中 51% 的人没有上过学或没有完成初等教育,31% 的人有一定的高中教育经历(包括肄业和退学的情况),而有大学教育经历的人仅占 7%(包括肄业和退学的情况)。[2] 大

---

[1] Associação Brasileira de Empresas de Pesquisa (ABEP), "Critério de Classificação Econômica Brasil", http://www.abep.org/criterio-brasil, 访问日期: 2018 年 5 月 2 日。

[2] Brasil, *Vozes da Classe Média*, Brasília: Secretaria de Assuntos Estratégicos, 2012, p.20.

第四章 资本结构：三种资本的匮乏

多数新中产阶级不像传统中产阶级那样在公共部门或私营领域担任较为稳定的高级别职务，他们的工作通常是职业分类中较为基础的岗位，对技能和学历资格的要求低，因此更加容易受宏观经济环境和其他外部因素的影响。大部分新中产阶级民众的劳动条件艰苦，每天需要工作很长时间，有些人还需要同时打多份工以增加收入。该份政府调查报告还显示，虽然新中产阶级中有约60%的劳动适龄人口在2012年都活跃于就业市场，但其中约44%的人从事非正式工作，不享有劳动法的保护。① 在2014年经济危机爆发后，巴西失业率由2014年的6.8%上升为2017年的12.7%，达到约1230万人。② 同年的另一份调查显示，全国失业者中95%的人属于CCEB社会分层的C、D和E阶层。③

许多新中产阶级受访学生的父母是来自巴西东北部较为贫穷的内陆地区的第一代或第二代移民，来到就业机会更多的东南部大城市谋生。他们来到圣保罗后从事不需要技术或技术含量低的体力工作或服务行业工作，如建筑工人、清洁工、司机、保安、服务员等。这些低技术含量职业的可替代性高，失业风险高，因此家庭经济来源十分不稳定。

典型的例子是FGV混血男生William的父母，他们都只有小学历，父亲来自东北部的伯南布哥州（Pernambuco），母亲来自同样属于东北部的巴伊亚州（Bahia）。与圣保罗市所在的东南部地区相比，巴西的东北部经济发展较为滞后。William在访谈中说道：

> 他们十七八岁就来圣保罗工作了。我妈妈如今是家庭主妇，但之前是家政工，也在工厂里做过操作员。我爸爸做了十年的清洁

---

① Brasil, *Vozes da Classe Média*, Brasília: Secretaria de Assuntos Estratégicos, 2012, pp. 20-21.
② 数据来源：巴西国家地理统计局（Instituto Brasileiro de Geografia e Estatística, IBGE）。
③ Confederação Nacional de Dirigentes Lojistas, "Tempo MéDio de Desemprego no PaíS Já Dura Um Ano E Dois Meses, Revela Pesquisa do Spc Brasil E CNDL", 20 fev, 2018, http：//site.cndl.org.br/tempo-medio-de-desemprego-no-pais-ja-dura-um-ano-e-dois-meses-revela-pesquisa-do-spc-brasil-e-cndl/，访问日期：2018年10月5日。

工,如今是门卫,夜里上班,虽然已经退休了,但是还在工作。

(20161027,025 William,FGV,EAESP)

巴西新中产阶级包括一部分教育水平和职业状况更好的下层中产阶级家庭。这些家庭的父母拥有高中或大学的教育经历,职业类型包括拥有自己生意的小业主、商店销售员或接待员、办公室基础岗位职员、医院或其他技术岗位的助理、公立学校教师等。这些下层中产阶级的家庭同样受到经济脆弱性的威胁,其原因包括经济危机影响下的收入锐减或裁员、疾病或其他变故造成的收入损失、家庭结构变化导致的收入减少等。

FMU 白人女生 Tania 的父母在当地社区拥有一家卖建筑材料的小店,由于近几年的经济危机,目前家庭月收入不到 2000 雷亚尔。USP 白人女生 Laura 的父亲拥有大学学历,曾担任企业管理人员;母亲高中毕业并上了技术课程,是护士助理。然而在她六岁时,父亲创业失败导致巨额负债,至今仍在还债过程中。大多数受访学生的母亲在生育孩子后都停止外出工作,在家照看子女,偶尔做一些手工零活,这也导致了家庭收入的直接减少。FGV 白人女生 Carla 的父母都曾在公立大学就读,母亲生了她之后就当家庭主妇;父亲同时在两所公立学校工作,有一阵子上午、下午和晚上都要上课,十分辛苦。

与受教育程度更高的下层中产阶级相比,占 C 阶层更大比例的工人阶级在家庭结构方面更不稳定,更容易导致离婚或家庭冲突的现象。近一半的 USP 和 FGV 受访学生经历了父母离异或从小由单亲抚养的情况,FMU 和 UNIP 的受访学生中这一比例占四分之一。巴西作为一个天主教国家,离婚却是比较普遍的现象。子女在离婚后大多由母亲抚养,这一比例在巴西超过了 80%,父亲则支付一定的抚养费。在低社经地位阶层之中,离婚后父亲支付的子女抚养费数额很小,而且很多父亲因失业或其他个人问题停止支付抚养费,由此造成单身母亲经济压力的增加。大部分离异的父母都重组家庭,生育更多子女,抚养子女的经济负担也相应加重。USP 混血男生 Gomes 的家庭经历尤其体现了这一现象，他说道：

> 我只有妈妈，从来不认识爸爸，他们在我出生前就分开了。妈妈以前是家政女工，现在处于失业状态。她一直比较注重照顾我们，我的两个姐姐跟我是同母异父，所以姐姐的父亲会给抚养费。我亲生父亲从来没有在经济上帮助过我们，我甚至不认识他……我们之前在市中心的住所归姐姐的爸爸所有，后来他把我们赶了出来，我们就搬到了南部的伊皮兰加区（Ipiranga）。我妈妈从此之后就有些精神问题。
>
> （20161101，041 Gomes，USP，POLI）

巴西新中产阶级家庭在经济上的脆弱性直接影响了父母对子女的教育态度和投资力度。该阶层父母在自身经历经济向上流动的过程中体会到了教育水平对提高工作收入的重要性。他们因此将投资子女教育作为一种长期的风险抵御机制，防止家庭重回贫困状态。

四所大学的受访学生都提到了他们父母对于子女教育的重视。经济上的不安全性使该阶层的父母认识到了教育的重要性，具体而言是教育水平的提高对于取得收入更高、职位更稳定工作的积极作用。典型工人阶级家庭出身的 USP 白人男生 Leo 在访谈中提到了母亲对教育的重视：

> 妈妈非常重视我和妹妹的学习，虽然她只上学到四年级。她是从东北部塞阿拉州（Ceará）来到圣保罗谋生的，对学习这方面的事情不太懂，但同时她知道学习是人们应该遵循的路径，因此她一直鼓励我。妈妈并没有直接指导我们具体的题目怎么做，我和妹妹两个人互相帮助，但妈妈始终都鼓励我们学习。
>
> （20161118，054 Leo，USP，POLI）

家庭经济状况直接催生了巴西新中产阶级学生的高等教育抱负。四所大学的受访学生都提到，激励他们上大学的初始动因是想获得更好的职业，改善家庭的生活状况。USP 黑人女生 Adriana 由单身母亲抚养长大，母亲曾担任家政女工，生育子女后便靠在家做针线活和美甲工作为生。Adriana 说道：

> 我是家里唯一一个上大学的孩子，一直喜欢学习。我们家的经济条件不好，工作时间很长但挣得很少，所以要寻找更好的机会，至少要上大学……我想上大学并能从事更好的职业是受妈妈的影响……她生了我们之后跟我爸分开，后来一直独自抚养我们三个孩子，非常辛苦。如果她有一个专业性更强的工作，应该会更轻松一些。她因此一直鼓励我们要好好学习，拥有更好的职业和生活，不要像她那样。

（20160517，003 Adriana，USP，POLI）

许多受访学生在选择大学专业时也考虑到该专业的就业前景及其能为家庭带来的经济收益。工程学和管理学都是受低社经地位学生欢迎的专业。在巴西，竞争最激烈的大学专业包括医学、工程和法律，主要是因为这几个专业未来职业的收入高且具有一定的社会声望和地位；而管理专业受欢迎是因为其就业前景好，任何公司或机构都需要管理方面的人才。混血男生 Renato 在就读于 FMU 土木工程专业前还上过另外两所普通私立大学所开设的放射学课程及数学专业的高等技术课程，后来由于失业没法继续支付学费而停学。他目前有 FMU 的 PROUNI 全额奖学金，他说到了自己选择土木工程专业的原因：

> 在选择有奖学金的专业时，我就想着要去最好的专业，就是土木工程。我爸爸是泥水匠，我大致知道土木工程是什么，而且这个专业毕业后的前景也不错，我可以在经济上帮衬家里。父母

老了，我要帮助他们。

（20161117，048 Renato，FMU，Liberdade）

土木工程和电子工程专业相对而言吸引了更多低社经地位的学生，因为他们更容易在日常生活和工作中看到这两个专业的实用性。这样的实用性目的也体现在许多低社经地位学生选择管理学专业的原因上。FGV公司管理专业的白人女生Carla谈道：

我不知道自己到底要干什么，所以选择学管理专业，因为学管理可以从事很多不同的领域，所有领域都需要管理专业的人才……父母抚养我长大，对我影响很大。其实我选择FGV的公司管理专业也跟这个有关，因为我家没钱，所以我先要赚钱。

（20161114，044 Carla，FGV，Starbucks Café，Avenida Paulista）

二 教育选择：来自经济条件的制约

巴西新中产阶级家庭的经济脆弱性催生了父母对子女教育的重视，促使子女追求比父母更好的教育机会和更长的教育年限，但另外，家庭经济条件的劣势也制约着他们的教育选择。

虽然认识到了教育对于获得好工作的重要性，但巴西新中产阶级中的大部分工人阶级家庭父母没有经济能力为子女支付基础教育阶段私立学校的教育费用，子女只能上教学质量较差的社区公立学校。在所有受访学生中，基础教育阶段上私立学校的学生占少数，而且多出身于文化和社会资本更高的下层中产阶级家庭，而工人阶级家庭的子女普遍都曾就读于公立学校。在生存需求被摆在首位的情况下，许多工人阶级父母并没有意识到要更多投资子女的基础教育，而是认为只要顺利高中毕业拿到文凭、找到较好的工作就可以了。他们更加注重教育的象征意义，而非教育质量。与此形成对比的是，具有大学学历的下层中产阶级父母拥有更多文化资本,也更加了解教育对于子女前途的影响,因此他们一方面控制子女数量,另一方面将有限的经济资本投入对子女的教育;即使无法为孩子支付私立学校的费用,他们也努力寻找教学质量更好的公立学校或争取私立学校的奖学金。

家庭经济脆弱性还影响父母对于子女就读学校的选择。

一方面,有限的经济能力限制了子女去位于离家更远地区的学校上学的可能性,通勤的交通费用对于大多数新中产阶级家庭而言是一笔不小的开支。FGV 混血男生 Jorge 在五年级时就读于一所离家较远、位置更靠近城市中心、教学质量更好的公立学校,但因担任出租车司机的父亲遇到了经济困难而无法支付他每天上学的校车费,Jorge 因此转学到家附近的、教学质量差一些的公立学校。

另一方面,经济脆弱性使得家庭主义的传统在巴西新中产阶级中更加突出。这些家庭通常更需要家庭成员之间的团结互助来防止经济危机所带来的威胁,同时多成员聚居也可以降低生活成本,家庭关系因此更加紧密。许多父母不愿子女去离家远的学校上学,也与这种希望家庭成员都能生活在彼此可照应范围内的家庭主义价值观有关。因此,重视子女教育的巴西新中产阶级家庭父母选择在家附近社区内为子女寻找教育质量稍好的公立学校,而不是送子女去社经地位更高、离家更远的社区上教学质量更好的学校。USP 黑人女生 Luana 在获得了位于圣保罗市西部富人区的公立技术高中的入学机会后,她的父母却因为单程路途要花一个多小时而不愿女儿去这所有名的公立技术高中学习,最后因她的坚持才得以去那里学习。

受家庭经济条件的约束,四所大学的受访学生在选择大学时都提到了对上大学成本的考虑,其中包括学费以及生活和交通成本。普通私立大学 FMU、UNIP 两校的大多数受访学生需要自付学费,他们的择校决策都是综合考虑了大学机构的每月学费、离家或工作地点的距离,以及在此两者因素前提下的课程质量。少数学生本可以利用 ENEM 成绩申请外地的联邦公立大学,但他们都不想离开圣保罗,因为家里没有经济条件支持他们在外地的生活；虽然联邦公立大学有相应的对低收入学生的经济补助，但公立系统的官僚手续可能导致补助推迟；而且他们对于去外地上学有不安全感，受家庭主义的影响他们希望离家人更近。

同样，两所精英大学的巴西新中产阶级受访学生在做高校选择时也受到家庭经济条件的制约。他们在选择大学时首先考虑的是免费的公立大学，选择私立精英大学 FGV 的学生是在得知有奖学金机会的情况下才做出如此选择；USP 和 FGV 两校的大多数受访学生也不愿去外地的公立大学上学，即使许多人同时通过了其他公立大学的入学考试。

除了上大学的直接经济成本外，损失收入的机会成本也影响着巴西新中产阶级学生的大学选择，更是两所精英大学的受访学生做出与两所普通私立大学学生不同决策的重要因素。同样属于低社经地位阶层家庭的子女，两所精英大学的受访学生之所以愿意或能够承担就读全日制大学所造成的损失收入的机会成本，并不是他们没有从经济角度做出理性选择，而是他们重视长期利益甚于短期利益。USP 和 FGV 两校的受访学生更加清晰地认识到了上一所精英大学未来会带来更好的收益，因此在衡量现实和未来收益的时候偏重于长期的、更大的收益。

第二节　文化资本：以工作价值为导向的教育目标

巴西新中产阶级在 21 世纪初的十年里不断积累经济资本，但其资本结构中的文化资本没有相应增加。从本书对文化资本定义的内化和外化两种形式考量，该阶层在对教育的态度、对教育的价值认同、教育活动和教育文凭等方面并没有根本变化。新中产阶级父母提高了对子女教育的重视度，但认为工作高于学习，学习要以服务于工作为目的，对子女教育活动和文凭的要求也以找到更高收入的工作为导向。

重视工作甚于学习的文化在很大程度上限制了大部分巴西新中产阶级学生形成更远大的教育抱负。在这种文化的影响下，巴西新中产阶级学生的教育目标往往都是为了与工作的现实相对接，或者说是以工作的现实来定义教育目标。工作实践在他们的日常生活中普遍存在，许多学生在年满 14 周岁后就开始一边工作一边学习；工作实践的意义不只在于满足经济需求，而且与其所象征的经济自主权、远离犯罪的形象和勤奋努力的精神相关。该阶层学生的家庭、学校和社区等结构内存在着系统性的对学习文化的轻视。与促进青少年就业相关的公共政策进一步促进了重视工作甚于学习的文化在低社经地位阶层中的固化。

一 肯定个人劳动：普遍存在的工作实践

巴西新中产阶级的经济向上流动伴随着收入的增加与消费能力的提高。21 世纪的前十年里，该阶层在全国居民消费支出中的比例由 25.8% 上升到 44.3%。[①] 消费能力提升对巴西新中产阶级而言具有重要的象征意义，他们希望以此将自己区别于同一社区内没有实现经济跃升的其他低社经地位阶层，渴望通过物质消费向真正的中产阶级靠近。个人产品、家用电器、汽车、房屋等成为巴西新中产阶级的主要消费品，在提高家庭生活舒适度的同时彰显身份。[②]

与此同时，该阶层也认识到消费带来的赋权并不等同于真正的中产阶级身份，也不保证他们不会重新回到贫困状态。[③] 为了维持并提高消费能力，巴西新中产阶级在理性、有计划地进行消费的同时，注重通过个人努力劳动实现经济资本的持续积累。他们将经济跃升归因于家庭及个人的辛勤劳动，并上升到"英才主义"的象征意义，认为个人努力工作是维持并进一步改善生活的最重要方式。

事实上，最底层民众生活状况的整体改善及其消费能力的提升主要

[①] Sâmara B. Macedo, Aline P. Sales and Daniel C. Rezende, "O Perfil da Nova Classe Média e a Influência do Capital Cultural", *Revista Pensamento Contemporâneo em Administração*, Vol. 8, No. 4, 2014, pp. 48-64.

[②] Marina de M. Souza, *Nova Classe Média em Juiz de Fora: Estilo de Vida, Consumo e Uso Simbólico dos Bens*, Ph. D. diss, Universidade Federal de Juiz de Fora, 2016, p. 185.

[③] Luís F. Saraiva, Joyce C. Rezende, João V. Reis et al., "A Nova Classe Média: Repercussões Psicossociais em Famílias Brasileiras", *Psicologia USP*, Vol. 26, No. 1, 2015, pp. 52-61.

与劳工党政府执政期间宏观经济的增长有关,由此创造了大量的工作岗位,而劳工党政府实行的减少贫困和不平等的社会政策进一步加剧了低社经地位阶层的经济跃升趋势。然而,巴西新中产阶级民众并不能将宏大的政治框架与自己的经济跃升相联系;对他们而言,依靠个人辛勤工作获得工资收入是实现经济向上流动的最直接、最显性原因。许多家庭曾是政府公共现金转移项目的扶持对象,此后通过参与就业市场而获得更多劳动收入,逐渐退出补助项目。在此过程中,这部分民众加强了对个人能力和努力的肯定,减少了对政府扶持和帮助的期待。① 与传统中产阶级多在公共部门任职所不同的是,巴西新中产阶级并不渴望获得公职。超过60%的巴西新中产阶级希望能够自主创业,拥有自己的生意。②

本书的访谈资料显示,重视工作的文化在受访的巴西新中产阶级学生中普遍存在。这种文化深刻存在于家庭与社区,融入并贯穿于日常生活实践。工作在实践中的意义不只是满足经济需求,也与其象征意义有关,即与此联系在一起的个人经济自主权、不参与犯罪活动的"正经"形象以及勤奋努力的精神。

在巴西许多新中产阶级家庭中,子女从十四五岁就开始工作,增加收入,以缓解家庭经济紧张的状况。例如,USP混血男生Gomes从15岁开始在麦当劳打工,因为母亲当时失业,他与两个姐姐就需要工作来承担日常开支。然而,在大学前有过工作经验的USP和FGV两所精英大学的12名受访学生中,只有2人是因为家庭经济需要而在高中就开始工作;FMU和UNIP两校学生中有11人在大学前有过工作经验,其中也只有2人是出于帮衬家庭的目的。

大多数学生工作是为了获得一定的经济独立,以减少父母投入自己身上的经费,或满足自己对物质的需求。在家庭经济条件受限制的情况

---

① Luís G. Barrucho, "Lamounier: A Classe C Quer Muito Mais", *Veja*, 19 fev, 2010, https://veja.abril.com.br/brasil/lamounier-a-classe-c-quer-muito-mais/,访问日期:2018年5月8日。
② André R. Salata, "Quem é Classe Média No Brasil? Um Estudo Sobre Identidades de Classe", *Dados*, Vol. 58, No. 1, 2015, pp. 111–149.

下，多一份工作收入就能在一定程度上减轻经济负担。值得注意的是，这种通过工作获得一定程度的经济独立的想法非常普遍，根植于巴西新中产阶级的家庭和社区文化。FGV 混血男生 William 从高二开始通过针对 14 岁以上青少年的企业实习与培训项目"少年学徒"（Jovem Aprendiz）正式工作，他说道：

> 我得知并参与"少年学徒"项目是因为所在的公立高中里大家互相之间都会说起，所有人大概到高三的时候都在工作。而且我很早就开始在水果摊打工了……每天 80 雷亚尔，也能贴补一下自己的日常花销，不能一直向妈妈要钱。【是你父母说你得工作，还是你自己觉得要去工作？】两者都有。他们说了一些类似的话，因为我哥哥一直都在工作。妈妈说让我工作，但也让我学习，我爸也是如此。他们所说的学习其实就是希望我完成高中学业，并不是上大学。我父母不知道什么是 USP，他们从东北部来的，文化程度不高，没有途径获取相关信息。对我而言，十五六岁时想要有自己的钱去买吃的、穿的和玩的，不能一直向妈妈要……像我们这样特征的孩子到了这个年龄犯罪率也大大提升，因为十六七岁的青少年看到了外面的世界，看到别人有而自己没有，所以要么工作要么去抢劫。这是非常头疼的问题。
>
> （20161027，025 William，FGV，EAESP）

William 的叙述不仅体现了低社经地位阶层社区内青少年对于物质和经济独立的强烈渴望，同时也反映出城市边缘地带社区青少年成长环境的险恶，他们很容易受到暴力、毒品等的影响而进入"犯罪世界"。经济困难很多时候是犯罪的动因，因此通过工作而合法获得收入实际上是避免进入"犯罪世界"的重要途径。工作之所以得到低社经地位阶层的重视，不仅在于其提供的经济回报有助于缓解家庭经济负担，而且与其所象征的"避免走入歧途"的意义有关。

另外，家庭与社区既有的实践以及同伴影响也促使巴西新中产阶级青少年到了一定年纪后进入就业市场。这些学生的父母以及社区里的人都是从很小的年纪就开始工作，并通过辛勤劳动获得了如今较好的生活。经济状况的脆弱性和不稳定性促使该阶层非常注重工作带来的收益及安全感。USP 白人男生 Diego 从高中就开始工作，之后为了专心上高考辅导班而停止工作，这个决定最初遭到了父母的反对。他说：

> 父母给了我压力让我重新工作，尤其是我妈妈，但并不是因为家里缺钱。我那时候工作攒的钱并不用来贴补家用，因为钱也不多，后来工作转正后赚得多一点，其中一小部分用来帮衬家里。妈妈想让我继续工作，是觉得光学习不工作是不行的，因为她以及其他的家人都是通过一直工作而获得了必要的生活用品。学习是好的，但是工作更好。他们的生活就是如此，都是从东北部来的移民。我妈妈从 9 岁开始工作，因此认为必须一直工作。
>
> （20161122，062 Diego，USP，POLI）

社区同龄人也是普遍很早就开始工作，有自己独立的收入可以购买想要的消费品。在与同龄人频繁的互动中，巴西新中产阶级学生自然地受到了这种实践和价值观的影响，重视短期物质利益所带来的消费满足。FGV 白人女生 Grace 在初等教育结束的八年级时已经想要工作了，当时还通过"少年学徒"项目参加了一家公司的选拔程序，因后来通过了公立技术高中的入学考试且上课时间与工作时间冲突而选择了只学习不工作。她提起初等教育阶段的同学时说：

> 我初等教育阶段的大多数同学都在工作，我想除了我和另一个女孩正在上大学外，其他人都在工作，很少人在上大学，因为在那里（学校）我们没有好的条件，所以之后高中阶段上技术高中或私立高中的人才有机会进入大学学习。而且那时候的同学很重视

钱，认为能有钱买舞厅的门票就很骄傲，他们认为首要的是这件事。

（20160831，013 Grace，FGV，EAESP）

FMU白人女生Tania从14岁就开始照看社区内一门信息课程的电脑机房，之后就没有停止过工作。她说道：

一旦你开始工作，就不想停下来，因为你想要赚钱，同时积攒工作经验。如今找工作更难了，而且必须有正式工作证。

（20161117，052 Tania，FMU，Liberdade）

在这样的家庭和社区氛围下，工作被视为值得骄傲的事情，是应该被肯定的美德。对巴西新中产阶级而言，他们所做的大部分工作可替代性高，能找到工作并留在工作岗位上就已经很不容易，这意味着生存可以得到保障，工作的重要性由此显现。

二 轻视学习价值：教育的工具性目的

与重视工作的文化相伴而生的，是巴西新中产阶级学生在家庭、社区、学校等结构中所深刻体验到的对学习的轻视。学习只是该阶层学生获得比父母更好的工作的一种方式，学习本身的价值没有得到认同。

与高社经地位学生拥有的良好学习环境与学习激励相比，巴西新中产阶级的学生遇到了系统性、全方位的对学习实践的阻碍。FGV男生William在进入精英大学后对比自己与周围高社经地位阶层同学的人生发展轨迹，进行了这样的思考：

我从高二起白天工作，通过"少年学徒"项目，在离家很远的地方上班……下班后去学校上课就很累了，晚上七至九点上课，周三不去上课，因为物理课和化学课都缺老师。"少年学徒"项目的好处就是提供一些收入。那时我需要通过工作在经济上帮助我妈妈。但是高中生工作的话,怎么准备大学入学考试?15岁就需要工作是非常荒唐的事,这个年纪应该学习。我虽然赚了钱,但也错过了很多东西,比如体育、艺术、戏剧等,而这些都是人生发展所需要了解的,我却没有时间学习。那些私立高中毕业的学生都上过这些课。

（20161027,025 William,FGV,EAESP）

从家庭层面来看,四所大学受访学生的父母大多表现出对子女教育的重视。与一些具有大学学历的下层中产阶级受访学生父母对子女所抱有的"上一所好大学"的教育期望相比,工人阶级父母并没有同等的认知。他们重视教育,但是教育的目的是服务于工作。包括FMU和UNIP受访学生父母在内的许多家长不允许子女在高中阶段工作,要求子女专心学习,其目的并不是追求好的学业成绩,而是确保拿到高中文凭;更理想的情况是子女在高中毕业后可以顺利进入一所私立大学,一边学习一边工作。UNIP男生Lino的父母是有一定技术的有高中文凭的工人阶级,他们对于孩子的期待也是在高中毕业后进入就业市场。Lino高中毕业后因需要支付大学学费而开始工作,他说:

我17岁高中最后一年才开始感觉要对自己的未来负责,因为父母跟我说马上要毕业了,要开始帮衬家里了。高二之前他们一直说我只需要学习,不用考虑工作,但是高三他们就说我需要想着未来的职业了……我高中毕业后上了六个月辅导班,主要是补数学、理科方面的课程……要进入好的大学仅仅补课六个月是不够的,需要花更多时间。受到来自同伴、老师和社会的压力,我做出了选择,但不后悔。

（20160919,021 Lino,UNIP,Santo Amaro）

Lino 所提到的"同伴、老师和社会的压力"就是大多数该阶层学生在家庭和社区内所遇到的"工作高于学习"的文化。成年或高中毕业后，巴西新中产阶级学生在他们所处的社会网络中得到的认知就是应该进入就业市场，不可以只专注学习，因此上一所全日制大学是不被理解的。USP 黑人男生 Renan 描述了家人对他上全日制精英大学的不理解：

> 我与我的家人抗争，因为他们不明白我为什么要上一所公立大学。他们支持我上 COTUCA①，因为这是最好的公立高中，但是他们对我的预期是一边上私立大学一边工作。我的父母重视孩子们的教育，但不理解我为什么要上精英大学 USP，他们觉得能上一所普通的大学就已经很好了。
>
> （20161109，033 Renan，USP，POLI）

除了学习的工具性目的外，巴西新中产阶级学生的父母没有阅读习惯，家里没有良好的学习环境。这种情况在属于工人阶级的学生家庭中更加普遍。家庭文化资本的缺乏很多时候无法在学校结构内得到补足，因为大多数该阶层学生在基础教育阶段上的是社区内教育质量一般的公立学校，学习文化在学校里也存在缺失的现象。这类社区普通公立学校的学生大多来自同一社区或邻近社区的低社经地位阶层家庭，没有从家庭得到足够的学习激励，轻视学习，在很多情况下认为爱学习是一件可笑或可耻的事情。社区普通公立学校内的老师对教学普遍不上心，也从该阶层学生的实际情况出发认为工作对他们而言是更好的选择。

FGV 男生 William 在基础教育阶段就读于家附近的社区普通公立学校，而且成绩不算好。他提到了那时候自己不爱学习或掩藏学习意图的

---

① 坎皮纳斯技术学校（Colégio Técnico de Campinas）的简称，位于圣保罗州坎皮纳斯市。这是隶属于巴西最顶尖公立大学之一的坎皮纳斯州立大学（Universidade Estadual de Campinas）的技术学校，同时提供技术课程和高中课程，入学考试竞争十分激烈。

原因：

> 公立学校从初等教育阶段开始就没有强调学习的重要性，因为大家讲得非常多的是工作市场。所以你不会停止工作，只为去准备考一所 USP 那样的精英大学……而且有一种轻视学习的文化，我那时虽然成绩不好，但意识到说爱学习是令人觉得羞耻的事。比如我喜欢写诗，但是我不会告诉别人，因为周围没人做这种事。在这样一种文化氛围下，我有时候会掩藏自己。事实上是不应该存在这种事情的。对比私立学校，他们有竞争，看谁学得多，看谁成绩好。但是在州立学校，你爱学习的话就有人欺负你。怎么回事？非常疯狂。

（20161027，025 William，FGV，EAESP）

在这种系统性缺失学习文化的环境里，巴西新中产阶级的学生在家庭、学校和社区等结构内很少遇到热爱学习的榜样。对他们而言，高中毕业后开始工作或一边上普通私立大学一边工作是更"正常"的发展路径。FGV 女生 Dina 与 William 一样，在基础教育阶段上的都是社区普通公立学校，她在访谈中说：

> 我们有很多同学高二就开始工作了，是另外一个现实。所以在这样一个环境中考虑上大学是很难的事情，因为你身边的同学、你的邻居、你家里的人都不是那么注重学习的人。有些父母会说让孩子好好学习，但是是以常识的形式说的，"你要学习，以后才能成为人物"。在我们的现实中，从来没有看到谁努力学习然后生活非常好的例子。所以你努力学习的话，周围社交圈里的人都会觉得你疯了。

（20161215，072 Dina，FGV，EAESP）

三 文化制度化：促进就业的公共政策

文化的形成是与巴西新中产阶级所面临的客观现实相关的，客观现实又是制度设计的结果。巴西政府在针对低社经地位阶层青少年的教育政策中体现了明显的职业技术教育倾向，侧重培养该阶层学生的劳动技能，以便他们能顺利进入就业市场。鼓励低社经地位阶层学生半工半读的"少年学徒"实习项目更体现了这一政策倾向。

基于重视工作的社区文化，专门培训某项劳动技能的技术课程在巴西新中产阶级社区十分盛行，提供此类课程的机构包括私营部门、公共部门和非营利性组织等。

巴西新中产阶级社区有许多私人开设的短期付费技能培训课程，以信息技术和英语课程为主，紧密围绕就业需求。许多受访学生的父母虽然经济紧张，但依然愿意支付孩子上此类课程的学费，希望孩子可以获得这些实用性的技能，之后更容易找到工作。与高社经地位家长花钱让子女上补习班或辅导班不同的是，前者是为了提高子女的学业成绩，而低社经地位家长支付短期培训课程的学费是为了让子女更好地就业。许多学生在初等教育或中等教育阶段都上过这类课程。普通公立学校大多数设有信息技术和英语课，但是教学质量普遍低下，学生无法掌握基本技能。

高等职业技术课程以外的提供资格证书的正规技术课程主要分为两类，一类是2—6个月的短期职业资格课程，另一类是一年以上的中等职业技术课程。中等职业技术课程又包括三种形式：一是与高中课程相融合的技术课程，包括需要参加入学考试的公立技术高中以及没有选拔程序的付费私立技术高中；二是单独开设的技术课程，学生在上高二或高三时可以申请，公立和私立技术高中一般都设有这样的课程，需要参加选拔程序；三是针对高中毕业生的中等职业技术课程。这两类职业技术课程是巴西培养具有一定技能的基础性劳动力的主要形式。

政府大力介入技术课程的普及，除了直接开设公立技术学校外，还

第四章 资本结构：三种资本的匮乏

通过公私合营、提供私立技术学校的奖学金机会等方式支持低社经地位阶层学生接受职业技术教育。巴西联邦政府教育部于 2011 年专门设立了"国家技术教育与就业"项目（Programa Nacional de Acessoao Ensino Técnico e Emprego, Pronatec），旨在扩大公立职业技术教育并提供私立职业技术教育机构的奖学金名额，使职业技术教育更加普遍化、内陆化与民主化。该项目的倡议主要包括扩大联邦政府提供的职业、科学与技术教育；增加州政府支持的技术学校的数量，并改善其教学条件与设备；加强并拓展远程职业技术课程的教学；与各行业协会下属的"全国学习培训服务"（Serviço Nacional de Aprendizagem）系统达成协议，增加免费技术课程的数量；提供私立职业技术学校的全额或部分奖学金机会。[①] Pronatec 针对的主要对象是公立高中的在读学生，还包括公立高中毕业生、已就业的劳动者、联邦现金转移支付项目的受益者等。这些人大多属于低社经地位阶层，渴望通过技术课程掌握一定技能以顺利进入就业市场，因此技术课程在这一阶层中十分受欢迎。

公立技术学校因免学费而受到低社经地位阶层的欢迎，巴西各级政府也积极宣传并推广职业技术教育。在 Pronatec 实施之前，联邦政府在 2007 年制定的法案[②]推出了"职业巴西"（Brasil Profissionalizado）项目，主要针对州政府一级的中等职业技术教育，旨在增加州立中等职业技术教育的入学名额，改善硬件教学设施并提高教学水平，尤其侧重于与高中课程相融合的中等职业技术教育。

在研究所涉及的圣保罗州，除了联邦政府扩展职业技术教育的努力之外，州政府的经济、科学与技术发展厅（Secretaria de Desenvolvimento Econômico, Ciência e Tecnologia）下设拥有自主权的州立技术教育中心（Centro Estadual de Educação Tecnológica Paula Souza, CEETEPS），管理全州的 220 家州立技术高中（Escolas Técnicas

---

[①] 引用自巴西教育部网站的介绍，http://portal.mec.gov.br/pronatec。
[②] 详见 2007 年第 6302 号法案，http://www.planalto.gov.br/ccivil_03/_Ato2007-2010/2007/Decreto/D6302.htm。

Estaduais，ETEC）以及 66 家高等职业技术教育学院（Faculdades de Tecnologia，FATEC）。作为巴西工业发展的中心，CEETEPS 创办于巴西军政府独裁时期（1964—1985 年）工业迅猛发展之时，初期只有高等职业技术课程，之后不断扩大中等职业技术教育，在全州的 160 多个城市都设有 ETEC。这些 ETEC 不仅提供单独的中等职业技术课程，而且大多数也提供单独的高中课程或与技术课程相融合的高中课程。ETEC 与大多数由州教育厅所管辖的普通公立高中相比教学质量更好，因为其拥有相对更多的资金支持，师资和设施更好，并且设有选拔程序，学生的学业水平也更高。然而大多数低社经地位阶层人群对于 ETEC 的认知仅限于其技术课程，不了解其教学质量相对高于普通公立高中的高中课程。这一方面受制于信息的不全面性，另一方面与 ETEC 以技术课程为主的定位有关。

与 ETEC 技术课程"竞争"的私立技术课程中，最知名、影响力最广的要属全国工业学习培训服务（Serviço Nacional de Aprendizagem Industrial，SENAI）的各类课程。SENAI 是"全国学习培训服务"系统的一部分，其他类似机构还包括商业、农业、交通等不同行业的教育机构。"全国学习培训服务"系统是巴西各个行业工会下设的非营利性组织，旨在为行业工人及其子弟提供教育培训、文化娱乐活动、健康服务和工作支持等。这一系统虽然属于私立性质，有完全自主权，但在一定程度上可被视为"半公立"，得益于公共政策的支持。这是因为该系统下属 9 个机构的运营资金来源于联邦政府财政部的税收退款。例如，工业行业的企业税收中有 1% 退回给 SENAI，另 1.5% 退回给同属于工业工会支持的"工业社会服务"（Serviço Social da Indústria）机构；商业行业的企业税收中有 1.5% 退回给"商业社会服务"（Serviço Social do Comércio）机构。

SENAI 是"全国学习培训服务"系统教育组织的代表，是巴西工业联合会（Confederação Nacional da Indústria）下设的私立非营利性职业教育机构，提供免费的短期技能培训课程和中等职业技术课程、付费的高等职业技术课程和学士后课程等，旨在通过人力资源培训和技术课程服务为联合会所覆盖的 28 个不同工业行业提供支持。SENAI 的学校广泛分布于巴西全国各地，在 2700 多个城市都有教学点，自 1942 年成立以来已培训了超过 647 万名劳动者。① 许多受访学生都在初等教育或中等教育阶段上过 SENAI 提供的短期免费课程，其中包括信息技术、英语、人力资源、行政管理等实用性非常强的课程；还有学生在高中阶段或高中毕业后上过 SENAI 提供的 2 年制中等职业技术课程。其中的中等职业技术教育课程都需要通过入学考试才能进入。SENAI 在 2018 年以前不设高中课程，因此学生一般在另外一所学校上高中课程。UNIP 白人女生 Lorena 出身于典型工人阶级家庭，在高中阶段上了多门 SENAI 的免费课程。她说道：

> 我父母一直很宠我。高中毕业后我自己想要工作。高中三年我一直在上不同的职业课程，是 SENAI 提供的各种六个月免费课程。我上了两门与行政管理相关的课程，还上过信息技术、活动组织、厨艺等课程。我知道 SENAI 的课程是因为我表哥之前在那里上课，然后我爸爸努力让我去那里上免费的课。
>
> （20161110，037 Lorena，UNIP，Santo Amaro）

家庭和社区重视工作的文化鼓励巴西新中产阶级学生去上技术课程。他们不仅通过家人、亲属和社区熟人得知技术课程，而且也能通过公立学校的老师和同学获得相关信息，电视、广告牌和互联网等媒体也是技术课程的重要宣传工具。此外，作为第三部门的许多非营利性组织也进驻了低社经地位社区，不仅提供信息技术、英语等实用性技能课程，而且有非营利性组织专门提供与求职相关的课程，指导青少年如何找到感兴趣的工作领域、了解与该领域相关的知识以及学习面试技

---

① 数据来源于 SENAI 官方网站，http://www.portaldaindustria.com.br/senai/institucional/o-que-e-o-senai/。

巧等。

　　这些非营利性组织所开办的求职培训课程再次与政府的公共政策相关，这就是"少年学徒"项目。在巴西恢复民主后的 1988 年宪法中就为 14 周岁以上的未成年人提供了以学徒身份进入劳动力市场的可能性。此后，"学徒法案"（Lei do Aprendiz）在 2000 年正式通过，从 2005 年起开始执行。该法案规定，所有雇员超过七人的公司都有义务雇用 14—24 岁的青少年，其比例占公司员工总数的 5%—15%。这些青少年通过"少年学徒"项目，在六个月至两年的时间里参与实践与理论相结合的职业培训，其中实践指的是在受雇的公司参加每天不超过六小时的工作，理论指的是每周一天参加由非营利性组织提供的、与工作内容紧密结合的技能培训课程。法案还规定，"少年学徒"项目的名额在同等情况下将优先分配给 14—18 岁的"全国学习培训服务"系统职业技术课程的在读学生，以及公立技术学校的在读学生。[1]

　　由此，职业技术课程与"少年学徒"项目的公共政策互相结合，他们所面对的政策对象也是一致的，即重视工作、在青少年时期就需要提高实际职业技能的低社经地位学生。在实际情况中，参与"少年学徒"项目的大多是普通公立高中的在读学生，因为他们只在每天的一个时间段上课。许多人选择晚上上高中课程，白天参与六小时的学徒工作，在未成年时期就开始了奔波于工作与学习的生活，学业成绩自然受到影响。公立技术学校和以 SENAI 为代表的"全国学习培训服务"系统职业教育机构的学生大部分要在上技术课程的同时完成高中课程，占每天的两个时间段，因此大多选择在完成技术课程后开始工作，但也有学生选择同时完成高中学业、技术课程以及"少年学徒"项目的工作。

　　公共政策对低社经地位阶层青少年就业的鼓励及为其创造的条件，既迎合了这一阶层的家庭和社区对工作的重视态度，又在一定程度上促

---

[1] Ministério do Trabalho e Emprego, Secretaria de Inspeção do Trabalho, Secretaria de Políticas Públicas de Emprego, *Manual da aprendizagem*: *o que é preciso saber para contratar o aprendiz*, 7. ed. rev. e ampliada, Brasília: Assessoria de Comunicação do MTE, 2011, pp. 11-15.

进了重视工作的文化在低社经地位人群中的传播。政府的本意是制定符合低社经地位阶层现实的公共政策，通过技术课程和"少年学徒"项目等为他们提供就业机会，远离"犯罪世界"的影响，但同时也使得大多数低社经地位学生远离了学习的世界。

第三节　社会资本：隔离下的社会网络贫困

本书所研究的巴西新中产阶级有别于传统中产阶级，大部分仍然属于低社经地位阶层。巴西低社经地位阶层的社会网络以家庭和社区为主导，往往呈现本地化和同质化的特征，因此重视工作甚于教育的文化得以深刻存在于该阶层的社会网络内。本地化社会网络内缺乏有关更好教育机会的信息，也没有对于进入精英大学的教育鼓励和支持，该阶层大多数学生难以从社会网络中获得有利于形成对精英大学教育抱负的社会资本。理解巴西新中产阶级在社会资本方面的匮乏，必须将其置于巴西社会隔离的大背景下进行分析。

一　社会隔离的演变：城市居住空间的群体分化

不同人群在空间和社会两个层面的隔离是现代化和城市化发展过程中不可避免的问题，而且已经成为许多大城市的重要特征。隔离指的是不同社会群体在空间上的分离和疏远，以及由此导致的每个区域在内部范围呈现一定程度的同质化特征。[1] 社会分化和社会隔离是城市空间基本组织规则中的重要组成部分，并且与每个社会的文化和历史演变过程相关。[2]

巴西全国的城市化水平已超过85%[3]，大部分人口集中在沿海或近

---

[1] Eduardo Marques, Renata Bichir, Thais Pavez et al., "Redes Pessoais e Pobreza em São Paulo", *XXXI Encontro Anual da ANPOCS*, São Paulo: ANPOCS, 2007, p. 2.

[2] Teresa P. Caldeira, "Building up Walls: the New Pattern of Spatial Segregation in São Paulo", *International Social Science Journal*, Vol. 48, No. 147, 1996, pp. 55-66.

[3] Brasil, *Vozes da Classe Média*, Brasília: Secretaria de Assuntos Estratégicos, 2012, p. 20.

海的城市地带，尤其是经济更为发达的东南部和南部地区。与受葡萄牙殖民时期相比，巴西的社会隔离如今已集中体现在城市空间的群体分化上。在1500—1822年的殖民时期，社会隔离的主要形式是葡萄牙殖民者及本地精英与农业、矿业工人之间的隔离，尤其这部分工人中的大多数人还是奴隶的身份。1888年废除奴隶制后，劳动力的流动性进一步提高，同时随着大量欧洲移民的到来，巴西的工业化和城市化进程开始逐渐加速。据估计，巴西全国在1872年只有10座城市，每座城市居民在2万人左右；而到1950年，巴西的城市化水平已达36.2%，与非洲和亚洲在2000年的城市化水平相近；到2000年，巴西80%的人口已居住在城市地区。① 东南部富庶的圣保罗州被认为是巴西城市化的起始地，首府圣保罗市目前也是全国最大的城市及经济中心。在经历了殖民时期先后以伐木、制糖和采矿为支柱的经济发展周期后，19世纪后半期咖啡行业的蓬勃发展使圣保罗州成为新的经济中心。商业化的食品生产、机器化的咖啡加工以及运输基础设施的建造，吸引了更多欧洲移民和国内其他州的内部移民向圣保罗州的城市地区聚集。② 此后，更多工业部门和服务行业的发展使得圣保罗州尤其是圣保罗市的工业化和城市化水平进一步提高，不同群体在这一过程中的分化和隔离也越来越显著。

巴西学者特蕾莎·卡尔代拉（Teresa Caldeira）深入研究了圣保罗市的空间隔离和社会隔离问题。③ 她将圣保罗市在20世纪的隔离问题分为三个不同阶段和三种不同形式。第一阶段为19世纪末至20世纪40

---

① George Martine and Gordon McGranahan, *Brazil's Early Urban Transition: What Can It Teach Urbanizing Countries?*, London, New York: Brazilian Association of Population Studies and the International Institute for Environment and Development, 2010, pp. 8, 5.

② George Martine and Gordon McGranahan, *Brazil's Early Urban Transition: What Can It Teach Urbanizing Countries?*, London, New York: Brazilian Association of Population Studies and the International Institute for Environment and Development, 2010, p. 9.

③ Teresa P. Caldeira, "Building up Walls: the New Pattern of Spatial Segregation in São Paulo", *International Social Science Journal*, Vol. 48, No. 147, 1996, pp. 55-66; *City of Walls: Crime, Segregation, and Citizenship in São Paulo*, Berkeley, LA: University of California Press, 2000.

年代，城市规模小，人口居住集中，居住隔离的主要形式是不同类型的住宅。城市工人往往居住在拥挤的出租屋里，很少有房屋所有权；而中上阶层通常都住在拥有产权的房屋或大宅邸里。第二阶段为20世纪40—80年代，城市化进程加速，人口居住更分散，以公路为主的交通系统快速发展，居住隔离的主要形式是城市中心与边缘地带之间的隔离；中上阶层居住在中心地带设施齐备的社区，而大众和贫穷阶层则住在条件较差的城市边缘偏远地带，大多数城市居民都拥有房屋产权。这也是巴西东北部较为贫穷的内陆地区移民大量来到圣保罗市寻找工作机会并定居的时期。为了避免支付中心地带较为昂贵的房租并拥有自己的房屋，他们大多选择购买城市偏远地区的小块土地，建造自己的房屋并在很长时间内不断扩建，由此形成了城市边缘地带的大众化自建房社区。第三阶段为20世纪80年代之后，城市化水平进一步提高，经济和商业中心由传统的中心地带向城市的其他富人区转移，居住空间也出现更多异质性，不同群体的隔离以新的方式出现。少数富有的精英阶层依然居住在较中心的、商业和服务集中的社区，而数量众多的其他中上阶层逐渐将住所移出城市中心，迁往近郊或离中心地带较远地区的封闭社区。不同阶层的居住距离相比20世纪40年代后的第二阶段而言更近了，但居住隔离和社会隔离却没有消失。隔离形式在第二阶段的中心与边缘地带的隔离基础上，增加了零散分布的封闭社区与周围大众化社区的隔离，中上阶层用高墙和安保技术将自己与大众和贫穷阶层隔离开来。边缘地带大众化社区的房价也不断上涨，因此产生了繁荣的租房市场；而更贫穷的人群只能在更偏远的地区或附近小城市占用无主土地或非法占用土地建造简陋的居所，贫民窟的数量由此不断增加。

空间上的居住隔离不仅与殖民文化影响及城市化过程相关，而且体现了经济发展过程中贫富差距进一步扩大而造成的不同阶层间的社会隔离。犯罪活动的加剧和政府治安的不力使中上阶层在恐惧心理下不断强化封闭社区。城市核心地带的建筑使用栅栏、保安和监控设施来保证安全；位于离城市中心更远地区的高档封闭社区也使用多重安保措施将内部中上阶层的住户与外部的大众和贫民阶层隔离开来,并在周围建造同样封闭式的办公和商业设施。有学者将这种城市空间发展模式称为"飞地城市化"(Enclave Urbanism)。① 不同阶层人群的社会隔离不仅发生在城市中心与边缘地带、封闭社区与非封闭社区之间,而且也存在于中上阶层所住社区的内部。巴西中上阶层的宅邸或公寓内基本都会聘用保安、保洁、看护等服务人员,住户与服务人员进入房屋的入口和电梯是分开设置的,以此区分身份和地位。中上阶层一方面出于对犯罪活动的恐惧而害怕接触底层人群,另一方面又要依赖于后者的服务,发展出了存在界限但又能有效控制后者的关系。②

居住空间的疏远和物理性屏障的构筑导致了不同社会群体之间的象征性壁垒,将社会不平等和社会分化进一步制度化和规范化,使各社会阶层形成各自的社会交往规则,减少了不同阶层之间的非正式社会接触和互动。③ 与基于阶层的社会隔离相比,巴西的种族隔离相对温和;种族隔离与阶层隔离相互交织,并主要以阶层隔离的形式出现。研究表明,巴西黑人和白人之间的隔离程度最高,其次是混血人和黑人,再次是白人和混血人,黑人中产阶级与白人中产阶级之间的居住隔离大于黑人低收入阶层与白人低收入阶层之间的居住隔离;基于种族的居住隔离在巴西低收入阶层之间的程度最低,随着收入水平的增加而不断提高;大都市地区的中上阶层普遍肤色更白,而大众和底层社区的种族隔离程度则较低。④

不同阶层间的居住隔离和社会隔离相应地造成了教育隔离。有研究显示,居住隔离不仅不利于社会经济地位弱势群体的教育获得,而且也

---

① Tom Angotti, "Urban Latin America: Violence, Enclaves, and Struggles for Land", *Latin American Perspectives*, Vol. 40, No. 2, 2013, pp. 5–20.

② Teresa P. Caldeira, "Fortified Enclaves: The New Urban Segregation", *Public Culture*, Vol. 8, No. 2, 1996, pp. 303–328.

③ Luiz C. Queiroz Ribeiro, "Segregação Residencial e Segmentação Social: o 'Efeito Vizinhança' na Reprodução da Pobreza nas Metrópoles Brasileiras", *Cadernos Metrópole*, No. 13, 2005, pp. 47–70.

④ Edward E. Telles, "Residential Segregation by Skin Color in Brazil", *American Sociological Review*, Vol. 57, No. 2, 1992, pp. 186–197.

不会增加优势群体的教育获得。① 巴西基础教育阶段的公立和私立学校之间存在明显的阶层分野，前者的学生大多属于低社经地位阶层，后者则主要属于高社经地位阶层。这种教育隔离事实上已经形成了一种基于家庭社经地位而非学业成绩的基础教育阶段的分流制度。此外，不同阶层内部对待教育的态度也有较大区别，高社经地位阶层更重视子女的教育，认为教育先于工作，而低社经地位阶层社区则广泛存在工作先于教育的文化。社会隔离使得不同阶层之间难以形成在教育价值观和教育信息等方面的互动，从而造成低社经地位阶层更难实现教育流动。

二 社会网络"贫困"：隔离社区内的新中产阶级

社会隔离会影响不同群体所处各个结构内的社会资源的类型和数量。这些群体中的个人所获得的社会资本则与他们从各个结构内的社会互动中调动的资源有关，因此必须考量个体行为者在社会互动中的对象与互动性质，即社会网络的大小和类型。社会网络在一定程度上可以帮助个体行为者克服地理空间和社会联系的有限性，从而调和由居住隔离造成的结构性机会不平等；在某些被隔离的社区，一些社会网络的本地化程度更低，社会联系的多样化程度更高，由此可以减轻空间隔离带来的负面影响。② 然而，在巴西城市化过程中居住隔离和社会隔离加剧的背景下，低社经地位阶层的社会网络大体上呈现本地化和同质化的特征，即互动对象主要来自所居住的社区和同一社经地位阶层，因此从各个结构内获得的社会资本也存在一定局限性。

本地化的社会网络主要基于行为者所居住的社区，其互动对象主要包括亲属、邻居、熟人、朋友和社区组织的其他成员，在社经地位方面的同质性较高。低社经地位阶层所拥有的本地化和同质化倾向的社会网

---

① Lincoln Quillian, "Does Segregation Create Winners and Losers? Residential Segregation and Inequality in Educational Attainment", *Social Problems*, Vol. 61, No. 3, 2014, pp. 402-426.

② Eduardo Marques, "Urban Poverty, Segregation and Social Networks in São Paulo and Salvador, Brazil", *International Journal of Urban and Regional Research*, Vol. 39, No. 6, 2015, pp. 1067-1083.

络特征在很大程度上是缺乏选择的结果,受经济状况、工作类型和社会参与的限制而导致"社会网络贫困"的情况。①

巴西学者爱德华多·马尔吉斯(Eduardo Marques)在调查了巴西主要大城市不同阶层社区的居民个人社会网络状况后发现,属于传统中产阶级的个人通常拥有空间分布更加分散、互动对象类型更加多样的社会网络;城市穷人的社会网络则在规模上更小,在联络对象的类型上更单一,在空间分布上倾向于依赖本地化的家庭和社区等初始社会化的结构。② 马尔吉斯的研究发现,穷人的个人社会网络中的联系人大多来自所居住的同一社区,其比例远远超过传统中产阶级;穷人社会网络中的互动对象几乎没有非穷人,体现了社会网络与社会隔离相交织,进一步促成社会不平等的维持与扩大。穷人年长者往往拥有规模更小、多样化程度更低、本地化程度更高的社会网络,且倾向于以家庭为中心;穷人随着年纪的增大,其社会网络的规模不断缩小,主要原因是退休或一些亲属和朋友相继去世。然而,马尔吉斯在研究中同时发现,穷人中的年轻人所拥有的社会网络依然呈现本地化和同质化的特征,与前者的区别只是规模更大,社会联系的数量更多,且多以教育和友谊为纽带,并没有本质差异。圣保罗等东南部大城市的低社经地位阶层许多都是国内东北部移民及其后代,但在巴西的案例中,移民并没有改变个人社会网络的本地性和同质性,他们的社会网络反而更小、更单一;例如,有些人曾是巴西东北部小村庄里的邻居,先后搬到圣保罗市的某个贫民窟后依然是邻居。

巴西新中产阶级在获得一定程度的经济向上流动后,大多没有搬离原来所住的低社经地位阶层社区。四所大学的该阶层受访学生大多与家

---

① Gwen van Eijk, "Does Living in a Poor Neighbourhood Result in Network Poverty? A Study on Local Networks, Locality-based Relationships and Neighbourhood Settings", *Journal of Housing and the Built Environment*, Vol. 25, No. 4, 2010, pp. 467-480.

② Eduardo Marques, "As Redes Sociais Importam Para a Pobreza Urbana", *Dados*, Vol. 52, No. 2, 2009, pp. 471-505; "Urban Poverty, Segregation and Social Networks in São Paulo and Salvador, Brazil", *International Journal of Urban and Regional Research*, Vol. 39, No. 6, 2015, pp. 1067-1083.

第四章 资本结构：三种资本的匮乏

人住在远离圣保罗城市中心的社区，尤其是北部、东部和南部的边缘地带；很多社区靠近贫民窟或属于贫民窟的一部分。来自圣保罗市周边小城市的受访对象也都住在贫寒的社区里。这些学生每天要花约两小时的通勤时间到大学上学。那些在普通私立大学就读的巴西新中产阶级学生还要在工作地点、学校和家庭住所之间奔波，消耗的通勤时间更长。除此之外，城市边缘地带社区的公共服务通常较差，公共权力在这些社区的介入少，也为暴力和毒品交易等提供了土壤。根据 2013 年的数据，巴西当时的贫民窟居民约有 1170 万人，其中 65% 的人如果按收入划分可以被归为社会结构中的中间阶层，即新中产阶级。① 就圣保罗市而言，城市总人口的约 46% 居住在贫民窟和其他贫寒社区。② 其中大多数是属于收入中间阶层的新中产阶级，因为社会结构底层的 D 阶层和 E 阶层占圣保罗市总人口的比例仅为 11.2%。③

巴西新中产阶级仍然居住在原来的社区，一方面是因为经济资本的限制而无法负担搬到更高社经地位社区的经济成本，另一方面是源于他们对熟人网络的依赖和强烈的家庭主义传统。受访的新中产阶级学生的父母大部分都是从巴西东北部或者其他贫穷内陆地区来到圣保罗寻找更好工作机会的一代或二代国内移民，搬到大城市后大多与亲属或同乡熟人住在同一个或相近的边缘地带社区。他们互相帮助，共同应对艰难生活中的种种挑战，熟人网络因此成为这部分人的重要社会资本来源。在实现一定经济跃升后，巴西新中产阶级仍然倾向于依靠本地化和同质化的熟人社会网络来获得日常生活的必要支持以及各种工作相关的信息。即便选择创业，该阶层也倾向于通过朋友和熟人了解相关信息并学习已

---

① João P. Caleiro, "65% dos Moradores de Favelas no Brasil São de Classe Média", *Exame*, 31 out 2013, https://exame.abril.com.br/economia/65-dos-moradores-de-favela-sao-de-classe-media/，访问日期：2018 年 5 月 2 日。

② Plínio Fraga, "Mais da Metade dos Paulistanos Diz Morarna Periferia, Segundo Datafolha", *Folha de S. Paulo*, 18 junho 2016, https://www1.folha.uol.com.br/cotidiano/2016/06/1782867-mais-da-metade-dos-paulistanos-dizem-morar-na-periferia-segundo-datafolha.shtml，访问日期：2018 年 5 月 2 日。

③ Associação Brasileira de Empresas de Pesquisa (ABEP), "Critério de Classificação Econômica Brasil Para 2016", http://www.abep.org/criterio-brasil，访问日期：2018 年 5 月 2 日。

有经验，并不会求助于扶持小企业发展的政府相关机构。① 此外，属于低社经地位阶层的巴西新中产阶级普遍存在强烈的家庭主义传统。该阶层家庭不仅倾向于居住在同一所房屋或同一块地基上建造的不同房间里，而且家庭的每个成员都要以作为整体的所有人的福祉为目标，分工明确、互利互惠、共同应对生活和工作的不确定性。② 个人利益必须服从家庭的整体利益，必要时需要牺牲个人利益以实现家庭所有成员的利益最大化。③

除以上因素外，宗教在低社经地位阶层社区的广泛影响使得巴西新中产阶级的社会网络更加本地化和同质化，同时具有封闭性倾向。巴西作为一个传统的天主教国家，宗教从殖民时期开始就对国家的政治和文化有着不可忽视的影响。1891年颁布的巴西宪法确立了政教分离的原则，明确了国家的世俗化性质，取消了天主教的国教地位。尽管如此，天主教和其他宗教在社会生活层面持续影响巴西民众。自20世纪80年代以来，天主教信众人数持续减少，在巴西总人口中的比例由原来的90%以上下降到2010年的64.6%，而基督教新教福音派教会的信众人数则由总人口比例的6.6%上升到了22.2%。④

相比天主教，福音派教会在基本教义和传教方式方面更加容易吸引低社经地位阶层的信众，因此在城市边缘地带社区得到了迅速而广泛的传播。约63.7%的福音派信众月收入少于一个最低工资数额约50%的人是文盲或没有完成初等教育。⑤ 自19世纪进入巴西、20世纪初设立

---

① Marina de M. Souza, *Nova Classe Média em Juiz de Fora: Estilo de Vida, Consumo e Uso Simbólico dos Bens*, Ph. D. diss, Universidade Federal de Juiz de Fora, 2016, p. 175.
② Luís F. Saraiva, Joyce C. Rezende, João V. Reis et al., "A Nova Classe Média: Repercussões Psicossociais em Famílias Brasileiras", *Psicologia USP*, Vol. 26, No. 1, 2015, pp. 52–61.
③ Jessé Souza, *Os Batalhadores Brasileiros: Nova Classe Média ou Nova Classe Trabalhadora?*, Belo Horizonte: Editora UFMG, 2010, p. 134.
④ Brasil, *Censo Demográfico 2010: Características Gerais da População, Religião e Pessoas com Deficiência*, Rio de Janeiro: IBGE, 2010.
⑤ Marilene de Paula, "A Nova Classe Trabalhadora e o Neopentecostalismo", in Dawid D. Bartelt org., *A "Nova Classe Média" no Brasil como Conceito e Projeto Político*, Rio de Janeiro: Fundação Heinrich Böll, 2013, pp. 124–135.

首批教堂以来，福音派教会非常明确其信众基础，传教工作也主要针对城市边缘地带的社会经济弱势群体。[1] 从宗教产品的需求来看，拉丁美洲的大多数国家都存在较为严重的贫富差距问题，这些被边缘化的人在艰难的生活中非常需要信仰的支持，为福音派教会的迅速扩张提供了需求层面的有利条件。从宗教产品的供应来看，福音派的教义非常契合低社经地位阶层的需求，尤其是追求经济向上流动的巴西新中产阶级的信仰需要。福音派教会强调通过宗教帮助信众解决现实生活中的实际困难，包括家庭、经济和情感等各方面的问题，倡导"停止受苦，我们有办法"；教会还鼓励信众通过个人努力获得更多经济收益和物品消费，实现更好的物质生活，声称在此过程中"上帝"会给予坚定的支持，"繁荣神学"体现的是对信仰的追求。[2] 为了实现获得更好物质生活的目标，福音派教会规定信众必须遵循较为严格的道德规范，包括维护男女传统的自然家庭，反对同性恋行为，反对酗酒、吸毒、堕胎等行为。[3] 在组织形式方面，福音派教会的权力更加集中，同时要求信众必须经常参加教会活动，与同教会的其他"兄弟姐妹"保持紧密联系，互为榜样、互相帮助、团结一致。[4]

由此，巴西新中产阶级以家庭和社区为主的社会网络仍然具有本地化和同质化的特征，其社会联系在社会资源方面的有限性限制了该阶层获得更多有利于促进子女形成更远大教育抱负的社会资本。

---

[1] Jessé Souza, *Os Batalhadores Brasileiros: Nova Classe Média ou Nova Classe Trabalhadora?*, Belo Horizonte: Editora UFMG, 2010, p. 314.

[2] Marilene de Paula, "A Nova Classe Trabalhadora e o Neopentecostalismo", in Dawid D. Bartelt org., *A "Nova Classe Média" no Brasil como Conceito e Projeto Político*, Rio de Janeiro: Fundação Heinrich Böll, 2013, pp. 124-135.

[3] Marilene de Paula, "A Nova Classe Trabalhadora e o Neopentecostalismo", in Dawid D. Bartelt org., *A "Nova Classe Média" no Brasil como Conceito e Projeto Político*, Rio de Janeiro: Fundação Heinrich Böll, 2013, pp. 124-135.

[4] Jessé Souza, *Os Batalhadores Brasileiros: Nova Classe Média ou Nova Classe Trabalhadora?*, Belo Horizonte: Editora UFMG, 2010, pp. 320-321.

第四节　本章小结

巴西新中产阶级家庭虽然实现了一定程度的经济向上流动，增加了经济资本，但其所拥有的文化资本和社会资本总体而言并没有相应增加。就子女发展对精英大学教育抱负所需要的三类资本而言，巴西新中产阶级家庭缺乏文化资本和社会资本，而积累的经济资本也有限。资本的结构不足影响其代际转化，巴西新中产阶级子女的资本结构在很大程度上是再生产其家庭的资本结构。

虽然巴西新中产阶级家庭在21世纪前十年里积累了经济资本，但他们在经济上依然具有脆弱性，由此影响该阶层父母及子女的教育选择。这些家庭将投资子女教育作为一种长期的风险抵御机制，防止家庭重回贫困状态。同时，有限的经济资本制约了该阶层的教育选择，他们更加注重教育的象征意义而非教育质量，选择基础教育阶段学校和高等教育机构时都受到家庭经济条件的制约。

从文化资本而言，巴西新中产阶级父母在经济流动过程中认识到了教育的重要性，提高了对子女教育的重视度，但认为工作高于学习，学习要以服务于工作为目的，对子女教育活动和文凭的要求也以找到更高收入的工作为导向。重视工作甚于学习的文化在很大程度上限制了大部分巴西新中产阶级学生形成更远大的教育抱负。他们的教育目标往往与工作的现实相对接，工作实践在他们的日常生活中普遍存在，其意义不只在于满足经济需求，而且与所象征的经济自主权、远离犯罪的形象和勤奋努力的精神相关。该阶层学生的家庭、学校和社区等结构内存在着系统性的对学习文化的轻视。与促进青少年就业相关的公共政策促进了重视工作甚于学习的文化在低社经地位阶层中的固化。

从社会资本而言，巴西新中产阶级的社会网络整体呈现本地化和同质化的特征，互动对象主要来自所居住的社区和同一社经地位阶层，从各个结构内获得的社会资本存在局限性。巴西新中产阶级区别于传统中产阶级，大部分仍然属于低社经地位阶层，他们一方面是因为经济资本的限制而无法负担搬到更高社经地位社区的经济成本，另一方面依赖社区熟人网络获取就业信息或其他日常生活中的支持。强烈的家庭主义传统和宗教在低社经地位阶层社区的广泛影响进一步加剧了巴西新中产阶级社会网络的本地化、同质化和封闭性倾向。本地化和同质化的社会网络使得重视工作甚于教育的文化得以流行于该阶层社区内，缺乏有关更好教育机会的信息，也没有对于进入精英大学的教育鼓励和支持。大多数该阶层学生难以从社会网络中获得有利于形成对精英大学教育抱负的社会资本。这种社会网络的"贫困"与巴西在城市化进程中居住隔离和社会隔离的加剧相关，也根植于巴西社会的历史演变过程中。

第五章

资本转化：困难与可能

本章主要从资本转化的角度分析精英大学和普通大学这两个对比组内的巴西新中产阶级学生为何形成差异化的精英大学教育抱负，在此基础上影响其高等教育选择。

大多数巴西新中产阶级父母在将经济资本转化为子女在教育场域内的经济、文化和社会资本时缺乏足够的转化条件，他们的投资策略缺乏文化和社会资本的支持，由此阻碍子女形成更高的高校教育抱负。两所普通私立大学的受访学生家庭在投资子女教育时，都遇到了这种资本转化的困难。

与此相比，少数成功进入精英大学的巴西新中产阶级学生在家庭经济资本转化为子女在教育场域内的三种资本时，有更多文化和社会资本作为转化条件，使得子女在获得教育场域内的更多经济、文化和社会资本时不断发展对精英大学的教育抱负。作为转化条件的文化和社会资本来自家庭、社区、学校、工作等各个结构，但获得这些资本的渠道并没有制度化，具有稀缺性与偶然性。

第一节 转化困难：缺乏转化条件的经济资本投资

巴西新中产阶级家庭在资本结构方面存在不足，缺乏足够的经济资本、文化资本和社会资本来支持子女形成更高的高校教育抱负。FMU

和 UNIP 两所普通私立大学的大多数受访学生家庭都存在资本结构不足的问题，影响其高等教育抱负；此外，家庭经济资本无法转化成子女在教育场域内的更多资本，也是普遍存在的问题。

两所普通大学受访学生在资本转化困难方面存在三种情况。

在第一种情况下，这些家庭的父母在子女教育方面投入直接的经济资本，在基础教育阶段送子女进入教育质量更高的社区私立学校，但子女在此类学校以及家庭、社区等结构内获得的文化和社会资本并不足以成为充足的转化条件；家庭的资本投资策略使这些学生在教育场域内获得了经济、文化和社会资本，形成了比父母更远大的教育抱负，但转化条件的缺乏限制了这些学生对精英大学的教育抱负。

在第二种情况下，该阶层家庭的父母在子女教育方面投入间接的经济资本，支持子女在基础教育阶段专心学习，避免过早进入就业市场，但转化条件的缺乏使这些新中产阶级学生依然没有获得足以发展出精英大学教育抱负的经济、文化和社会资本。

在第三种情况下，巴西新中产阶级家庭的父母缺乏可以投入子女教育的经济资本，子女在基础教育阶段就开始兼职工作但无须贴补家用；子女实际上承担了补足教育场域内经济资本的角色，但他们依然缺乏足够的作为转化条件的文化和社会资本，无法将增加的经济资本转化为教育场域内能发展出精英大学教育抱负的经济、文化和社会资本。

下文将以受访学生的具体案例分别分析这三种资本转化困难的情况。

一　直接投资：社区私立学校的局限

FMU 受访学生 Gisele 和 Gilberto 属于第一种资本转化困难的情况。他们的家庭基本上属于下层中产阶级，父母为子女的教育投入了直接的经济资本，使他们在基础教育阶段进入社区内的私立学校，但他们并没有从家庭、学校、社区等结构内获得更多文化和社会资本，因此家庭经济资本的投入无法转化为子女发展精英大学教育抱负所需的三种资本。

Gisele 属于对精英大学无教育抱负的类型，既没有入学意愿也没有付诸行动，在高中毕业后的那一年直接报考了普通私立大学。Gilberto 属于对精英大学有弱教育抱负的类型，在高三毕业时报考了精英公立大学，但只尝试了一次就放弃了，同时没有为此再付出补足学业差距的努力。

（一）FMU 白人女生 Gisele

22 岁的白人女生 Gisele 在 2016 年 11 月接受访谈时正在 FMU 读机械工程专业的第七学期课程，顺利的话还有一年半可以毕业。她家住在圣保罗市东南部的伊皮兰加区（Ipiranga），是始建于 1822 年的历史较为悠久的行政区，并不属于城市边缘地带。该区属于社会收入分层的 A 阶层和 B 阶层的居民比例约为 35%，C 阶层比例约为 53%，D 阶层和 E 阶层约占 6.5%。① Gisele 的家庭在收入上属于 C 阶层，即新中产阶级，父母每月收入约为 3000 雷亚尔。她的父母均出生于圣保罗，父亲初中毕业，做汽车修检和销售工作；母亲高中毕业，是健康保险的销售员；比她大 13 岁的姐姐已经结婚并搬到圣保罗附近的小城市生活，在一所私立大学完成了法律专业的学业。他们住在扁平化的家庭房屋组成的平民化社区内，拥有房屋产权，购买了自家的汽车。

Gisele 的父母十分重视两个女儿的教育问题，将积累的经济资本投资于女儿们的教育，送她们去家附近的私立学校进行基础教育阶段的学习。Gisele 的母亲与该所私立学校的拥有者是朋友，因此两个女儿每月的学费都能打一定的折扣。此外，父母支持两个女儿在基础教育阶段专心学习、不用工作，Gisele 因此在高中毕业一年后开始一边工作一边上大学。

在文化资本方面，Gisele 的父母虽然不具有大学文凭，但非常重视孩子的教育，向女儿们灌输需要上大学的思想，母亲和姐姐还在 Gisele 小时候监督她的学业，但他们对精英大学尤其是公立大学的教育价值缺

---

① 数据来源：巴西国家地理统计局 2010 年人口普查数据，https://sidra.ibge.gov.br/home/pimpfbr/brasil。

乏认知，认为女儿们应该在高中毕业后自己通过工作攒钱上大学。大家庭内与 Gisele 同辈的亲戚们都已经完成大学学业或正在上大学，但所上高校类型都是教学质量一般的普通私立大学。在社会资本方面，母亲通过社区内的朋友得到了私立学校的入学信息，也得到了关于学费折扣的经济资助信息，但 Gisele 的家庭没有获得关于高中阶段更好学校的信息。Gisele 的整个基础教育阶段都在社区内的学校上学，在一定程度上阻碍了她获得更多文化和社会资本。在做大学选择的阶段，Gisele 的姐姐依据自己的经验向妹妹推荐了 UNIP 的法律专业；父母鼓励 Gisele 上大学，并在精神上支持她克服一边工作一边上学的疲惫而完成学业。

从学校结构内的文化和社会资本来看，Gisele 在基础教育阶段所上的社区私立学校在教学质量上高于社区公立学校。她认为该所学校里的老师们在执行教学任务方面比较称职，同时一直激励学生们上大学。高中最后一年里，老师们开始鼓励学生报考 vestibular，经常提及 FEI（Centro Universitário da Fundação Educacional Inaciana "Padre Sabóia de Medeiros"，宗教慈善性质的私立大学，教育质量高于商业性质的普通私立大学）、Rio Branco（Faculdades Integradas Rio Branco，白河联合大学，非营利性的私立大学）、UNIP 和 FMU 等私立大学；他们也提到了公立大学，但并没有强调要学生报考。通常而言，巴西新中产阶级社区内的私立学校在学生特征方面比较同质化，基本上都是社区内家庭经济条件相对更好一些的学生，能够支付私立教育的学费，通常其家庭也能负担普通私立大学的学费。此类私立学校的教学质量无法与精英私立学校相比，因此老师往往从现实情况出发，鼓励学生报考入学更容易的普通私立大学。PROUNI 项目规定，私立学校的学生无法利用 ENEM 成绩参与该奖学金项目，因此学生既无法承担私立精英大学的学费，也无法通过政府奖学金项目进入此类精英大学。学生的同质化加深了基于家庭和社区的教育价值认同，学生们普遍缺乏对精英大学价值的认同。

从社区结构来看，Gisele 在社区内的朋友比较多，由房屋组成的扁平化社区使得各家各户之间的交流与互动更频繁，基本上都是熟人关系。Gisele 在基础教育阶段都只在一个时间段上学，一开始是只有下午有课，高中阶段是上午上课；由于只学习不工作同时经常去社区内的教堂参加宗教活动，她有大量的时间与社区内的同龄或非同龄人互动。Gisele 在社区内的朋友大部分都比她年龄大，她很早就参加工作，没有机会上大学。由此，Gisele 也没有从社区内获得可以作为转化条件的文化和社会资本。

在进入大学前的教育发展阶段，Gisele 虽然没有获得更多文化和社会资本作为资本转化条件，但她的家庭经济资本依然转化为她所拥有的能够发展出对普通高校教育抱负的经济、文化和社会资本。她在高中毕业后有一年空闲时期，什么都没做，等年满 18 岁后找到了一份音乐杂志社的行政助理工作，同时开始上 UNIP 的法律专业课程，用自己的工资支付每月学费。她的高校教育抱负受经济资本的限制。

> 高中毕业后我需要工作来攒钱上大学。从我想读大学起，我想要上 FEI，但是这所大学非常贵，所以我只能去学费更便宜的大学。
>
> （20161117，050 Gisele，FMU，Liberdade）

在文化资本方面，她认同普通私立大学的教育价值，认为课程的实用性更重要；父亲所从事的汽车销售行业影响了她的专业选择，她在 UNIP 上学一个月后重新报考了 FMU 的工程专业。在社会资本方面，她没有获得关于公立大学和其他精英大学的入学程序和资助信息，也没有得到报考此类大学的教育鼓励和精神支持。

> 从高中开始我就想要上机械工程专业的大学，因为我在这个环境中长大，很喜欢汽车……我首先报考了 UNIP，之后放弃了，直接来 FMU 了，没有选择其他大学。选择 FMU 是因为这是一所大众化（popular，亦可译为流行的、受欢迎的）的大学，专业是我喜

欢的。对于这里我没有什么好抱怨的，课程对我的实习工作很有帮助。我比较了这里的教学水平，其实与 FEI 也差不多。

（20161117，050 Gisele，FMU，Liberdade）

Gisele 在音乐杂志社工作两年后，找到了另一份实习工作，在一家制造汽车内部零件的公司从事与技术相关的基础岗位，每天工作 6 小时，晚上去 FMU 上课。她所在的班级起初有 99 人，后来许多人中途因工程专业的课程难度大或因工作缺乏学习时间而退学，目前班里减为 34 人。她希望在毕业后有机会在机械工程的行业领域内工作，从事工程师或项目经理的岗位，获得比父母更好的工作机会。

（二）FMU 白人男生 Gilberto

20 岁的白人男生 Gilberto 在接受访谈时刚开始读 FMU 生产工程专业的第一学期课程，此前在 FMU 的另一个校区上了一年半的药学专业课程，发现自己不喜欢该领域后停学，重新申请了该校的生产工程专业。他与妈妈和妹妹住在圣保罗市东部的圣米盖尔·保利斯塔区（São Miguel Paulista），距离市中心约 30 千米，属于城市边缘地带。该区的居民中，属收入分层中 A 阶层和 B 阶层的人数比例约为 7%，C 阶层占 68.8%，社会底层的 D 阶层和 E 阶层约占 17.7%。[1] Gilberto 家在收入分层上也属于 C 阶层，目前家庭收入包括他和妈妈的工资在内每月为 3000 雷亚尔。他的父母在四个月前离婚，父亲搬到圣保罗内陆小城市生活，此前家庭收入更高。Gilberto 的父母都出生在圣保罗，父亲高中毕业，是小吃店的主管；母亲在五年前开始上附近一所普通私立大学的护士专业课程，完成学业后从事护士的工作，此前曾是护士助理、美发师。Gilberto 有一个比他大五岁的哥哥，是父亲上一段婚姻的孩子，他们不住在一起，不常见面；哥哥不喜欢学习，没有上大学。小五岁的妹

---

[1] 数据来源：巴西国家地理统计局 2010 年人口普查数据，https://sidra.ibge.gov.br/home/pimpfbr/brasil/。

妹在 Gilberto 曾就读的社区私立高中上学，也有学费折扣。

　　Gilberto 的父母同样非常重视子女的教育，并为此投入经济资本。Gilberto 在初等教育阶段就读于家附近的公立学校，高中阶段转学到私立学校。他通过一个考试获得了 50% 的学费折扣，没有折扣的话学费全价是每月 800 雷亚尔。这所私立高中离他家较近，坐公交车约 20 分钟。Gilberto 在高中阶段也没有工作，父母支持他在基础教育阶段专心学习。

　　在文化资本方面，Gilberto 与 Gisele 有相似性，家人或其他亲属已有就读普通私立大学的经历，重视教育，认同大学的价值，上大学并获得高等教育文凭对他们而言是一件自然的事情。除了母亲有大学经历外，Gilberto 的一个阿姨也读了护士专业的高等教育课程，另一个阿姨正在上教育学的大学课程，还有一个叔叔在大学毕业后担任信息系统分析员。在社会资本方面，Gilberto 通过与母亲以及亲属的互动，较早确立了上医学专业的意愿，也在高中阶段与叔叔阿姨们多次沟通关于专业选择的问题。父母鼓励并支持 Gilberto 上大学，在他高三毕业没有通过公立大学入学考试时还责备了他。

　　从学校结构内的文化和社会资本来看，Gilberto 的私立高中与 Gisele 的学校也存在相似性，唯一的区别是 Gilberto 的成绩较好，始终是班里最好的学生之一，因此得到了更多来自老师的教育鼓励。他所上私立高中的课程设置主要是以使学生通过大学入学考试为目的，前两年上完所有课程，高三则是复习此前的教学内容，为 vestibular 做准备。老师们鼓励学生好好学习、报考大学。此类社区私立高中的组织和教学形式实际上与位于城市中心地带的私立高中相似，但其教学质量无法与精英私立高中相比。虽然老师们鼓励学生报考公立大学，但同时也不否定普通私立大学的意义，学生们的学业准备也大多只能使其进入一般性的大学。此外，从社区私立高中的学生构成来看，学生基本上都来自附近低社经地位阶层社区内经济条件稍好一些的家庭，其家庭文化和社会资本不足，学生因此无法通过与学校内同学的互动而获得更多文化和社会资本；多数同学的教育抱负就是上一所普通私立大学。与 Gilberto 关系较好的高中同学都在毕业后直接上了普通私立大学，只有一个准备报考公立大学的同学依然在上辅导班。

从社区结构来看，Gilberto 同样拥有较多来自家附近社区的朋友，参与社区内的宗教活动，有许多社区内的熟人。整个基础教育阶段都在家附近的社区接受教育，使得 Gilberto 没有获得区别于此类低社经地位阶层社区的文化和社会资本。

与 Gisele 相同，Gilberto 的家庭经济资本投入转化为了他在教育场域内的经济、文化和社会资本，但缺乏更多文化和社会资本作为转化条件，没有使其发展出对精英大学的强教育抱负。Gilberto 在高三毕业时报考了 USP 和 UNICAMP 医学专业的入学考试，并通过 ENEM 成绩申请了 UNIFESP 的医学专业，都没有通过。于是他直接开始上 FMU 的药学专业课程，四个月后因需要自己承担学费而开始在一家药店工作。他没有继续尝试公立精英大学，认为自己不能在经济上继续依靠父母，一边学习一边工作似乎是更好的选择。

> 我父母没有能力支付我的辅导班费用……而且那时候十八九岁了，已经是独立承担并去追求很多事物的年纪了，不能一直依靠父母。我不后悔这个选择，这是让我成长的一个过程，我学会了很多东西，比如对自己负责、管理个人财务等。
>
> （20161121，058 Gilberto，FMU，Liberdade）

Gilberto 在上了一年半的药学专业后停学，发现自己不喜欢该领域。为了保持学习的节奏并发掘自己的兴趣，他用工作攒的钱上了六个月辅导班。此后他与朋友一起去巴拉圭上一所普通私立大学的医学专业课程，一边工作一边学习，但由于经济原因中断学业，回到圣保罗转学至 FMU 的生产工程专业。这一选择是出于实际就业的考虑。

> 我喜欢行政部分的工作，喜欢跟人打交道，喜欢计算，所以就找一个包括这几个方面的专业。我觉得生产工程这个专业适合我，以后可以在物流、工业等多个领域找工作。
>
> （20161121，058 Gilberto，FMU，Liberdade）

Gilberto 认同大学的教育价值，但更侧重大学文凭对于就业的意义，因此普通私立大学对他而言是更实际的选择。他没有从各个结构内获得关于精英大学资助的信息，也没有获得关于免费大学入学考试辅导班的信息，更没有获得进入精英大学的鼓励和支持。

二　间接投资：不用工作的公立学校学生

FMU 受访学生 Vicente 和 UNIP 学生 Helena 属于第二种资本转化困难的情况。他们的家庭也属于下层中产阶级，父母虽然没能为子女的教育投入直接的经济资本，但支持子女在基础教育阶段专心学习、避免他们过早进入就业市场，以这种间接方式为子女的学习付出经济资本。然而，家庭间接经济资本的投入缺乏文化和社会资本作为转化条件，也没能发展出子女对精英大学的强烈教育抱负。Vicente 和 Helena 都只具有对精英大学的初始教育抱负，想要进入精英大学但没有付诸任何行动。

（一）FMU 混血男生 Vicente

FMU 混血男生 Vicente 在 2016 年 11 月接受访谈时 25 岁，已婚，就读于计算机科学专业的第六学期课程，顺利的话还有两学期可以毕业。他高中毕业后在 SENAI 上了两年机电一体化的中等职业技术课程。他家住在圣保罗市东南部的萨波朋巴区（Sapopemba），距离城市中心约 20 千米。该区居民中属于收入分层中的 A 阶层和 B 阶层的人数比例约为 4.8%，C 阶层比例约为 71.7%，D 阶层和 E 阶层比例约为 18.8%。[①]

---

① 数据来源：巴西国家地理统计局 2010 年人口普查数据，https://sidra.ibge.gov.br/home/pimpfbr/brasil。

第五章　资本转化：困难与可能

Vicente家属于收入中间阶层的新中产阶级，目前家庭收入约为3000雷亚尔，其中包括他和妻子的收入。他的父母因工作原因在五年前带着比他小12岁的妹妹搬到了巴西北部亚马孙州的首府城市玛瑙斯（Manaus），此前家庭收入更高。Vicente的父母都是从巴西东北部伯南布科州（Pernambuco）到圣保罗来的国内移民，父亲高中毕业，是一家工程公司的行政经理，此前担任行政初级岗位，去年开始上大学；母亲高二辍学，此前是家政女工，现在是家庭主妇，在照看家里的同时做一些针线活。Vicente在高中毕业前与父母和妹妹住在一起。

Vicente的父母重视子女的教育问题，虽然没有经济资本直接投入子女的正式教育，但他们坚持不让Vicente在高中毕业前工作。他们希望子女能上大学，因此支持子女在基础教育阶段专注学习，不因过早进入就业市场而耽误学业。Vicente在高中阶段上的是坐公交车上下学需要40分钟的公立技术高中，父母在经济上予以支持，支付其车费。他在初等教育阶段上过信息技术的培训课程，在高中阶段上了一年半的英语培训课，都是父亲支付的学费。

在家庭结构内的文化和社会资本方面，Vicente的父母重视子女的教育，认同大学的教育价值，认为如果没有大学经历，在如今的就业市场上会越来越难找到工作。教育文凭的象征意义对他们而言非常重要。父母通过社区内的熟人或教会里的朋友了解了一些与技能培训课程相关的信息，鼓励支持子女多上技术课程，Vicente因此上了多门免费的信息技术类短期培训课程以及州政府提供的免费的西班牙语课程。Vicente在大家庭里的亲属们也都是来自伯南布哥州内陆农村地区的国内移民，父母辈的亲属没有人有大学经历，Vicente这一辈的表兄弟有人在上普通私立大学。他的妻子比他大六岁，两人在Vicente高中阶段通过社区内的教会相识，妻子没有上大学，目前正在上图像设计的职业技术课程，对大学的价值认同限于文凭对找工作的象征意义，认为真正想要学习的东西可以通过其他方式获得。

从学校结构内的文化和社会资本来看，Vicente在初等教育阶段就读于家附近的公立学校，高中阶段在离家约 40 分钟的公立技术高中就读，每天的上课时间都是半天。初等教育阶段的公立学校是家附近教学质量相对更好一些的学校，布置的家庭作业较多。Vicente 比较喜欢学习，对数学有更大兴趣，学习相对容易。他在初等教育阶段的最后一年通过学校里关系亲近的同学得知了公立技术高中的信息，同学鼓励他一起报考，告诉他该高中的教学质量不仅更好，而且上了技术课程后能更容易找到工作。Vicente 考入了这所公立技术高中的高中课程，但在高二时没有通过技术课程的考试，因此在高中阶段只需要每天下午上课。他认为这所公立技术高中里老师们的教学方式较为有效，能使学生理解课程内容；他在高中阶段的成绩处于中上水平，有些科目能得高分；但由于课后作业少，他放学后就不学习了。老师们鼓励学生上大学，提醒学生大学经历对于就业的重要性，但不会具体介绍某个专业或某所大学。老师们也强调在选择大学专业前，学生们最好上一门中等技术课程，以便更加了解自己适合的专业领域。Vicente 的很多高中同学已经大学毕业了，大部分都是高中毕业后直接上普通私立大学，只有少数同学进入公立大学就读。

从社区结构中的文化和社会资本来看，Vicente 在基础教育阶段都是半天课程，因此有大量时间与社区内的朋友和熟人互动，同时也经常去社区内的福音派教堂参加宗教活动。2009 年他在读高一或高二时在教堂里结识了比他大六岁的妻子，自此更加频繁地参与教会活动，非常虔诚。基于低社经地位阶层的社区社会网络缺乏有利于形成更远大教育抱负的文化和社会资本，而 Vicente 在社区中的长时间深入参与也限制了教学质量更好的学校结构对其教育抱负的积极作用。

Vicente 父母的间接经济资本投入缺乏足够的文化和社会资本作为转化条件，没能使他发展出对精英大学的强烈教育抱负。Vicente 在高三毕业时报考了圣保罗州立技术学院（Faculdade de Tecnologia do Estado de São Paulo，FATEC）的高等职业技术课程，但没有通过入学考试。该学院的课程属于公立高等职业教育，有利于学生在毕业后从事技术性较强的工作，在低社经地位阶层比较受欢迎。Vicente 没有报考精英公立大学。

> 想过（上公立大学），因为不需要付费，我一直都是在公立学校上学的，那时候认为高等教育也应该是免费的……但我没有尝试报考公立大学，没人告诉我可以报考，如果知道的话我应该会尝试……后来时间过去了，我必须上一所大学了，所以就付费上了私立大学。
>
> （20161109，035 Vicente，FMU，Liberdade）

报考圣保罗州立技术学院失败后，Vicente 有半年时间什么都没做，后来开始上 SENAI 的中等技术课程，同时上英语课程，为进入就业市场做准备。父母在经济上对 Vicente 给予充分支持，他直到两年的技术课程毕业后才开始工作，先后在工业、商业、行政等领域工作，有正式的工作证。如今他在一家制造业领域公司的信息技术部门工作，属于实习生岗位，工资远低于正式员工，白天上班，晚上上 FMU 的大学课程。

他在技术课程结束后打算报考圣朱达斯大学（Universidade São Judas Tadeu）和 FMU 这两所私立大学。前者是一所教学质量高于 FMU 的私立大学，不属于精英大学，在就业市场上的知名度较大，但学费对巴西新中产阶级学生而言难以承担。Vicente 通过互联网社交平台上的广告看到了关于 FMU 的信息，在综合考虑学费、学校位置等因素后选择了该校。他没有通过自己的社会网络获得关于 PROUNI 的信息，更没有得到关于精英公立大学的入学信息、资助信息、教育鼓励和精神支持等社会资本。他对于大学的教育价值的认识也仅限于文凭对工作的作用，学习的意义是在就业市场上保持优势。此后他有计划在攒够钱后上私立大学的职业类研究生课程，以此获得更好的工作。

（二）UNIP 混血女生 Helena

UNIP 混血女生 Helena 在接受访谈时即将年满 19 岁，在 UNIP 管理专业就读第二学期的课程。她住在属于圣保罗大都会地区西南部的小城市英布阿尔齐斯市（Embu das Artes），距离圣保罗市中心约35千米，离她上学的UNIP校区坐公交车需要一个半小时。Helena的家庭可以被归类为新中产阶级家庭，随着子女加入就业市场，家庭的收入不断提高，目前约为每月5000雷亚尔。她的父母都是从其他州来圣保罗就业的国内移民，父亲出生在东北部的伯南布哥州，高中辍学，是纪念馆的管理人员，属于基层公共部门工作人员；母亲出生在与圣保罗州相毗邻的米纳斯吉拉斯州（Minas Gerais）内陆地区，很早就来到圣保罗，高中毕业并上了护士专业的中等技术课程，是医院的护士助理。Helena家共有六个子女，她排行第三，两个大哥都已结婚并搬离大家庭。大哥上了一所普通私立大学的营销专业，从事相关工作，收入可观，近期购买了汽车；二哥没有上大学，很早就开始工作，是理发师。

由于家庭子女人数较多，Helena的父母无法为子女的教育投入直接的经济资本，但她的母亲和二哥始终鼓励并支持她努力学习。她在基础教育阶段不用工作贴补家用，只需要专心学习。

从家庭结构内的文化和社会资本来看，Helena的母亲从小就鼓励她好好学习，二哥也一直跟她强调教育的重要性，比她大十岁的大哥则以自己的大学教育经历向妹妹展示了教育和文凭能带来的物质利益。大家庭中有大约五个同辈的亲属上了大学，但Helena与他们关系较远，缺少交流。家庭结构内缺乏对精英大学的认知，也没有相关的信息和教育激励。大哥在Helena高中毕业报考大学时提供了与普通私立大学市场营销专业相关的信息。

从学校结构内的文化和社会资本来看，Helena虽然在基础教育阶段上的一直都是普通公立学校，但她学业成绩非常好，很好学，理解力强，是学校里最好的学生之一，因此获得了更多来自老师的指导和激励。社区内普通公立学校的教学质量通常较差，不仅是学校管理和老师教学的问题，而且与校内学生的整体学习态度有关。老师面对没有学习兴趣的学生时，通常无法顺利开展教学工作，也没有更多对学生的教育激励，只有面对个别喜欢学习的学生时，才会给予更多的指导和鼓励。Helena 就是这样个别的喜欢学习的普通公立学校学生，老师们给了她更多的学业指导，鼓励她努力学习并报考大学。除了鼓励她报考一般性的私立大学外，老师们还鼓励她报考 USP 以及另一所教育质量更好的教会私立大学麦肯齐长老会大学，但 Helena 并没有尝试报考。她没有从学校结构内的同学和此前学生的案例中看到考上精英大学的可能性，缺乏来自榜样的教育鼓励。学校内绝大多数同学都缺乏教育场域内的文化和社会资本。她的高中同学中只有少数几个人一边上普通私立大学一边工作，有些人在高中毕业后直接开始工作，还有些人处于无业状态，另外有人因参与暴力和毒品等事件已经去世。

从社区结构内的文化和社会资本来看，Helena 与学校里的同学大多住在同一个社区，学校和社区的结构高度重合，因此她也没有从社区内获得能够作为转化条件的文化和社会资本。她认为真正可以称得上朋友的人主要来自她家所在社区的教堂，她经常去教堂参加教会的活动，因此与同一教会的朋友们互动最多。

由此，Helena 与 Vicente 相同，虽然在基础教育阶段可以在家庭的经济支持下专心学习，但这种家庭的间接经济资本投入依然无法发展出更远大的教育抱负。Helena 在高三毕业后直接进入 UNIP 的管理学专业，高校选择阶段考虑的主要是私立大学，并没有报考公立大学。

想过（上公立大学），但当时我的 ENEM 成绩不是那么好，不够拿到一所大学的全额奖学金。【但你可以通过 SISU 系统报考免费的公立大学，你尝试了吗？】没有，那时候我太过专注于报考私立大学，所以没有考虑这件事。如果要上 USP 那样的大学，就真的要非常非常非常努力地学习，把书都给"吃"了。【但你有潜力，不是吗？】如果我下定决心，也不是不可能。但是我有自己的责任，高中毕业后要开始工作，维持自己的生活，不能只做学习这一件事情……我没有好的家庭结构，父母不会支持我只学习而不工作。【高中老师们说让你上公立大学了吗?】说了一些吧,但我没有尝试。感觉这不在我的能力范围之内。

(20161123,063 Helena,UNIP,Santo Amaro)

她认为家人不会在经济上支持她上全日制学习的精英公立大学,因此必须靠自己工作来支付大学学费。她的大学机构和专业的选择受经济条件的制约。她的 ENEM 成绩足以通过 PROUNI 项目拿到教学质量更好一些的圣朱达斯大学 50% 的奖学金,但即便如此,每学期增长的学费对 Helena 而言依然昂贵。她对比了 FMU 和 UNIP 的管理学专业,选择了学费更低的 UNIP。确定管理学专业也是出于经济原因,该专业对此后就业而言比较实用。

选择 UNIP 是因为这所大学是比较有名的大学之一,对于我的简历比较好,当然不能跟 Mackenzie 之类的大学相比,但也是知名的……我认为单纯学习知识是不够的,要去应用这些知识,要真正地去理解。迄今为止的大学课程以理论为主,实践性不够,需要我们自己通过工作去实践。

(20161123,063 Helena,UNIP,Santo Amaro)

三 缺乏投资:兼顾工作与学习

FMU 学生 Hudson 和 UNIP 学生 Bianca 属于第三种资本转化困难的情况。他们来自典型的工人阶级家庭,父母缺乏可以投入子女教育的经济资本,但在一定程度上也重视子女的教育问题,不要求子女在基础教育阶段通过工作贴补家用。这类学生大多在年满 14 岁后开始兼职工作,用于满足自己的日常开支。他们通过这种方式补足了自己的经济资本,但由于文化和社会资本的缺乏,使得增加的经济资本无法发展出对精英大学的强教育抱负。Hudson 和 Bianca 都属于对精英大学具有弱教育抱负的类型。他们在意愿上想要进入精英大学,主要指的是公立大学,同时参加了入学考试,但在失败一次后就放弃了。

(一) FMU 混血男生 Hudson

FMU 混血男生 Hudson 在 2016 年 11 月接受访谈时 21 岁,在 FMU 就读控制与自动化工程的第二学期课程,是 PROUNI 项目的全额奖学金生。他来自离异家庭,出生后不久父母就离婚并各自组建了家庭,他从小由爷爷奶奶抚养长大,偶尔去父母家待一段时间。他家在圣保罗大都会地区东南部的迪亚德玛市(Diadema),距离圣保罗市中心约 22 千米,到 FMU 就读校区至少需要坐一个半小时的公共交通工具。Hudson 的父母和祖父母都是圣保罗地区的人,爷爷已经去世,之前是保安;奶奶上学到小学四年级,曾任公立学校的厨师,算是公共部门基层工作人员,现在已经退休。他与母亲的关系比较亲近,母亲高中毕业,是家政女工;父亲也是高中毕业生,是灯光照明技术人员。Hudson 目前与奶奶住在一起,家庭收入约为每月 3000 雷亚尔。

Hudson 的父母由于离异并各自组建家庭,无法给予他足够的关心和支持,更没有在他的教育上投入经济资本。爷爷奶奶的收入微薄,也没有基于文化和社会资本的对教育投资的认识。Hudson 从 16 岁上高二时开始工作,在社区内的一所小型技术培训学校担任信息课程的老师,每天晚上授课,以此满足自己的日常开支。

Hudson 从家庭结构内获得的文化和社会资本比较有限。他的妈妈和奶奶认识到教育的重要性,鼓励他努力学习。奶奶认同大学的教育价值,鼓励他上大学;妈妈在他初等教育阶段经常送他去上学。在大家庭里,与 Hudson 同辈的亲属中,有两个表姐大学辍学;有四个表亲正在上普通私立大学,一边工作一边学习。Hudson 的家庭结构内缺乏对精英大学的认知与相关信息,进入普通私立大学已经非常不错了。他从一个在工业领域工作的叔叔那里得知了工程领域教学质量较好的私立大学 FEI 和圣朱达斯大学,此后以此为高等教育目标。

他从学校结构内获得了更多文化和社会资本,尤其是高中阶段。基础教育阶段他一直在距家约 20 分钟车程的公立学校上学,那是一所结合了初等教育和中等教育的州立公立学校。他在学校里的成绩一直都很好，喜欢学习，学习比较轻松，但同时他也认识到公立学校的教育较差，无法给他进入更好的大学提供支持。

> 高中里有些老师会跟学生提起上大学的事，也有些老师根本不会说起。最主要的问题是没有相应的课程支持让我们为大学入学考试做好准备，比如高中我没有物理老师，只有一年有过物理课，化学老师也缺课。生物老师是不错的老师，但学校没有为生物课提供好的硬件支持。我跟她交流挺多，她会跟我说很多关于上大学的事情。

（20161121，059 Hudson，FMU，Liberdade）

Hudson 在高中阶段同时在另一所公立技术高中上信息专业的技术课程。他得知公立技术高中的信息是通过所就读的公立学校的海报；由于那是一所结合了初等和中等教育的学校，海报上大多是关于中等教育阶段的公立技术高中的信息。Hudson 报考了位于家所在行政区的一所公立技术高中的高中课程，但由于竞争比较激烈，没有通过，于是在第二次时单独报考了该校的技术课程。他想上技术课程是因为经常在电视上看到关于此类课程的广告，说接受了技术教育的人更容易找到工作。公立技术课程的设立以及私立技术课程的广泛分布事实上都是为了满足低社经地位阶层的就业需求；在某些情况下，技术课程能够促进低社经地位阶层学生的大学专业选择，使他们了解哪个专业更适合自己或更受就业市场的欢迎。在后一种情况下，公立技术高中的技术课程会吸引一些已经有上大学意愿的学生，他们及其家庭所具有的文化和社会资本通常也更高。Hudson 所上公立技术高中的技术课程就属于这种情况，他通过该公立技术课程产生了更多对大学价值的认同，与同学们在报考大学方面互相鼓励、互相支持。该课程里的同学来自其他的公立高中，许多人想要报考公立大学，尤其是联邦公立大学，但大多也都在失败一次后就放弃了。Hudson 想要上补足学业差距的入学考试辅导班，但认为辅导班都很贵，他没有能力支付学费。他没有获得关于免费的大众辅导班或有奖学金的精英辅导班的信息，也没有从学校结构内获得继续尝试公立大学的鼓励和支持。

从社区结构内的文化和社会资本来看，Hudson 的学校和工作结构与社区结构的重合度高，因此也没有从社区内获得能够成为转化条件的文化和社会资本。虽然他在高中阶段有半天时间在离家稍远的公立技术高中上技术课程，但每天的大部分时间依然在家附近社区内的学校学习，在同一个社区内的技术培训学校教课。他在公立技术课程里的同学大多也来自与他文化和社会资本相近的社区。他还是虔诚的天主教徒，从 14 岁起就经常参与教会活动，并帮助教会做一些志愿工作。Hudson 的大部分朋友都来自基础教育阶段的公立学校，他们拥有较为相近的教育场域内的文化和社会资本，基本上都在一边工作一边上普通私立大学。

由此，Hudson 没有从各个结构内获得足够的文化和社会资本作为转化条件，使自己积累的经济资本发展出对精英大学的强烈教育抱负。他以通过 PROUNI 项目获得工业领域教学质量较好的 FEI 为目标，此后连续考了三年的 ENEM，尝试以 ENEM 成绩获得 FEI 的全额奖学金，但都没有成功。有一次他通过了 FEI 的入学考试但没有获得奖学金，无法支付每月 1900 雷亚尔的学费。在四次尝试入学 FEI 不成功后，他改换报考入学门槛低很多的 FMU，顺利获得了 PROUNI 的全额奖学金。对于公立大学，他只在高三毕业那年用 ENEM 成绩尝试报考了 ABC 联邦大学（Universidade Federal do ABC），失败后就没有再次尝试。在高中毕业后的三年里，他辗转不同的技术培训学校教授信息课程，以此保持自己的经济独立并积累一定的经济资本。他屡次尝试私立大学的奖学金，但没有将这种教育抱负扩展到精英公立大学或教学质量更好的精英私立大学。

老师们提到的公立大学主要是 ABC 联邦大学，USP 就不需要再说了，大家的梦想都是上 USP，圣保罗所有人的梦想都是上 USP。但我没有考 USP，因为觉得自己的知识储备不足以考上那个大学，而且有那些一年里从早学到晚就为考 USP 而做准备的人，我没法与他们竞争。

（20161121，059 Hudson，FMU，Liberdade）

Hudson 具有对精英大学的入学意愿，但缺乏相应的行动。他宁愿连续三年都尝试获得私立大学的全额奖学金机会，也没有为进入免费的公立大学做补足学业差距的准备，教育场域内经济、文化和社会资本的缺乏使他做出了受实际情况限制的高等教育选择。

（二）UNIP 黑人女生 Bianca

UNIP 黑人女生 Bianca 在接受访谈时 24 岁，在 UNIP 就读管理学专业第七学期的课程，还需要上最后一学期的在线课程就可以毕业了。她与 Hudson 一样，也是 PROUNI 项目的全额奖学金生。她与父母、姐姐和弟弟一起住在圣保罗市南部的坎布林布区（Campo Limpo），距离市中心约 20 千米，是平民化社区和贫民窟共存的社区。该区的居民中，属收入分层中 A 阶层和 B 阶层的人数比例约为 11.8%，C 阶层比例约为 67.5%，社会底层的 D 阶层和 E 阶层约为 15.5%。[①] Bianca 家每月收入如今约为 4000 雷亚尔，其中 2400 雷亚尔是她的每月工资收入，姐姐目前处于失业状态。她的父母都是从巴西东北部巴伊亚州来到圣保罗的国内移民，姐弟三人都出生在巴伊亚，在 Bianca 三岁时全家搬到圣保罗。全家都是黑人，Bianca 是家里肤色最浅的。她的父亲上学到小学四年级，是集市的蔬菜小贩；母亲高中毕业，是家政女工；姐姐比 Bianca 大两岁，是家里第一个上公立大学的人，但她的专业入学竞争较小，在

---

① 数据来源：巴西国家地理统计局 2010 年人口普查数据，https://sidra.ibge.gov.br/home/pimpfbr/brasil。

毕业后较难就业；小七岁的弟弟即将高中毕业，也准备上大学。Bianca 的父母辛勤工作，逐渐积累经济资本，在租房 13 年后购买了自家的房子。

Bianca 的父母缺乏可以投入子女教育的经济资本，没法为子女支付教学质量更好的私立学校的学费，但不要求子女在经济上帮衬家里，鼓励子女自己努力去争取家庭无法为他们提供的教育机会。Bianca 和姐姐从高中阶段就开始一边学习一边工作，她从 15 岁起在家附近一家幼儿园照顾孩子，高中毕业一年后进入位于富人区的一家公司做行政工作，在两年后因工作需要而开始上普通私立大学的管理学课程。

从家庭结构内的文化和社会资本来看，Bianca 的父母重视子女的教育，鼓励他们努力学习，但缺乏对大学教育的认知，没有与此相关的信息。比 Bianca 大两岁的姐姐具有对精英大学的强教育抱负，但因学业差距只能考入精英公立大学入学竞争较小的专业；她先通过 PROUNI 项目进入一所普通私立大学学习，之后不断尝试，在辅导班里补习，最终进入了 USP 的自然科学专业。她的教育轨迹对妹妹 Bianca 而言是一种激励，她也督促妹妹连续四年重考 ENEM，以此获得 PROUNI 的私立大学奖学金。由于姐姐进入 USP 的时间与 Bianca 进入 UNIP 的时间相近，因此其公立大学经历没有对妹妹的高校教育抱负产生更多影响。姐姐在公立大学里边缘化的处境反而让 Bianca 坚定了不考精英大学的想法。

从学校结构来看，Bianca 一直都在普通公立学校上学，她认为她所上的公立学校缺少文化和社会资本。在教育活动方面，她从五年级开始就没有固定的科学课老师，其他科目的老师也经常缺课；学校的教学内容简单，她不做家庭作业都能轻松通过考试；学校课堂秩序差，大多数同学都不会好好学习。老师鼓励学生上大学，但通常只是象征性地提及，也没有提供关于大学的入学程序和经济资助信息；老师们让学生考 ENEM，主要是完成以 ENEM 成绩作为评估公立学校教学质量的任务，并没有告诉学生如何用 ENEM 成绩申请免费的联邦公立大学或私立大学的奖学金项目。作为班里成绩较好的学生，Bianca 得到了个别老师的教育激励，在一名老师的影响下对文学产生兴趣。她在基础教育阶段的文科成绩不错，尤其是葡萄牙语成绩一直很好，但理科成绩差一些，与公立学校在理科教学方面的弱势相关。她在公立学校的同学们有少数一边工作一边上普通私立大学，其他人大多在小吃店、餐厅等从事较为基础的服务工作。

从社区结构来看，Bianca 也没有获得作为转化条件的文化和社会资本。她在基础教育阶段的学校和工作结构也与社区结构较为重合，学校位于家附近社区内，工作也是同社区内的幼儿园，因此没有从社区内获得更多文化和社会资本。她是天主教徒，此前经常去教堂参加活动，在上大学后因为要兼顾工作和学业而无法常去教会。

Bianca 有进入精英公立大学的意愿，也在高三毕业那年报考了 USP 的文学专业，但没有通过。事实上，她的 ENEM 成绩足够通过 SISU 系统进入巴西北部马拉尼昂州（Maranhão）一所联邦公立大学的文学专业，但考虑到该州离圣保罗太远且文学专业的就业前景一般，她没有去注册报到。即便是报考 USP，她也选择了入学竞争小的文学专业，属于精英公立大学内的"非精英"专业，姐姐的高校选择也体现了这一点。高三毕业没能进入免费的公立大学后，Bianca 没有立刻上大学，因为工作对当时的她而言更加重要。她开始了目前的这份工作，同时去上了一门为期一年的"秘书学"技术课程。与她一起上该技术课程的大多是已经大学毕业的女性，大学专业都是管理学，上技术课程是为了学习工作需要的新技能；同时，如果她在公司要求加薪，必须是大学在读生的身份，上司也鼓励她上大学。由此，Bianca 从工作结构内获得了促进教育的文化资本和社会资本，但这些文化和社会资本也不足以成为转化条件。

Bianca 通过较早进入就业市场而获得的经济资本转化为了使她发展出对普通私立大学教育抱负的经济、文化和社会资本。从高中阶段开始工作所积累的经济资本使她在教育场域内能为自己的大学教育投资；大学刚入学时她没有 PROUNI 奖学金，用自己的积蓄支付了一年学费。虽然有全额奖学金，但 Bianca 没有停止工作，她需要通过工作收入维持

第五章 资本转化：困难与可能

自己的日常支出，同时攒钱买公寓。在文化资本方面，她认同大学文凭的象征价值，学习的目的从来都是获得好的物质回报。在社会资本方面，她在一个高中同学的推荐和鼓励下选择了 UNIP。姐姐的精英公立大学教育经历对她而言不是鼓励，而是反面示例，进一步阻碍了她发展出对精英大学的强教育抱负。

> 我不像我姐姐那么努力，她也是公立学校毕业，比我大两岁，上了两三年的辅导班才考上公立大学。当时很多人都不相信她可以考上，我妈妈的雇主说她很难考上的，其他人也都说"干吗这么努力学习，这不是穷人该上的大学"……姐姐跟我说，在公立大学里，那些比她经济条件更好的人只是在课上一起做作业的时候跟她有交流，课下都不会看她、跟她说话，好像不认识一样。我觉得我没法处理这样的情况，我宁可去私立大学上课也不想受这种气。
>
> （20161212，069 Bianca，UNIP，Santo Amaro）

经济资本、文化资本和社会资本的有限性使 Bianca 不仅没有发展出对精英大学的强教育抱负，而且在很大程度上接受了社会不平等的现状。

> 对我们这些从公立学校毕业的学生，高中毕业后很难找到好的工作，为了找到好工作而上大学就要付学费。就像老师们说的，那些晚上上课的人，都得白天工作……我从现在的工作中不断学习东西，但工作很辛苦，每天早上8点到晚上6点，早出晚归都看不到太阳。我想要一份时间更加弹性的工作，能让我享受生活，更加快乐，出去旅行等……我们生活在不平等中，体现在学校教育里、公司里。我跟那些每月收入7000雷亚尔的公司同事相比，没有机会上那么好的学校，没有机会学好外语，没有机会去国外生活，我一直都是处于下层的。我可以购买公寓是由于"我的家、我的生活"

(Minha Casa Minha Vida，政府保障房政策）的项目，我可以上大学是因为我努力，我不可能同时实现所有梦想，始终都只能实现一部分。而条件更好的人能够实现所有。我姐姐虽然在 USP 上学，但她永远不会像其他学生那样有那么多机会，比如学习多门语言、出国旅行、获得工作推荐机会等，我们没有这些。社会不平等一直都会存在。

（20161212，069 Bianca，UNIP，Santo Amaro）

第二节 转化可能：补足文化和社会资本

少数成功进入精英大学的巴西新中产阶级受访学生在家庭资本结构方面大多也存在不足的情况，不具备足够的教育场域内的经济资本、文化资本和社会资本。然而，他们与两所普通私立大学的受访学生相比，除了家庭经济资本，还从学校、社区、工作单位等各个结构内获得了文化和社会资本。

USP 和 FGV 的受访学生在实现资本转化方面存在三种情况。

在第一种情况下，这些家庭也在子女教育方面投入直接的经济资本，但与两所普通大学受访学生的第一种情况相比，父母本身具有更多文化资本，同时从社区、工作单位等结构内获得了与子女教育相关的社会资本；这些文化和社会资本连同家庭经济资本，使子女逐渐发展出对精英大学的强烈教育抱负。

在第二种情况下，精英大学受访学生的父母在子女教育方面投入间接的经济资本，支持子女在基础教育阶段只学习不工作。这些学生通过学校获得了作为转化条件的文化和社会资本，发展出对精英大学的强烈教育抱负。

在第三种情况下，这些精英大学的受访学生与普通私立大学受访学生的第三种情况一样，也在基础教育阶段后半期开始一边工作一边学习，以满足自己的日常经济需求。他们的家庭缺乏可以投入子女教育的经济资本，子女通过早期就开始参加工作来补足经济资本的不足。此类学生从工作结构中获得了作为转化条件的文化和社会资本，发展出对精英大学的强烈教育抱负。

下文具体分析了这三种资本转化可能的情况，每种情况以两名受访学生作为案例。

一 基于家庭文化和社会资本的教育策略

USP 受访学生 Luana 和 FGV 学生 Gregor 属于第一种实现资本转化的情况。他们来自下层中产阶级家庭，父母本身拥有更多文化资本，对教育有更多认知，同时从社区、工作单位等结构内获得了更多教育场域内的社会资本。这些文化和社会资本连同家庭经济资本，使子女逐渐发展出对精英大学的强教育抱负。Luana 与 Gregor 都具有对精英大学的强教育抱负，教育轨迹类型为"好—好—好"，在基础教育阶段就读的学校，其教学质量都高于社区普通公立学校。

（一）USP 黑人女生 Luana

黑人女生 Luana 在 2016 年 11 月接受访谈时 19 岁，年初时入学 USP 工程学院，目前在上第二学期的土木工程专业课程。她家在圣保罗市西南部的城市边缘地带卡庞雷东多区（Capão Redondo），是一个平民化居民区和贫民窟共存的、犯罪率较高的地区。该区居民中属于收入分层中的 A 阶层和 B 阶层的人口比例约占 5.4%，C 阶层比例约占 70%，D 阶层和 E 阶层约占 18.8%。[①] Luana 的家庭属于收入较为稳定的 C 阶层中的下层中产阶级，父母都在公共部门工作，具有高等教育学历。她的父母都出生在圣保罗，父亲在公立职业技术学院读了高等职业技术课程，是公立高中的数学老师；母亲读了普通私立大学的营养学专业，目前是

---

① 数据来源：巴西国家地理统计局 2010 年人口普查数据，https://sidra.ibge.gov.br/home/pimpfbr/brasil。

公共卫生站的营养师。家里还有一个比她小九岁的弟弟，正在家附近社区内的私立学校读初等教育课程。

Luana 的父母非常重视子女的教育问题，将其视为头等大事，从初等教育阶段起就为子女的教育投入经济资本。Luana 在初等教育阶段上的是家附近社区内的私立学校，因为父亲当时在该校任教而获得了全额奖学金，父亲事实上将自己的社会资本转化为了子女教育场域内的经济资本。Luana 的弟弟目前也在私立学校上学，由母亲支付学费。在 Luana 高中阶段，父母在经济上支持她专心学习、不用工作，为她提供基本生活费用。父母还为她支付了两年的大学入学考试辅导班费用。

从家庭结构内的文化和社会资本来看，她的父母不仅具有高等教育文凭，而且对精英高等教育有更多认同和认知。父亲作为公立学校的教师，通过工作中的社会网络掌握了更多与教育相关的信息。在 Luana 的基础教育伊始，父母就向她强调学习的重要性，告诉她作为处于较低社经地位的黑人要自己努力去追求更好的教育机会。父母还在学业上监督子女，对 Luana 的成绩要求很严格。教师的工作使得 Luana 的父亲通过工作结构内与其他同事的互动获得了更多以信息流动为形式的社会资本。在女儿的初等教育阶段，父亲利用自己的社区私立学校教师身份为她拿到了全额奖学金；在女儿从初等教育向中等教育的过渡阶段，父亲已经了解了与公立技术高中相关的信息，鼓励并督促女儿报考位于城市更中心地带、教育质量更好的公立技术高中；在 Luana 高中阶段，父母鼓励她努力学习并报考 USP，父亲已经了解精英大学能为孩子带来的不同教育机会和工作前景。除了父母有高等教育经历外，Luana 的几个表哥表姐在上普通私立大学；只有一个表哥进入了 ABC 联邦公立大学，但因为离家远、交通时间成本高而无法兼顾学业。

Luana 也从学校结构内获得了作为转化条件的文化和社会资本。在初等教育阶段，Luana 与普通私立大学第一种转化困难案例中的 Gisele 相似，上的都是社区内的私立学校，教育质量高于社区内普通公立学校，如果没有奖学金，每月学费约 700 雷亚尔。Luana 认为该所私立学校的教学质量不错，但同时也认识到有些老师年纪较大，在授课质量上无法与更好的学校相比。她在学校里成绩始终很好，尤其在理科方面有优势。私立学校里的同学们比较同质化，基本来自家附近社区内社会经济条件更好的家庭；由于学校和社区结构的高度重合，此类学校里的学生在高中阶段很难获得可以成为转化条件的文化和社会资本。Luana的父亲正是了解到了这点，支持女儿在高中阶段报考位于城市更中心地带的公立技术高中；公立高中的学生还可以在报考USP时获得加分。Luana可以说是此类公立技术高中的典型学生——下层中产阶级家庭出身、初等教育阶段在私立学校就读，但此类学校里的黑人面孔依然是少数。

Luana就读的公立技术高中名为瓜拉西·席尔瓦（ETEC Guaracy Silveira），是圣保罗市教学质量最好的几所公立学校之一，位于西部富人区，距离她家约一个半小时车程。公立技术高中设有入学考试，能通过入学考试的学生大多学业基础较好并掌握与入学相关的信息。人数众多的低社经地位阶层学生并不知道公立技术高中的高中课程教学质量更好，以为这类学校只提供技术课程。Luana只上了该校的高中课程，没有同时上技术课程，这与父母对她上公立大学的期待相关，希望她能专注于高中课程的学习。她在基础教育阶段上午上课，下午自己学习。公立技术高中的一些老师鼓励学生们报考教学质量更好的大学，尤其是精英公立大学，但并没有专门与学生讨论某一所大学的入学考试内容。Luana主要通过公立技术高中里的同学们获得了更多对精英大学的价值认同、教育鼓励和入学信息。进入该所公立技术高中的学生大多数已经通过家人对精英大学的入学考试有所了解，掌握或寻找与此相关的信息，拥有对精英大学尤其是公立大学的入学意愿；有些同时上技术课程的学生对具体专业的选择也有了决定。许多同学对入学考试辅导班也有认知，普遍的共识是想要上公立大学就要进入辅导班补习。Luana采取了同样的补足学业差距的策略。此外，学校往届学生中考入精英大学的成功案例对Luana而言是一种教育鼓励，显示了公立学校学生进入精英大学的可能性。她的高中同学们基本上都在上大学，但大多上的还是普通私立大学，一边工作一边上学；只有少数同学考入了公立大学。

从社区结构来看，Luana 与家所在社区内的人并不熟识，也不常去教堂。高中阶段她在离家较远的富人区上学，初等教育阶段的私立学校离家约 20 分钟车程，学校里的同学也不住在与她相同的社区。此外，由于父母对她的严格要求和管束，她事实上远离了所住的低社经地位社区，也在很大程度上避免了对教育的负面影响。

Luana 从家庭和学校结构内获得的作为转化条件的文化和社会资本使家庭经济资本发展出她对精英大学的强教育抱负。父母对女儿教育的经济资本投入使 Luana 可以专注学习，她将此称为一种"特权"。父母的经济支持使她在做高校选择时能坚定选择全日制学习的精英大学。高中毕业后的两年间，她还上了教学质量很高的私立辅导班；虽然有奖学金，但每月学费仍为 200—400 雷亚尔。父母承担了她的辅导班学费和所有的生活开支。在文化资本方面，她认同精英大学的教育价值，尤其是精英公立大学，渴望进入此类高校，为此目标努力学习，通过两天的辅导班苦读补足学业差距。她对教育的理解不限于学习知识和技能，而认为更重要的是对人文素养和公民责任感的培养。

> 我们有时候说公立学校差，是因为它不能为学生的大学入学考试做好学业准备。但我认为教学不应该只是围着考试转，只为了让学生通过考试；很多私立学校都是如此，不考虑教学生什么是公民权利，也不考虑学生的心理问题……我们在瓜拉西·席尔瓦公立技术高中学习到了关于公民权利以及人文方面的知识，我不会用这样的经历去交换在一所只以准备考试为目的的学校的学习机会。

（20161101，039 Luana，USP，POLI）

在社会资本方面，她获得了关于多所精英公立大学的入学程序信息和经济资助信息，尤其是入学后学校可以提供的奖学金和住房补助的金额，这些都有助于她选择精英公立大学。父母、同学和老师的教育鼓励和支持也激励着她为进入精英大学而苦读多年。

在入学的过程中以及入学后，Luana 越来越感受到并理解基于性别、种族和阶层的社会不平等。

> 在我上辅导班时差不多班里有 200 个人，只有我一个是黑人；有研究显示，在 2014 年之前的 120 年里，只有七名黑人女性从 POLI 毕业。入学的黑人女性数量不止这些，但没能毕业……之前我并没有那么积极参与（反对种族歧视的）抗争，并不认为发生在我身上的事是种族歧视，但随着我们学习的东西越多，就越会意识到小事情上体现出来的种族歧视……在我们班上，只有我一个人住在卡庞雷东多区，还有另外一个黑人男生住在东南部的迪亚德玛市，我们是班上仅有的穷人。POLI 还有其他一些学生也是从公立学校毕业的，但数量不多，而且条件比我更好一些。现在我们还在本科学习阶段，皮肤颜色可能没有那么大的差别，但等到我们开始找工作了，同样经济条件出身的话，皮肤颜色对于找工作会有影响。
>
> （20161101，039 Luana，USP，POLI）

（二）FGV 白人男生 Gregor

白人男生 Gregor 在接受访谈时 18 岁，与 Luana 一样，也在年初时入学 FGV，上第二学期的公共管理课程。他与家人住在圣保罗大都会地区西南部小城市达邦达赛哈市（Taboão da Serra），距离圣保罗市中心约 20 千米，可以算是南部边缘地带的起始处。Gregor 家属于较为典型的实现经济向上流动的巴西新中产阶级家庭，在他小时候只有父亲一人工作，家庭收入约为 2—3 个最低工资数额；如今母亲和姐姐都参加工作，家庭收入提高为 4—5 个最低工资数额，按 2016 年的标准约为 4000 雷亚尔。他的父母都出生于圣保罗，父亲上学到小学四年级，目前拥有一辆出租车并任驾驶员；母亲目前是公立幼儿学校的教师，在 Gregor 12 岁时开始上为期两年的师范专业的高等教育课程，此前曾是社区内私立学校的教师，但因没有大学文凭而长期待业在家。两个姐姐都有普通私立大学的教育经历，大姐已毕业，在公共卫生站工作；二姐一边上大学课程，一边在广告公司工作。

Gregor 的父母重视子女的教育问题，为此投入经济资本。Gregor 一年级时就读于社区私立学校，母亲在那所学校任教，因此他获得了奖学金。母亲离职后，他就转到了家附近的一所普通公立学校，但母亲不想让他在家附近上学，通过一个阿姨提供的信息找到了一所离家较远的、教学质量更好一些的公立学校。因此，Gregor 从初等教育第二阶段（五至八年级，相当于初中）起就每天坐公交车上学，父母为其负担车费。Gregor 在高中阶段不需要工作，可以专心学习，父母承担他的日常开支。父母能够为他的教育投入经济资本，得益于家庭经济状况的整体好转。大姐在高中时期就开始一边学习一边工作，二姐和 Gregor 则不用在高中时期就帮衬家里。

> 我们家的生活质量在改变，十年前跟现在不一样，更艰难。我父母鼓励大姐学习，但她 15 岁就开始在一家公司工作，参与的是"少年学徒"项目，一边上州立的普通高中一边工作，之后她决定要上一所大学来提高文凭，以此更好地工作……我二姐也是同样的情况，她跟我上的是同一所技术高中，高中期间没有工作；她想上传播专业但没考上公立大学，于是就上了付费的私立大学，我父母没法帮她支付学费，于是她就得自己工作……我开始上公立技术高中时，妈妈重新开始工作了，是市立学校的老师，而两个姐姐也在经济上稳定了，所以我家的经济条件好一些了。我有充分的自由可以专注学习，没有工作的压力。所以我可以上一所全日制的大学，试着获取最好的大学学历。

（20161114，043 Gregor，FGV，EAESP）

第五章 资本转化：困难与可能

家庭经济资本的投入需要各个结构内的文化和社会资本作为转化条件，才能使子女发展出对精英大学的强教育抱负。Gregor 与 Luana 一样，也主要从家庭和学校结构内获得作为转化条件的文化和社会资本。

从家庭结构来看，Gregor 的母亲作为幼儿教育的老师并学习了师范专业的高等教育课程，对巴西的教育系统有更多认知。母亲深刻了解公立教育系统的劣势，从小就鼓励并严格督促子女们认真学习。因此 Gregor 从小就养成了努力学习的习惯，也喜欢学习。母亲也认识到家庭所在的低社经地位阶层社区对子女教育的负面影响，因此在教育早期就想办法送 Gregor 去离家更远的、社经地位更高的社区上学。父母虽然缺乏对精英大学的更多认知，但始终鼓励他上更好的学校，追求自己的梦想。在社会资本方面，母亲和姐姐们的大学教育经历对 Gregor 而言是一种激励，尤其是母亲在工作这么久后还能克服各种障碍实现自己的高等教育梦想。父母在子女的基础教育阶段，努力为他们获得更好的教育机会寻求信息。Gregor 在初等教育第二阶段能够进入教学质量更好的公立学校，就是通过母亲从大家庭中的一个阿姨那里得到的信息。他在高中阶段进入公立技术高中学习，是因为家人对公立技术高中早有了解，知道此类学校的教学质量更好，因此鼓励他在初等教育阶段就为报考公立技术高中做准备；家人对此类高中的认知是通过二姐在学校里的同学提供的信息。此外，Gregor 的表哥在他考入 FGV 前就已经在该校上公共管理专业的课程，出国交换学习并在一家国际组织做了研究方面的实习工作，这对 Gregor 而言是一种巨大的教育鼓励，体现了低社经地位阶层学生进入精英大学的可能性，尤其还是私立精英大学。表哥也为他提供了与 FGV 相关的入学信息、资助信息等，鼓励并支持他报考，促使 Gregor 在考虑精英公立大学的同时也将 FGV 列入高校选择名单。

从学校结构来看，Gregor 在基础教育阶段上的学校在教学质量方面高于边缘地带社区内的普通公立学校，尤其是初等教育第二阶段位于社经地位更高地区的公立学校以及中等教育阶段的公立技术高中。离家更远、教学质量更好的公立学校为 Gregor 通过公立技术高中的入学考试提供了学业准备方面的支持。他在八年级时考入了与 Luana 相同的瓜拉西·席尔瓦州立技术高中，就读该校的高中课程；他同时报考了另一所隶属于联邦公立职业技术教育学校的圣保罗联邦教育、科学和技术学院（Instituto Federal de Educação，Ciência e Tecnologia São Paulo），就读于该校的土木工程技术课程，该校还设有大学课程。这两所公立技术高中被认为是圣保罗市教学质量排名前列的公立学校，设有竞争激烈的入学考试，可以说是公立学校中的精英学校。瓜拉西·席尔瓦公立技术高中在人文学科方面有出色的师资，教学质量高，Gregor 因此具备很强的人文学科基础，但在理科方面有较大的弱势。学生们要进入精英大学，通常还需要在辅导班里补足学业差距。该校老师大多都鼓励学生报考教学质量好的大学，学生们大部分也已有高等教育抱负并渴望上精英大学，尤其是公立精英大学。在社会资本方面，教学质量更好的公立技术高中内，老师们倾向于与学生分享更多与大学入学相关的程序和资助信息，因为大部分学生爱学习且已有读大学的意愿；许多学生的家庭文化资本更高，因此对精英大学已有更多认知和信息，并与其他同学分享；学校内还有许多与大学入学辅导班相关的信息流动，学生们已有先上辅导班补足学业差距再考精英大学的共识。此外，该校很多毕业生都进入 USP 学习，但大多数人的专业入学竞争小，如文学院和社会科学院的诸多专业；少数学生进入医学、法学等精英公立大学内竞争激烈的学科。这对于 Gregor 和他的同学们而言都是重要的鼓励和支持。

在社区参与方面，Gregor 与 Luana 相同，从初等教育阶段开始就在离家较远的社经地位更高的社区学习，而且在高中阶段同时上高中课程和技术课程，相当于全日制学习，因此他的大多数朋友都不是来自家附近同一社区内，而主要来自学校。他的父母和祖父母是福音派教徒，经常去教堂，他也在周末时去教堂，但并不将教会作为交友场所。

在家庭资本转化的过程中，Gregor 不断积累自己在教育场域内的经济、文化和社会资本。父母在经济上的支持使他可以专心学习，同时将全日制学习的精英高校列为自己的目标。他在学业上非常努力,喜欢学习,认同学习对个人成长的价值,认同精英大学的教育价值。高中阶段他虽然同时上技术课程,但始终明确自己要考精英大学的目标。他在高三毕业时同时通过 ENEM 成绩报考了 USP 的地理学,通过 USP 单独设立的入学考试 vestibular 报考了法律专业,还报考了 UNICAMP 的经济学专业以及 FGV 的公共管理专业。FGV 的精英私立大学特征并没有消减 Gregor 的入学意愿,他深刻意识到精英大学能带来不同的教育和人生发展机会;对 FGV 针对低社经地位阶层学生奖学金项目信息的了解以及来自家人、同学、老师的鼓励支持都促使他报考该校。他通过了 FGV 的入学考试,也通过 ENEM 获得了 USP 地理学专业的入学机会,最终选择了能使他有机会进入公共服务部门工作的 FGV 公共管理专业。Gregor 没有通过其他的入学考试;FGV 的考试注重学生的人文基础,因此对他而言更容易通过。

Gregor 认为自己的教育轨迹是非常规的,他在公立技术高中里的大部分同学至今都还在为考大学而上辅导班,而普通公立高中的学生则大多在高中毕业后直接开始工作,数量更少的人一边工作一边上普通私立大学。低社经地位阶层在高校教育机会方面的弱势地位体现的是巴西长久以来社会不平等和社会固化的状况。

> 巴西的不平等程度是吓人的。荒谬之处在于这种不平等不仅是收入不平等,而且生产两种不同阶层的人,一些是可以享受好的服务(比如健康、教育、生活福利)的人,另一些是没有这些服务使用权的人。而且更荒谬的是,如果一部分人想要享受好的服务,就恰恰需要另一部分不能享受服务的人来提供。我觉得 2002 年后的政府(左翼劳工党政府)做的事情是为了促进一定程度的社会流动性,但这种流动性非常少、极少,与这个国家的不平等程度相比太少了……高等教育的情况也是如此,人们有了更多的入学机会,但还是有两种阶层的对立,上好的大学依然是特权……规定为

权利的东西是普遍性的，没有基于收入、性别、肤色等的区别。只有我们可以将所有东西都塑造为权利而不是特权的时候，社会才会平等。我选择公共管理就是想要为此做出一点贡献。

（20161114，043 Gregor，FGV，EAESP）

二　基于学校文化和社会资本的间接投资

USP 受访学生 Vitoria 和 FGV 学生 Jorge 属于第二种实现资本转化的情况。他们来自较为典型的工人阶级家庭，父母重视子女教育但缺乏文化和社会资本，愿意为子女教育投入间接形式的经济资本，支持他们在基础教育阶段只学习不工作。Vitoria 和 Jorge 主要从学校结构内获得了作为转化条件的文化和社会资本，使家庭的间接经济资本投入发展出他们对精英大学的强教育抱负。这两名学生对精英大学都具有强教育抱负，教育轨迹类型为"普通—好—好"，在初等教育阶段就读于普通公立学校，但在高中阶段进入教学质量更好的学校学习。

（一）USP 混血女生 Vitoria

混血女生 Vitoria 在接受访谈时 24 岁，已经是在 USP 学习的第六个年头。她于 2011 年年初入学 USP 的建筑学院，学制为五年，在第四年时她去英国交换学习一年，2016 年又开始学习工程学院的土木工程课程，预计毕业还需两年半时间。她与家人住在圣保罗大都会地区北部的瓜鲁柳斯市（Guarulhos），距离圣保罗市中心约 20 千米，离 USP 所在的位于城市西部的大学城更远。她家属于 C 阶层中的工人阶级家庭，目前每月收入约 2000 雷亚尔。她的父母都是在十多岁时从巴西东北部塞阿拉州来到圣保罗打工的国内移民。父亲高中毕业，早年上了一阵子普通私立大学的数学课程，但因无法兼顾工作和学业而退学，职业是冶金工人，目前已经退休；母亲也是高中毕业生，职业是家政女工。Vitoria 是家里的老大，还有一个比她小一岁的妹妹和一个比她小两岁的弟弟。妹妹和弟弟在普通私立大学上学，都需要一边学习一边通过工作来支付学费。弟弟在家附近的一所私立大学上为期两年的高等职业技术课程,妹妹已经因为无法兼顾学业和工作而暂停课程,目前妹妹和弟弟都处于失业状态。

与普通私立大学受访学生中资本转化困难的第二类情况相似的是,Vitoria 的父母虽然没有可以直接投入子女教育的经济资本,例如送她去私立学校等,但支持女儿在高中阶段不用工作,专心学习并准备大学入学考试。她在高中阶段所上的公立学校是离家更远的、位于更高社经地位阶层社区的学校,父母对此予以经济支持。他们还为 Vitoria 支付了两年的辅导班费用。

在家庭文化和社会资本方面,Vitoria 的父母区别于第一种资本转化情况的学生的父母。她的父母没有大学文凭,不具有更多与教育相关的信息,没有通过自己的社会网获得关于基础教育阶段教学质量更好的学校的信息,对精英高等教育更缺乏认知。他们重视子女的教育,在子女小时候督促他们认真学习,鼓励并支持子女上大学。但 Vitoria 的父母并没有鼓励她上 USP,实际上也不想让她上精英大学。他们认为进入 USP 很难,即使女儿成功考入,也会因为社会经济条件的差距面临难以融入或学业困难等问题。大家庭中只有一个表姐上过护士专业的高等教育课程,Vitoria 是大家庭中第一个考入公立大学的人。

Vitoria 主要从学校结构内获得了作为转化条件的文化和社会资本。她在初等教育阶段所上的普通公立学校离家很近,只有两个街区的距离;学校的教学质量无法与私立学校或位于更中心地带的公立学校相比,但相对而言是家附近社区内稍好一些的学校。她每天上午上课,喜欢学习且努力学习。学校的一些与艺术相关的课外活动使她对此产生了兴趣。学校里的数学和英语老师不仅认真教学,而且鼓励 Vitoria 好好学习,并为她提供了课外阅读书籍,使她在阅读方面打下了良好的基础。她在高中阶段所上的公立学校离家更远一些,坐公交车需要 30 分钟。她并没有通过初等教育阶段学校内的社会网络得知关于公立技术高中的信息,但她通过同班同学获得信息,进入了这所教学质量更好一些的普通公立高中。获得父母的同意后,Vitoria 与这名同学一起注册入读了这所高中。这所公立高中的教学质量高于城市边缘地带的社区普通公立高中，但无法与私立学校或公立技术高中相比，有些老师也存在教课随意或缺课的行为。学校内的某些老师给了 Vitoria 特别的教育鼓励，激励她主动追求更多东西，改变生活现状，报考教学质量好的精英大学，并给予她学业上的指导。这所公立高中内的学生有的与 Vitoria 一样来自城市边缘地带的贫寒社区，有较好的学业基础和较高的教育抱负；有些则来自学校所在社区，家庭文化和社会资本相对更高。Vitoria 在与班里一小群认真学习的同学的互动中，获得了更多关于精英大学尤其是公立大学的入学信息，加强了对精英大学教育价值的认同，并得到了来自老师与同学对报考精英大学的鼓励和支持。

> 老师们对我的激励很多，我很幸运。他们看到我很好学，就会给我额外指导，解答我的问题。其实也是我自己主动去找老师的，你主动去找老师，他们就会给你更多的关注。高三那年，老师们会借我很多书。我做了一套 USP 入学考试的真题后向老师们请求答疑，他们就给我解答。【你自己去找题目做的吗？】我自己去找题目，有些朋友也给了我学习资料，老师们也帮忙。你自己努力追求的话，周围的人也会帮助你。
>
> （20161116，046 Vitoria，USP，POLI）

在社区参与方面，Vitoria 因高中阶段的学校不在家所在社区内，且专心学习准备大学入学考试，在社区活动中的参与度不高。她在高中前经常跟母亲去教堂，但此后因为考大学的忙碌日程而稍微疏远了宗教活动。

对 Vitoria 而言，父母在她教育场域内的经济资本投入在作为转化条件的学校结构内的文化和社会资本的作用下，使她发展出对精英大学的强教育抱负。父母的经济支持使她可以将全日制学习的精英大学列入高校选择的范围内，尤其是免学费的精英公立大学；即便她因全日制学习而无法同时工作，父母也愿意承担她的基本生活费用。Vitoria 从高三就开始上辅导班，高三毕业那年没有考上 USP 的建筑学院，又在辅导班里补习了一年后才考入。她上的是一所精英化的辅导班，学费较高，她获得了部分奖学金，另一部分学费由父母帮忙支付。在辅导班的学习让她意识到了自己在学业上的差距，因此更加勤奋学习。这两年辅导班期间，她每周七天都在学习，每天从早上六点学习到下午。高三毕业那年，她报考了 USP、UNICAMP、UNESP 等精英公立大学，没有通过考试，只通过 ENEM 成绩获得了一所二流私立大学的 PROUNI 全额奖学金；对精英公立大学的向往激励她继续苦读一年，最终通过了以上所有高校的入学考试。她认同精英大学的教育价值，尤其是对提升学术水平的意义，认为就读精英大学的目的不仅限于文凭带来的物质利益。

一开始我就想上一个让我觉得值得的大学课程，我想的不仅是课程能带来的未来好处，而且包括现在我可以学到的东西。我喜欢学习，喜欢有质量的教学。我想要专心学习，同时也希望老师能够指导我在学术方面不断进步。（大学课程的）学术水平对我而言很重要。比如麦肯齐长老会大学的建筑学专业毕业生虽然在就业市场上的前景和表现很好，但对我而言，学术知识更加重要。USP 建筑学院的学生对世界有更多的批判性意见。建筑学的意义及影响是对社会做出贡献，而不只是学习技术层面的知识。【你进入 USP 建筑学院前就知道这些吗？】有一个大致的概念，之后才知道得更多。之前自己做过搜索和调查，然后跟老师交流等。

（20161116，046 Vitoria，USP，POLI）

（二）FGV 混血男生 Jorge

FGV 混血男生 Jorge 在 2016 年 12 月接受访谈时 21 岁，在 FGV 就读公共管理专业的第八学期课程，年末就可以毕业。他与 UNIP 的黑人女生 Bianca 一样，也来自圣保罗市南部的城市边缘地带坎布林布区，距离市中心约20千米，是平民化社区和贫民窟共存的社区。Jorge的家庭可以算是典型的工人阶级家庭，目前家庭收入仅依靠母亲每月2200雷亚尔的工资。他的父母都是早年从巴西东北部较为贫穷的地区来到圣保罗的国内移民，父亲是肤色较深的黑人，上学到八年级（相当于初中毕业），此前是出租车司机，在2007年去世；母亲是肤色浅一点的混血人，在约40岁时拿到了成人高中文凭，此前担任过公司茶水员、清洁工、照看孩子的奶妈，如今在家附近的一所私立学校做管理学生的工作。Jorge还有一个比他大七岁的哥哥，已经结婚，高中毕业后没有上大学，如今是网约车司机。父亲在与母亲结婚前的第一次婚姻里还有四个孩子，不过与Jorge没有太多联系。

虽然家庭经济拮据，但Jorge的父母重视孩子的教育，愿意为此投资，但他们没有能直接投入子女正式教育的更多经济资本，只能为他们支付一定的交通费和生活费。Jorge在初等教育阶段的前五年在离家远一些的公立学校上学，父亲为其支付校车费；之后家庭经历了经济困难时期，他只能转学到家附近同一条街上教学质量更差的一所普通公立学校。父母还为Jorge的哥哥支付技能培训课程的学费。Jorge在高中阶段得到去精英私立高中学习的奖学金机会，此时父亲已经去世，家里经济更加困难。即便如此，母亲依然支持Jorge在高中阶段专注学习，不用通过工作来贴补家用。

从家庭结构来看，Jorge的父母也不具备可以作为转化条件的文化和社会资本。父母的受教育水平较低，在他进入大学前都只是初等教育毕业，对高等教育缺乏认知，对精英高校更是陌生。他们重视孩子的教育，鼓励Jorge和哥哥努力学习，但对教育的价值认同仅限于文凭对找工作的象征意义与潜在的物质利益。Jorge小时候的梦想是拥有一辆法拉利汽车，父亲以此鼓励他好好学习。父母给Jorge和哥哥很多自主权，强调他们应该为了自己想要实现的梦想而自主学习。父亲试图为Jorge寻找更好的教育机会；母亲在父亲去世后，继续激励儿子们努力学习，在经济上支持Jorge专心学习，每周六送他去图书馆看书。在大家庭中，

Jorge 是第一个上大学的人,因此也没有从亲属那里获得更多与精英大学相关的信息和激励。

与 Vitoria 一样,Jorge 主要从学校结构内获得作为转化条件的文化和社会资本。他在高中之前一直上的是公立学校。幼儿园结束时,学校会帮助学生选择一所初等教育阶段的公立学校,Jorge 被分到了一所教学质量稍好的学校,而哥哥则去了一所差一些的学校,这一决定具有随机性。四年级结束时,Jorge 再次在学校的分配下进入一所教学质量高于社区内普通公立学校的初等教育第二阶段的公立学校,需要坐校车上学。他在这两所学校内打下了较好的学业基础,对学习产生了较大的兴趣,得到了来自老师的教育鼓励。在六年级因父亲无法负担校车费而不得不转学到家附近社区内的一所普通公立学校后,Jorge 的学业成绩在班里名列前茅。就在那一年3月,Jorge 的父亲去世,同年6月他所在的学校推荐他去参加非营利性组织 Ismart 提供的奖学金入学考试。Ismart 是由巴西企业家创建的社会项目,在贫民窟和贫寒社区寻找学习成绩好的学生,为他们提供更好的教育机会,送他们到精英私立高中学习并在此后支持这些学生进入精英高校竞争激烈的精英专业。Jorge 通过了选拔程序,在高中阶段进入圣保罗西部富人区的一所传统精英私立高中圣多亚美利哥学校(Colégio Santo Américo)。这所高中的每月学费约为3800雷亚尔,跟 FGV 的大学课程学费差不多,几乎是 Jorge 家每月家庭收入的两倍。昂贵的学费和传统的精英化特征使得该校的师资力量雄厚、教学质量出色,学生基本来自经济、文化和社会资本富足的中上阶层家庭。这所私立学校是全日制学习,从上午八点到下午五点,初等教育和中等教育阶段的学生都是如此。Jorge 从七年级开始同时在公立学校及将要去的精英私立学校上学,以便提前适应私立学校的学习,为高中学习做准备。在高中入学前的两年里,Ismart 不仅在学业上帮助奖学金生,经常与私立学校的老师们沟通,而且每月安排心理咨询师与奖学金生们进行交流。Jorge 提到了精英私立高中的老师对学生产生对精英大学的强教育抱负的作用:

老师全是从顶尖大学毕业的，有些老师还有博士学位。他们提供了很多关于大学入学考试的信息，我们就跟着这些信息走……我们有"职业周"，有机会了解不同大学的专业课程。如果有学生对医学感兴趣，学校就会组织专人带学生去参观 USP 医学院……每个月有模拟考试，都是名牌大学入学考试的试题……他们向我们介绍了所有好大学，说如果你想成为好的管理者就去 FGV，如果你从 USP 毕业就会有更多好的就业机会。他们一直跟我们说这些，直到某个时刻，这些东西对于你而言变成很自然的事。

（20161202，068 Jorge，FGV，EAESP）

从社区结构来看，Jorge 在初等教育阶段的五年学习是在距离家附近社区更远一些的公立学校，高中阶段则在富人区私立高中进行全日制的学习，由此在很大程度上远离了社区结构内对学习的负面影响。

Jorge 与 Vitoria 一样，主要从学校结构内获得了作为转化条件的文化和社会资本，使得家庭经济资本的投入能够发展出他对精英大学的强教育抱负。家庭不要求他通过工作贴补家用，使他能够安心选择全日制学习的高中和精英大学。精英私立高中里以大学入学考试为目的的高强度学习使他在学业上有充足的准备，在高三毕业那年通过了 UNICAMP、UNESP 等精英公立大学的管理学专业考试，以及 FGV 和英斯培尔（Insper）这两所精英私立大学的公共管理和公司管理专业考试。他认同精英大学的教育价值，也得到了关于精英私立大学能够提供的经济资助信息，同时得到了来自老师的精英大学教育鼓励以及来自家人的精神支持。他选择公共管理专业主要出于对社会不平等的批判性思考，想在毕业后进入政府、公共部门或非营利性组织工作。

他（高中历史老师）在很多方面影响了我，促使我批判性地看待事物。我身处圣多亚美利哥学校那个精英环境里，但是一直思考如何能够不被同化而超脱地看待一些事情。一个著名巴西作家写了个故事,曾经的奴隶最后开始购买奴隶,成为奴隶主。那个人看到了这个情境,进入了情境,然后开始复制同样的情境。理想状态是有批判性态度,但对于一个 12 岁的孩子来说没有这个反思意识,我是一个特例。很多进入 Ismart 的奖学金生最后都开始复制这样的情境……Ismart 这个社会项目的起点是好的,但最后演变成了复制社会不平等的工具。

(20161202,068 Jorge,FGV,EAESP)

三 工作结构中资本的补足与转化

USP 受访学生 Diego 和 FGV 学生 Gemma 属于第三种实现资本转化的情况。他们与第三种资本转化困难情况中的受访学生一样,也来自典型的工人阶级家庭。由于父母没有在子女的教育领域投入经济资本,因此这些学生在高中阶段就开始工作,以此补足自己的经济资本,满足自己的日常开支。他们不仅通过工作补足了经济资本,而且主要从工作结构中获得了作为转化条件的文化和社会资本,使增加的经济资本帮助自己发展出对精英大学的强教育抱负。Diego 和 Gemma 对精英大学都具有强教育抱负,教育轨迹为"普通—普通—好"。他们在初等教育和中等教育阶段就读的都是社区内教学质量一般的普通公立学校。

(一) USP 白人男生 Diego

白人男生 Diego 在 2016 年 11 月接受访谈时 23 岁,在 USP 就读第四学期的计算机工程专业课程。他与家人住在圣保罗市北部的边缘地带布兰西兰迪亚区(Brasilândia),距离市中心约 18 千米,是一个犯罪率较高的贫寒社区。该区居民中,A 阶层和 B 阶层人数比例约为 4.5%,C 阶层比例约为 68%,D 阶层和 E 阶层的比例约为 21.2%。[①] Diego 的家

---

① 数据来源:巴西国家地理统计局 2010 年人口普查数据,https://sidra.ibge.gov.br/home/pimpfbr/brasil。

庭在收入上属于 C 阶层，每月总收入约为 3200 雷亚尔，在父亲退休前家庭收入更高一些。他的父母都是白人，早年从巴西东北部的帕拉伊巴州（Paraíba）移民到圣保罗。父亲上学到八年级（相当于初中毕业），退休前在一家公司里做冶金工人；母亲上学到四年级（相当于小学毕业），曾是家政女工，如今照看家里。比 Diego 小八岁的弟弟如今在上高中，在成长过程中深受哥哥在教育方面的积极影响，年初进入 FGV 附近的一所精英私立高中学习，获得了该学校为低社经地位阶层学生提供的奖学金。

Diego 的父母没有在他的教育领域投入经济资本。他在初等教育结束时从学校里关系亲近的同学处得到了关于教学质量稍好一些的公立技术高中的信息，但他没有报考，因为父母不为他提供去离家较远的学校上学的交通费。Diego 从高一入学之初就开始工作，以此获得一定的经济独立，购买父母没法为他提供的东西。他在大学入学考试辅导班里补习了三年，后两年因无法兼顾工作和学业而停止了工作，父母在交通和饮食方面为他提供了经济支持。

从家庭结构来看，Diego 没有获得可以成为转化条件的文化和社会资本。他的父母分别是初中和小学毕业，缺乏对高等教育的认知，也没有积极为孩子寻找更好的教育机会。母亲在 Diego 小时候鼓励他学习，希望他能够顺利高中毕业并找到工作，在必要的时候上一所大学。父母无法给予他学业上的指导，也无法交流与之相关的问题。在 Diego 停止工作、专心在辅导班学习期间，父母给予他压力，希望他能重新工作；原因并不是家里缺钱，而是父母认为光学习、不工作是不被周围的社会规范所接受的，他们和其他大家庭里的亲属都是从很早就工作然后获得一定程度的经济跃升。大家庭里在 Diego 之前没有人上过大学。

从学校结构来看，Diego 也没有获得可以成为转化条件的文化和社会资本。他在基础教育阶段就读的都是社区内的普通公立学校。初等教育阶段的公立学校秩序较好，上午上课，教学质量相对社区内其他公立学校而言稍好一些，但每学期依然存在老师缺课或离职的情况。他所在的班级是成绩最好的班级之一，许多同学喜欢学习，在八年级时几个同班关系较好的同学还跟他提起了报考公立技术高中的事。Diego 在高中阶段的公立学校教学质量很差，教学秩序混乱，学生们对学习没有兴趣，老师们经常因生病或离职而不来上课。他所在的班级是年级里最差的班级，老师们更多的不是教课，而是在课堂上与学生吵架。Diego 从高一入学就开始工作，他在八年级时上了社区内非营利性组织提供的一门青少年就业培训的课程，通过"少年学徒"项目开始工作，白天工作，晚上上课。他在整个高中阶段都在工作，因此没能专心学习。老师们也没有激励学生报考大学，让同学们考 ENEM 只是为了评估公立学校教育的任务，并没有告知学生如何利用 ENEM 成绩申请联邦公立大学或 PROUNI 的私立大学奖学金项目。

> 高中我一边工作一边上课，很累，但是我很喜欢工作。有时候晚上老师不来上课，我还觉得高兴，因为想着老师不来，自己可以休息一下了。而且我那时也没有意识要认真学习，就想着高中毕业后开始自己的生活，离开这个"地狱"。
>
> （20161122，062 Diego，USP，POLI）

Diego 通过"少年学徒"项目，从高一开始在一家德国跨国公司担任行政助理，做一些办公室打杂的工作。他在工作结构中积累了经济资本，并获得了作为转化条件的文化和社会资本。他在工作中接触到了许多大学毕业的同事，并经常与他们接触，由此发展出了对高等教育的价值认同，想要拿到大学文凭以获得职业地位的提升。他那时的计划是一边工作一边学习，然后上一所付费的普通私立大学，继续在这家公司工作，得到一定程度的加薪。高三毕业时 Diego 考了一次 ENEM，通过 PROUNI 项目获得了一所普通私立大学 50% 的奖学金，但他并没有去这所大学学习，而是又花三年时间上辅导班，在补足学业不足后进入精英大学。他提到了工作中的同事们对他的教育影响：

我通过（"少年学徒"）项目认识的另一个公司的男生是 FEI 的工程学专业毕业。我那时候不想读工程学，而想读管理学，因为跟我的工作相关。他跟我说："兄弟，你为什么不读一所公立大学呢？"由于他是会计，于是就帮我算每年可以省出多少钱来。我觉得有意思，但认为这不适合我……另外有个工作中的女同事鼓励我上公立大学，她对我很重要。我很敬佩她。她是麦肯齐长老会大学的管理学专业毕业，曾在德国留学，之后回到巴西工作。于是我想着如果上大学而且能毕业，我就也有机会出国留学，这是我的梦想……我那时很高兴地去上班，跟同事们说了我获得私立大学奖学金的消息，然后这个女同事跟我说："为什么你不上一所公立大学呢？去上个辅导班之类的。"我之前也想过，这时她这么一说我突然一下子像醒悟了一般。

（20161122，062 Diego，USP，POLI）

Diego 从高一开始工作积累了经济资本，又在工作结构内获得了作为转化条件的文化和社会资本，三者共同作用下发展出对精英大学的强教育抱负。他将工作收入用于支付辅导班费用以及支持自己专注学习的基本开支。他在高中毕业后的第一年一边工作一边上付费的辅导班，白天上班晚上上课，但很难兼顾两者。他回高中学校时看到 USP 工程学院免费的大众化辅导班的信息，于是决定停止工作，上免费辅导班专心学习。在只学习不工作的两年里，除了父母为他提供的日常基本生活开支外，他自己积攒的钱也满足了日常的消费需求。Diego 在专心学习的两年时间里，发奋补足自己的学业差距。他所上的 USP 工程学院大众化辅导班里基本都是与他情况相似的低社经地位阶层学生；辅导班老师是已经入读工程专业的学生，许多也是基础教育阶段公立学校的毕业生。Diego 得到了来自辅导班老师和同学的教育鼓励和支持，更加坚定了报考 USP 的意愿，加深了对精英大学所能带来的更好就业前景的认知，理解了精英大学所能带来的促进个人成长的非物质利益，也得到了关于 USP 对低社经地位阶层学生的资助信息。这些都加强了他克服困难、努力考入精英大学的教育抱负。

（二）FGV 黑人女生 Gemma

黑人女生 Gemma 在 2016 年 8 月接受访谈时即将年满 22 岁，在 FGV 就读第五学期的公共管理专业，顺利的话还有一年半可以毕业。她与 UNIP 黑人女生 Bianca 以及 FGV 同学混血男生 Jorge 一样，都住在圣保罗市南部城市边缘地带的坎布林布区。Gemma 家属于社会分层中的收入中间阶层，人均月收入约为 1.5 个最低工资数额，家里共五人，总收入约合 4500 雷亚尔。她的父亲来自东北部巴伊亚州内部，高中没毕业，来到圣保罗后在建筑工地工作，如今是保安；母亲来自米纳斯吉拉斯州内部，高中也没有毕业，曾在心理诊所做接待员，如今是厨师。Gemma 有一个双胞胎妹妹，目前在 UNIP 上新闻学的课程，一边工作一边学习，但目前处于失业状态；比她小十岁的弟弟还在公立学校上初等教育课程。他们全家都是肤色较深的黑人。

与 Diego 的情况相似，Gemma 的父母同样缺乏可以投入子女教育领域的经济资本，三个子女在基础教育阶段上的都是家附近的普通公立学校。父母并没有要求 Gemma 和双胞胎妹妹在年满 14 岁后就工作赚钱、帮衬家里，但 Gemma 在高中阶段就有工作的意愿，想要拥有一定程度的经济独立，可以购买家里无法满足她的消费品。从高三开始，她在家所在社区内的一家非营利性组织工作。该组织在低社经地位阶层社区开展促进青少年发展的项目，Gemma 在组织里担任了两年的社会工作行政助理。

从家庭结构来看，Gemma 没有获得作为转化条件的文化和社会资本。她的父母没有高中文凭，对高等教育缺乏认知，在基础教育阶段也没有意识要为子女寻找教学质量更好的学校。像大多数巴西新中产阶级家庭一样，Gemma 的父母重视子女的教育问题，希望子女能上大学，有机会找到更好的工作，改善目前的生活状况。他们对子女的高等教育期望是进入一所普通私立大学,对就业有更快的促进作用。父母支持子女努力学习,对学业要求比较严格;母亲在两个女儿小时候经常督促她们学习,花时间陪伴她们。父母在Gemma为报考FGV做准备的过程中给予她教育鼓励和精神支持。大家庭中少数亲属有大学经历,父母的三个表亲上了普通私立大学的教育学课程,如今是公立学校的老师;母亲的妹妹上了普通私立大学的心理学课程,如今在公共领域从事与心理学相关的工作。

从学校结构来看,Gemma也没有获得可以成为转化条件的文化和社会资本。她一直在家附近社区内的普通公立学校上学。初等教育阶段的公立学校教学质量高于边缘地带社区的普通公立学校,因为那时她与家人住在圣保罗市南部离中心地带更近一些的中产阶级社区,该校在师资和学生特征方面相对更好一些。Gemma在校期间成绩很好,理解知识比较容易,同时公立学校的教学和考试内容都更简单。她的父母没有特意为女儿们寻找更好的学校,只是因为那所学校离家最近。Gemma和妹妹没有在初等教育阶段通过学校或其他渠道获得与教学质量更好的公立技术高中相关的信息。后来全家搬到了更南部的低社经地位阶层社区,Gemma和双胞胎妹妹在高中阶段上的公立学校教学质量比较差,学生可以选择上午、下午和晚上的一个时间段上课,晚上的课程教学质量最差。老师们的授课方式和内容比较随意,对学生的学习激励较少,没有鼓励学生上大学,也没有提供相关信息。学生们缺乏学习兴趣,只要不缺课都可以毕业拿到高中文凭。Gemma在这样的学习氛围中非常受挫。

与Diego相似,Gemma在工作结构内积累了经济资本,并获得了作为转化条件的文化和社会资本。她从高三入学后担任社区内非营利性组织的社会工作行政助理。该组织名为"儿童工作协会"(Associação Obra do Berço),主要为圣保罗市南部的贫民窟和贫寒社区的儿童和青少年提供社会救助、社会保护和社会教育。Gemma原本只是参与该组织的活动,但正好有了工作机会,于是她开始为该组织工作。工作的两

第五章 资本转化：困难与可能

年期间，Gemma 与许多社会工作者深入交流，经常谈及联邦政府和公共政策，参与了现金转移项目"家庭津贴计划"（Programa Bolsa Família）等的具体执行，她开始对社会服务工作感兴趣。该组织内的工作人员大多具有大学教育经历，对高等教育有更多认知和信息，他们鼓励 Gemma 报考公立大学；工作中接触到的与政府教育政策相关的信息也使她了解了更多与高校入学相关的程序和资助信息。

Gemma 通过工作积累了经济资本，并在从工作中获得的作为转化条件的文化和社会资本的作用下，发展出对精英大学的强教育抱负。她利用 ENEM 成绩获得了一所普通私立大学的全额奖学金，但并不想去注册；她也报考了 USP 管理学专业的入学考试，但没有通过。她想上一所教学质量好的大学，尤其是公立大学，选择与公共部门工作相关的经济学、社会工作、公共管理、社会科学等专业，但并不确定到底哪个更合适，于是决定通过上一门与公共政策相关的技术课程进一步了解该领域，在此基础上报考大学课程。通过工作获得的经济资本使得 Gemma 有更多自主权，同时有更多时间思考并了解与高校入学相关的信息。她通过互联网搜索到了 USP 附近一所公立技术高中开设的"管理与公共政策"（Gestão e Políticas Públicas）的为期一年半的技术课程，开始一边工作一边上技术课程。这所公立技术高中靠近 USP 大学城，师资力量较为雄厚，学生还可以参加 USP 文学院举办的许多活动。上了一年技术课程后，Gemma 通过技术课程里一名从 FGV 公共管理专业毕业的老师了解到了该校的公共管理专业以及 FGV 学生创办的免费辅导班的信息，在辅导班补习半年后通过了入学考试。她在上辅导班期间与担任老师的 FGV 在读学生们充分交流，了解了更多关于专业内容和经济资助的信息，得到了教育鼓励和精神支持，从而坚定了对公共管理专业和 FGV 的选择。

【为什么对公共管理感兴趣？】因为我想实现一些社会转变。我在工作中看到不同阶层的人们没有同样的机会，我自己从边缘地区的公立学校成功进入了 FGV，于是我就思考什么样的人可以改变一些社会现状，我想参与这个过程。于是我开始搜索并研究什么是公共管理、公共政策，想成为公共管理者，做一些可以影响人们生活的事情，使他们能有更多机会。这对我很有激励作用。之前考虑经济、社会科学等专业也是出于这个原因。我想成为一个促进社会转变的人。

（20160830，012 Gemma，FGV，EAESP）

第三节 "边缘精英"：精英高校与资本积累

巴西新中产阶级的少数学生在成功进入精英大学后，在精英化的大学环境中遇到了学业表现和社会融合等方面的较大挑战。这些受访学生在与具有更多经济、文化和社会资本的高社经地位阶层学生的互动中强烈感受到了社会不平等的具体表现与程度。这也激励他们努力补足学业差距，设法积极融入精英化的大学生活，找到大学与出身社区两种现实之间的平衡点。进入精英大学的巴西新中产阶级受访学生在学习与社交过程中不断积累文化资本和社会资本，但仍然强烈感受到自己作为低社经地位阶层学生在精英高校中的边缘地位。精英化环境中的互动与反思促使受访学生将自己的未来规划与改善社会不平等的责任相结合，为缓解出身阶层所遭遇的社会隔离做贡献。

一 追赶文化资本：学业差距的补足

巴西低社经地位阶层学生尤其是公立高中毕业生，在进入公立大学或其他高质量的私立大学后往往存在学业上的困难，其原因主要包括基础教育阶段的薄弱学业基础，以及因经济资本不足而需要同时工作所造成的学习时间和精力的不足，大量该阶层学生因此而退学。虽然 USP 和 FGV 这两所精英大学的受访学生大部分获得了学校为低社经地位阶层学生提供的经济资助，使他们得以投入全日制学习，但他们仍然面临学业基础薄弱、学习方法欠缺以及学习时间紧缺等问题。他们必须比高社经地位阶层的同学们付出更多的努力，克服种种困难与压力，才能不断补足学业差距，追赶文化资本。

USP 的工程学院和 FGV 的管理学专业为低社经地位学生提供奖学金，为他们的全日制学习提供了一定保障。FGV 除了为低社经地位阶层奖学金生提供免学费的全额奖学金外，还提供一定的住宿、餐饮、交通、购买资料等方面的资助，经济资助的力度整体而言超过公立大学。该校受访学生因此面临的经济压力更小一些，但有些学生不愿意离开家人到学校附近租房居住或为了节省租房费，每天仍需要花费2—4小时的时间往返于学校和家之间，因此挤占了学习时间且消耗了很大的精力，在一定程度上增加了学业压力。USP 是免学费的公立大学，低社经地位阶层学生可以享受公交卡折扣、学校食堂餐饮优惠、勤工俭学机会等，住在离学校较远社区的该阶层学生还可以申请校内住宿或住房补贴。然而，许多住在外市或圣保罗市边缘地带的新中产阶级受访学生很难申请到校内住宿，或因官僚体系的效率低下而要等很久才能入住或推迟拿到住房补贴，也有学生像 FGV 受访学生那样拿了住房补贴但依然每天花费大量时间往返于学校和家之间，这些因素都导致他们在努力弥补学业基础差距的同时要面对更多困难和挑战。

两校新中产阶级受访学生的全日制学习促进了他们对自己学习者身份（Learner Identity）的认同。尽管他们在入学初确实发现自己与其他高社经地位同学在学业基础上的落差且存在学业困难，但这些学生大多能够克服困难与压力，努力学习，逐步赶上其他同学。这不仅与巴西新中产阶级学生从父母那里所承袭的依靠个人努力、吃苦耐劳的品质有关，而且与精英大学内部不同阶层之间的频繁互动相关。高度异质化社会网络中的社会互动使受访学生反思阶层不平等背景下的学业差距，对学习价值的认同激励他们努力追赶学业落差。

能通过竞争激烈的入学考试进入 USP 工程学专业的巴西新中产阶级学生，有超过95%的人都在入学考试辅导班里补习了1—3年，因此在学业准备上其实不输给其他从精英私立高中毕业的高社经地位同学。FGV 管理学专业的受访学生相对而言遇到更大的学业基础落差，尤其是公立高中毕业的学生。由于 FGV 管理学专业的入学考试没有 USP 那么严苛，主要覆盖人文学科，侧重学生的思辨能力，许多 FGV 受访学生反映课堂上的很多内容都没有在基础教育阶段接触过。虽然学习内容可以补上，但巴西新中产阶级学生学业困难的根本原因在于旧有学习习惯和学习方式与精英大学的不融合。USP 大一女生 Clara 描述了自己在学习方式上的不适应：

> 我要重新开始学习很多东西，有很大困难，迷失在很多概念里。因此我要以正确的方式去学习，慢慢适应紧张的课程安排。另外要学习如何应对很难的考试。USP 最让我紧张的是考试周，一个学期有三周的考试时间，一次考试就考一周，我之前的基础教育阶段从没有这样紧密和紧张的考试。
>
> （20161118，053 Clara，USP，POLI）

许多从普通公立高中毕业的低社经地位阶层学生并没有学习的习惯。巴西基础教育阶段的公立学校普遍教学方式随意，对课业要求低，学生只要不缺课都可以毕业，因此学生没有体会到学习的趣味，也没有掌握学习方法。进入精英大学的巴西新中产阶级学生在与高社经地位阶层的老师和同学的互动中察觉到自身学习习惯的不同，巨大的落差和对不平等的强烈感受促使他们刻苦学习以弥补学业上的不足。FGV 大一学生 William 出身于圣保罗边缘地带贫苦社区的工人阶级家庭，基础教育阶段都在质量低下的公立学校学习。他在精英大学与贫苦社区两个截然不同的现实中反思自己所经历的教育不平等：

> 现在我已经进步了，显然我开始喜欢学习了，想要在图书馆里待上十小时读那些之前学校里没法读的东西。我同时觉得这是我之

第五章 资本转化：困难与可能

前被人夺走的权利。这里的所有奖学金生在这方面都有点类似，所以他们往往是班里成绩名列前茅的学生，一般都是考试最后一个交卷的，学习努力，不常参加聚会。我们也在为其他无法有这么好的机会的人而努力学习。我想把落后的几年给补回来，之前没有能力，也没有机会。

（20161027，025 William，FGV，EAESP）

在这种反差与反思的驱动下，两所精英大学中的受访学生在学业上不断缩小与其他同学的差距，并逐渐适应了大学的学习节奏和强度。FGV 里还有学生之间的学业互助组织，彼此辅导薄弱的学科。受访学生们慢慢发现，精英大学的课程设置和学业要求关注的并不是具体技能，而是旨在培养学生的抗压能力、解决问题的能力与在有限时间内实现效率最大化的能力。这与质量一般的普通私立大学十分不一样，后者更多地传授能实际应用于就业市场的技能。USP 的 Leo 毕业于普通公立高中，出身于贫寒工人阶级家庭，父母只有小学文化程度。他提到在USP 的学习体验时说：

在 USP 工程学院学习有一点是其他私立大学更偏实际的工程学专业所学不到的，那就是如何处理压力。我始终能感觉到压力，因此得自己学会处理并安排好自己的事情。所以这里会让你不断成熟，学会如何主动完成任务，如何更加独立地追求目标，这是其他那些传授技术的大学里学不到的。这对于你来说会获得更多机会，因为你知道遇到问题后一定要迎难而上，不去逃避。USP 是你目前最大的问题，必须去面对。如果你在这里存活了，以后遇到任何状况都能存活。

（20161118，054 Leo，USP，POLI）

Leo 在学习之余积极参加各种学生会组织以及其他学生团体的课外

活动。他与其他许多受访的巴西新中产阶级学生都必须学习如何协调课外活动、研究项目、实习体验与紧张的学业之间的关系。参加这些活动一定会消耗他们本该投入学业的时间和精力，但学生们都深刻意识到这些活动能为他们带来的机会。

USP 和 FGV 的工程和管理两个专业都是少有的要求全日制学习的大学课程，加上学业难度大，学生一般没有时间和精力同时工作。而公立大学入学竞争相对更小的课程以及大多数普通私立大学的课程都是某个时间段上课（上午、下午或晚上），学生因此可以同时工作。USP 和 FGV 的受访学生都没有在学习之余参加登记注册的正式工作，只有两人在大三之后开始兼职工作。因此，全日制大学环境里的各项课外活动以及提供的研究和实习机会就成为学生们实践所学知识和增长实践经验的重要途径，并有助于学生抉择未来职业方向。在进入 FGV 前有过五年工作经验的 Fernando 如今在公共管理专业学习，他十分享受自己的学习者身份：

> 刚过去的学期我们去首都巴西利亚访问，我在工业和发展部待了一周。他们说 FGV 在制定经济方面的研究指数以及促进公共管理发展方面有很重要的作用。你来自 FGV，大家觉得你就是非常棒的。这会给你一种自信，在一些选拔过程中知道自己在学历背景上有优势。在本科阶段，我们还要准备选择自己喜欢的一个方向，所以我还要在感兴趣的工业创新领域寻找 FGV 提供的学生科学研究项目。
>
> （20170109，078 Fernando，FGV，EAESP）

精英大学提供的难得经验和宝贵机会促使受访学生们努力学习，并寻求最大化地利用学校的资源。许多受访学生除了参与实习和研究项目外，还在学习外语准备出国交换。两所大学都设有众多的出国交换项目及奖学金，也与语言学校合作开设了英语、法语等辅修语言课程。

二 社会融合：精英环境中的自我调适

两所精英大学里的巴西新中产阶级学生不仅在学业基础上深刻理解了不平等的表现与含义，而且这种反思更强烈地体现在他们在精英环境中的社会融合问题上。这些学生在高度白人精英化的大学环境中与其他在社经地位上远高于自己的同学互动，从刚入学时的错位感发展到在冲突中寻找两种现实间的结合点。

几乎所有受访学生都提到刚入学时遇到的现实冲击，这种冲击不仅来自精英大学的基础设施水平和课程设置方式，而且更多地体现在与其他大多数同学在社会经济条件上的差异以及由此带来的文化和社会资本的落差。USP 黑人女生 Karen 在工程学院待了八年半之后刚刚毕业，她在这个以高社经地位阶层的白人男性为主的学院里强烈感觉到自己与他人的不同以及由此需要付出的更多努力。她描述了刚入校时受到的文化冲击：

> 我出身于圣保罗东部边缘地带的贫寒家庭，有时同学们聊起其他国家、体育和我不知道的食物，我就没法加入他们的对话。从我出生的地方到现在所处的高校，我受到了很大的文化冲击。如今我和很多人相处得更好了，但我是通过学习了很多东西才做到这点，学习如何与别人相处并理解不同的现实。我之前的世界是无产阶级的，而如今进入了一个资产阶级的世界……我知道烤鸡，但不知道樱桃和西红柿。这就像你会与你的同学聊半小时的天，但不会跟清洁工阿姨聊半小时，因为你不觉得清洁工阿姨有趣。有时候我就是那个被别人看作无趣的人，因为我不知道他们所说的那些符号。那时候他们对待我的方式让我有些受不了。

（20161115，045 Karen，USP，CRUSP）

受访学生对这种差异的适应速度和程度与此前的教育经历有关。从私立高中毕业的受访学生在高中阶段就已经遭遇了学校环境与出身现实之间的落差，一直在不断适应调整的过程中，对反差更大的精英大学环境也有预期，因此适应速度相对更快。从公立高中毕业的学生则对这种差异更加敏感，基本要花几个月甚至一学期来适应。他们珍惜得来不易的精英大学入学机会，因此在社会融合上采取积极的态度。FGV 学生 William 说：

> 与 FGV 的关系我还在慢慢适应和调整，因为才刚入学。我要在这里待四年，没办法逃离，这就是我现在的生活。我必须交朋友，谈恋爱，认识不同的人。我在这里认识了很多友好的人，他们教会了我很多东西。
>
> （20161027，025 William，FGV，EAESP）

精英大学中低社经地位阶层学生的存在及其数量的逐步增加，使受访学生找到了一定程度的群体归属感。USP 女生 Clara 在入校后慢慢改变了对工程学院原有的刻板印象：

> 虽然在经济出身方面有差别，但我在这里遇到了许多非常棒的人，很谦虚，不以自己的经济条件来定义自己。我在这里交到了很多朋友，大多是从公立技术高中毕业的，我们互相认同，有相似的想法，关系非常好……当然也有一些经济条件好的学生很封闭、武断，认为自己高人一等，但这并不是多数。我认为新一代的学生慢慢地变得更加开放，对新的讨论更加感兴趣，会使我们的国家变得更好。
>
> （20161118，053 Clara，USP，POLI）

许多受访学生都提到了精英大学内的高社经地位学生并不是原本所想象的那么难以相处。年轻学生具有更开放的思维和眼界，而且高社经地位阶层学生在与低社经地位阶层学生的互动过程中也了解到了完全不同的现实。这一点在 FGV 公共管理专业尤为明显。该课程的学生大多具有从事公共服务的志向，因此更关注社会问题。不同阶层学生之间的互动有双向的意义。Luke 在 2016 年下半学期即将从 FGV 的公共管理专业毕业，他描述了精英大学学生的新变化：

> FGV 越来越多的学生对世界有一种偏向于马克思主义的看法，是年纪小一些的学生们，来自上层中产阶级，可以说具有一种更左派的倾向。有人认为 FGV 里有一定程度的阶级斗争，因为有非常富有的人，也有奖学金生，但我觉得这不是正确的理解。在这里真的有非常非常有钱的学生，但我从没有感到受歧视。

（20161124，064 Luke，FGV，Mercado Municipal de Pinheiros）

精英大学的管理方式和课程设置也有助于低社经地位学生在校园生活中的社会融合。全日制学习要求学生一整天都沉浸在学校环境中，同时参加各类课外活动。FGV 的授课方式更灵活创新，学生们在课堂上有团体作业和许多讨论，促进了不同阶层同学间的互动。公共管理专业的上下届学生之间还有互助组织，学生间的联系更紧密。USP 工程学院授课形式比较传统，考核方式以频繁的考试为主，一些低社经地位学生埋头苦读，但数量更多的该阶层学生积极参加各类学生活动和课外社团活动。

丰富的课外活动不仅促进了低社经地位学生与其他学生的互动，而且帮助他们提高了处理问题的能力与社交技能。更重要的是，他们在与高社经地位阶层的学生和老师的互动中了解了精英世界的规则，并增加了自己的社会资本。FGV 的大二女生 Betina 已经意识到了这一点，知道通过学生活动、讲座或与教授的接触，可以建立有用的联系，获得建议或实习机会。已拥有在政府部门实习经历以及美洲开发银行（Inter-American Development Bank）兼职工作经验的 Luke 将这种精英大学内的社会网络与巴西的不平等联系了起来：

> 在 FGV，你所建立的联系网络非常重要，不能说这就是巴西不平等的根源，但确实是其中一点。FGV 学生可以在大学内部建立一个如此强大的网络以至于他们永远不会掉入贫穷，当然这不一定，但的确是他们的一个社会保护网络。只要他们需要工作、机会或投资，永远会有一个朋友（教授或同学）来支持他们。我觉得在 FGV 这种现象也发生在我身上。
>
> （20161124，064 Luke，FGV，Mercado Municipal de Pinheiros）

虽然受访学生们在学习与社交过程中积累了文化资本和社会资本，在一定程度上融入了精英大学的环境并掌握了文化符号和游戏规则，但始终意识到自己与高社经地位阶层学生在生活方式、消费习惯、文化习惯等方面的不同，更意识到他们拥有的机会在同样阶层出身的人们之中少之又少。FGV 的大四学生 Roberto 活跃于学校的多个学生组织，也帮助老师协调各种学生事务，人际网络十分广泛，但他始终认为自己与非奖学金生之间有距离，与他们的关系也不是很紧密。他不仅创立了 FGV 低社经地位奖学金生的团体组织，为奖学金生争取更多权益，而且与班上同学一起建立了 FGV 的大众化入学考试辅导班，向公立高中学生免费开放。USP 也有类似的大众化辅导班，许多受访学生积极参与其中的教学工作，还有学生参与了其他促进教育公平的非营利性组织。

因此，精英大学的巴西新中产阶级学生们一方面在不断积累趋同于传统中产阶级甚至更高社经地位阶层的文化和社会资本，另一方面又保持对自己出身阶层身份的认同。

三 反思不平等：缓解社会隔离的志向

在高度精英化环境中与高社经地位阶层学生的互动促使巴西新中产

阶级受访学生们反思自己的阶层出身及其背后深刻的社会不平等问题。他们意识到必须打破不同阶层之间的壁垒，也将自己的未来规划与改善社会不平等的责任相结合。

在政治立场上，有81%的精英大学受访学生认为自己是左派或更认同左派的主张，关注社会问题；另外有13.5%的学生关注时事，了解政治，但不表明立场；还有5%的学生认为自己是温和的右派。与此形成对比的是USP工程专业和FGV管理学专业的学生中整体而言长期盛行的偏右派立场。

FGV混血男生Fabiano来自圣保罗南部的贫民窟，他认为巴西不同阶层之间的隔离已固化成了双向的接受，富人和穷人各自所拥有的东西已被划定界限：

> 有时这是一种英才主义的视角，认为穷人就应该自己打起精神去追求一些东西。事实上不是这样的，因为穷人没有相应的工具去实现这些目标。我认为那些拥有信息的人、受过高等教育的人应该去主动接触那些没有（同等条件）的人，但现在的情况是接受、习惯和不相信，以及清晰的隔离。这导致了特权文化，并维持巴西结构性的不平等。

（20161215，073 Fabiano，FGV，EAESP）

即使是FGV公共管理专业关注社会问题的高社经地位阶层学生，也只是将这种关切放在表面，鲜少去深入了解另一种现实。FGV的多名受访学生提到，他们班里有人从小生活在富人区，不知道如何在圣保罗搭地铁或坐公交车，他们了解欧洲甚过巴西，小组作业时因害怕而不肯去贫民窟调研。公司管理专业的女生Carla认为这种精英环境与外部情况的隔离不利于现状的改变：

> 我选择公司管理专业是为了赚钱，因为我家没钱，但入校后发

现这不是我想要的。有钱很好,但并不足够。如果我的工作是对维持巨大社会不平等做出贡献,我感觉很不好。在这样的精英环境中,待在那个精英世界"墙内"的人们很难得知外面的情况,而恰恰是在精英世界的人才有能力尝试着做些事情来改变这个情况……像我这样从外部进入的人,才了解外部的情况,但我在这里是极少数派……我每天从 FGV 的精英环境中回到家里,就想做点能够改变这种情况的事情。

(20161114,044 Carla,FGV,Starbucks Café,Avenida Paulista)

有 66.7% 的两校受访学生在追求未来职业发展的同时,也将回馈社会、改善不平等的责任纳入了计划。他们的职业目标不限于实现收入稳定,而更重视工作的上升空间和能产生的社会影响。有 40.5% 的学生计划成为具有过硬技术能力的高级职业人士,有 38.1% 的学生打算进入公共服务部门或非营利性组织工作,另有 14.3% 的学生希望从事学术研究和教学工作。USP 白人男生 Diego 毕业于普通公立学校,在辅导班补习了三年后才考入工程专业。出身贫寒家庭的他对物质的要求并不高,却想要更多地扩大对社会的影响力:

我想要在工程类的咨询公司工作,之后想将教育或生物与工程相结合,这与我的初衷有关,就是想通过工程学去改善社会……我的目的并不是变得很有钱,想有个舒适的家,满足基本需求,也不一定要有车,这就可以了。我想要的是能够回馈社会的满足感,我认为这比钱重要得多。我得到的机会是很多人与很多选择的集合,为什么我不去影响和帮助别人呢?

(20161122,062 Diego,USP,POLI)

第五章 资本转化：困难与可能

巴西新中产阶级受访学生对自身阶层的反思更多地基于与其他同学在社会经济条件上的差异，而种族问题在巴西是影响社经地位的重要因素。巴西虽然号称"种族民主"，表面一派种族融合的景象，但是隐性的种族歧视依然十分严重，而且与社会经济条件紧密结合。许多巴西新中产阶级的黑人和混血学生在进入精英大学之前并没有意识到曾在自己身上发生过种族歧视的情况，因为他们在所住低社经地位阶层社区和公立学校里并不是异类，人们的肤色普遍更深。而在高度白人化的精英环境中，他们逐渐有了更深刻的种族意识。许多混血学生在精英化的大学环境中自认为是黑人，认同黑人文化，一些此前认为自己是白人的学生也称自己是混血人。FGV混血学生Jorge出身于城市边缘地带的贫寒工人阶级家庭，高中阶段是传统精英私立高中的奖学金生。他在学校和出身社区之间的自我种族认知存在差别：

> 我是混血人，在某些情况下可以算作黑人。巴西精英的肤色是白色，因此他们都知道我不是他们社交圈里的人。来到FGV后学生们更好一些，思想更开放……我在FGV自认为是黑人，因为在我住的边缘地区大家差不多都是黑人，比我肤色还要深很多，所以在那里我算是白人。出于视觉原因，你是你看起来的样子。在FGV所有人都是很白的肤色，而我是另一个肤色，所以在这个环境下我是黑人。

（20161202，068 Jorge，FGV，EAESP）

两所学校的黑人和混血学生在精英环境中遇到的种族歧视很多时候并不是来自同学，而是来自同属于低社经地位阶层的工作人员。他们往往被这些工作人员或同一阶层的其他人质疑是不是该所精英大学的学生。这又是另一种需要被打破的隔离。

第四节　本章小结

巴西新中产阶级家庭在教育场域内的资本状况除了存在结构不足的问题外，还存在资本转化的困难。家庭在经济向上流动过程中增加的经济资本因缺乏转化条件，无法转化成子女在教育场域内的更多资本，由此阻碍他们形成更远大的高等教育抱负。少数成功进入精英大学的巴西新中产阶级受访学生在家庭资本结构方面大多也存在不足的情况，但他们与两所普通私立大学的受访学生相比，实现了家庭增加的经济资本向子女在教育场域内三种资本的转化。作为转化条件的文化和社会资本来自家庭、社区、学校、工作单位等各个结构，但获得这些资本的渠道并没有制度化，具有稀缺性与偶然性。

两所普通大学受访学生在资本转化困难方面存在三种情况。在第一种情况下，这些家庭的父母属于下层中产阶级，父母为子女的教育投入了直接的经济资本，使他们在基础教育阶段进入社区内的私立学校，但他们并没有从家庭、学校、社区等结构内获得更多文化和社会资本，因此家庭经济资本的投入无法使子女发展出对精英大学的强教育抱负。在第二种情况下，受访学生也来自下层中产阶级家庭，父母虽然没能为子女的教育投入直接的经济资本，但支持子女在基础教育阶段专心学习，避免他们过早进入就业市场，以这种间接方式为子女的学习付出经济资本。然而，家庭间接经济资本的投入缺乏文化和社会资本作为转化条件，学生及其父母没能从各个结构内获得转化条件，因此也没能发展出对精英大学的强烈教育抱负。在第三种情况下，受访学生来自典型的工人阶级家庭，父母缺乏可以投入子女教育的经济资本，但在一定程度上重视子女的教育问题，不要求他们在基础教育阶段通过工作贴补家用。这类学生大多在年满14岁后开始兼职工作，用于满足自己的日常开支。他们通过这种方式补足了自己的经济资本，但由于文化和社会资本的转化条件的缺乏使得增加的经济资本无法发展出对精英大学的强教育抱负。

两所精英大学的受访学生在实现资本转化方面也存在三种情况。在第一种情况下，受访学生来自下层中产阶级家庭，父母本身拥有更多文化资本，对教育有更多认知，同时从社区、工作单位等结构内获得了更多教育场域内的社会资本。这些文化和社会资本促使家庭经济资本逐渐发展出子女对精英大学的强教育抱负。在第二种情况下，受访学生来自较为典型的工人阶级家庭，父母重视子女教育但缺乏文化和社会资本，愿意为子女的教育投入间接形式的经济资本，支持他们在基础教育阶段只学习不工作。子女主要从学校结构内获得了作为转化条件的文化和社会资本，使家庭的间接经济资本发展出对精英大学的强教育抱负。在第三种情况下，受访学生也来自典型的工人阶级家庭，与普通私立大学受访学生的第三种情况一样，也在基础教育阶段后半期开始一边工作一边学习，以满足自己的日常经济需求。由于父母没有在子女的教育领域投入经济资本，因此这些学生在高中阶段就开始工作，以此补足自己的经济资本，满足日常开支。他们不仅通过工作补足了经济资本，而且主要从工作结构中获得了作为转化条件的文化和社会资本，进而发展出对精英大学的强教育抱负。

巴西新中产阶级的少数学生在成功进入精英大学后，进一步积累自己的文化和社会资本。他们在与具有更多经济、文化和社会资本的高社经地位阶层学生的互动中强烈感受到了社会不平等的具体表现与程度。这激励他们努力补足学业差距，设法积极融入精英化的大学生活，找到大学与出身社区两种现实之间的平衡点。他们虽然在学习与社交过程中积累了更多文化和社会资本，但仍然强烈感受到自己作为低社经地位阶层学生在精英高校中的边缘地位。精英化环境中的互动与反思促使受访学生将自己的未来规划与改善社会不平等的责任相结合，为缓解出身阶层所遭遇的社会隔离做贡献。

结　论

资本与隔离

　　巴西新中产阶级在21世纪前十年里实现了一定程度的经济向上流动并渴望保持这一趋势，但他们在教育流动方面存在对进入精英高校的主观限制；大多数该阶层学生没有将精英高校列入选择范围，不尝试报考精英大学或认定自己无法成功而放弃。本书在布迪厄提出的资本理论基础上进行拓展，运用于分析巴西新中产阶级内部的高等教育选择分化，从该阶层所拥有的资本结构与资本转化的角度解释其对精英大学教育抱负的差异，并在此基础上探讨该阶层拥有的经济资本、文化资本和社会资本的状况，进而思考巴西的社会阶层结构与社会流动问题。

第一节　教育流动：资本状况与跃升障碍

　　收入中间阶层的崛起是21世纪头十年里在巴西出现的新现象，如今这一阶层人数已占巴西总人口的近一半，对国家在政治、经济、社会、文化等各个层面的发展都具有重要的影响。2003—2016年执政的左翼劳工党政府支持将这一阶层定义为"新中产阶级"，符合政府所推行的促进社会融合、提高公众对更好生活的期待的政治议程，也体现了巴西当时作为新兴大国的良好发展势头。"创造新中产阶级"既是劳工党政府的重要政治议程，也是侧重社会福利的各项政策实施执行的结果。然而，所谓的新中产阶级区别于传统中产阶级，实际上包括收入增加、消费能力提高的工人阶级和少部分下层中产阶级。以收入划分阶层的方式并不能反映巴西社会真实的阶层结构。巴西新中产阶级在社会阶层结构中实质上仍属于低社经地位阶层，在社会资源方面处于弱势地位。

数量众多的巴西新中产阶级子女具有比父母更高的教育水平，教育流动成为该阶层继经济流动后的主要变化特征。属于收入中间阶层的巴西人是自20世纪90年代后期以来巴西高校扩张浪潮中高等教育服务的重要购买者，许多该阶层家庭的子女成为家中第一代大学生。然而，这种教育流动存在显著的"天花板"现象。大多数新中产阶级家庭子女选择进入教育质量一般或较差的私立大学，通常白天工作，晚上上课；数量众多的该阶层学生宁愿承担普通私立大学的学费，也不尝试免学费的公立精英大学或提供奖学金的私立精英大学的入学考试。进入普通私立大学的大量巴西新中产阶级学生很难完成学业，中途因失业无法支付学费或工作紧张无法兼顾学习而辍学；即便完成大学学业，较低质量的高等教育对他们提高职业水平的作用也有限。在经济向上流动与高等教育扩张的背景下，虽然巴西新中产阶级的高等教育入学机会在入学率方面得以提高，但在获取优质教育机构的入学机会方面依然存在较为严重的障碍。

本书旨在回答以下问题：巴西新中产阶级在取得一定程度的经济流动并渴望进一步向上流动的情况下，为什么在教育流动方面存在对进入精英高等教育机构的主观限制？该阶层在什么样的情况下能够突破此种限制并成功进入精英高等教育机构？通过对比分别进入普通私立大学与精英大学的巴西新中产阶级学生的教育轨迹，本书旨在研究新中产阶级作为一个整体在高等教育入学机会方面的流动困境及可能的跃升机制，探讨该阶层所拥有的经济资本、文化资本和社会资本的状况，进而思考巴西的社会阶层结构与社会流动问题。

本书的理论分析主要依据布迪厄的资本理论，在其基础上做进一步拓展，通过巴西新中产阶级的资本结构和资本转化状况解释该阶层学生对精英大学教育抱负的分化。在对比分析 20 名普通大学与 42 名精英大学的巴西新中产阶级学生的教育轨迹后，研究发现，巴西新中产阶级家庭在资本结构方面存在不足，且在资本转化方面存在困难，从而影响子女在教育场域内的资本状况及在此基础上形成的高等教育抱负。

巴西新中产阶级家庭虽然实现了一定程度的经济向上流动，增加了经济资本，但其所拥有的文化资本和社会资本总体而言并没有相应增加。就子女发展对精英大学教育抱负所需要的三类资本而言，巴西新中产阶级家庭缺乏文化资本和社会资本，而积累的经济资本也有限。资本的结构不足影响其代际转化，巴西新中产阶级子女的资本结构在很大程度上是再生产其家庭的资本结构。

虽然巴西新中产阶级家庭在 21 世纪前十年里积累了经济资本，但他们在经济上依然具有脆弱性，由此影响该阶层父母及子女的教育选择。这些家庭将投资子女的教育作为一种长期的风险抵御机制，防止家庭重回贫困状态。同时，有限的经济资本制约了该阶层的教育选择，他们更加注重教育的象征意义而非教育质量，选择基础教育阶段学校和高等教育机构时都受到家庭经济条件的制约。从文化资本而言，巴西新中产阶级父母在经济流动过程中认识到了教育的重要性，提高了对子女教育的重视度，但认为工作高于学习，学习要以服务于工作为目的，对子女教育活动和文凭的要求也以找到更高收入的工作为导向。重视工作甚于学习的文化在很大程度上限制了大部分巴西新中产阶级学生形成更远大的教育抱负。他们的教育目标往往都是与工作的现实相对接，工作实践在他们的日常生活中普遍存在，其意义不只在于满足经济需求，而且也与所象征的经济自主权、远离犯罪的形象和勤奋努力的精神相关。该阶层学生的家庭、学校和社区等结构内存在系统性的对学习文化的轻视。与促进青少年就业相关的公共政策促进了重视工作甚于学习的文化在低社经地位阶层中的固化。从社会资本来看，巴西新中产阶级的社会网络整体呈现本地化和同质化的特征，互动对象主要来自所居住的社区和同一社经地位阶层，从各个结构内获得的社会资本存在局限性。依赖社区熟人网络、强烈的家庭主义传统和宗教在低社经地位阶层社区的广泛影响等加剧了巴西新中产阶级社会网络的本地化、同质化和封闭性倾向。该阶层的大多数学生难以从社会网络中获得有利于形成对精英大学教育抱负的社会资本。这种社会网络的"贫困"与巴西在城市化过程中居住隔离和社会隔离的加剧相关,也根植于巴西社会的历史演变过程。

巴西新中产阶级家庭在教育场域内的资本状况除了存在结构不足的问题外,还存在资本转化的困难。家庭在经济向上流动过程中增加的经济资本因缺乏文化和社会资本作为转化条件,无法转化成子女在教育场域内的更多资本,由此阻碍他们形成更远大的高等教育抱负。少数成功进入精英大学的巴西新中产阶级受访学生在家庭资本结构方面大多也存在不足的情况,但他们与两所普通私立大学的受访学生相比,实现了家庭增加的经济资本向子女在教育场域内三种资本的转化。作为转化条件的文化和社会资本来自家庭、社区、学校、工作等各个结构,但获得这些资本的渠道并没有制度化,具有稀缺性与偶然性。

两所普通大学受访学生在资本转化困难方面存在以下三种情况。在第一种情况下,这些家庭的父母属于下层中产阶级,父母为子女的教育投入了直接的经济资本,使他们在基础教育阶段进入社区内的私立学校上学,但他们并没有从家庭、学校、社区等结构内获得更多文化和社会资本,因此家庭经济资本的投入无法转化为子女发展精英大学教育抱负所需的三种资本。在第二种情况下,受访学生也来自下层中产阶级家庭,父母虽然没能为子女的教育投入直接的经济资本,但支持子女在基础教育阶段专心学习,避免他们过早进入就业市场,以这种间接方式为子女的学习付出经济资本。然而,家庭间接经济资本的投入缺乏文化和社会资本作为转化条件,学生及其父母没能从各个结构内获得转化条件,因此也没能将家庭经济资本转化为子女足以发展出对精英大学强烈教育抱负的三种资本。在第三种情况下,受访学生来自典型工人阶级家庭,父母缺乏可以投入子女教育的经济资本,但在一定程度上重视子女的教育问题,不要求他们在基础教育阶段通过工作贴补家用。这类学生大多在年满14岁后开始兼职工作,用于满足自己的日常开支。他们通过这种方式补足了自己的经济资本,但基于文化和社会资本的转化条件的缺乏使得增加的经济资本无法转化为发展精英大学强教育抱负所需的三种资本。

两所精英大学的受访学生在实现资本转化方面也存在以下三种情况。在第一种情况下,受访学生来自下层中产阶级家庭,父母本身拥有更多文化资本,对教育有更多认知,同时从社区、工作单位等结构内获得了更多教育场域内的社会资本。这些文化和社会资本以及家庭经济资本,使子女逐渐发展出对精英大学的强教育抱负。在第二种情况下,受访学生来自较为典型的工人阶级家庭,父母重视子女教育但缺乏文化和社会资本,愿意为子女教育投入间接形式的经济资本,支持他们在基础教育阶段只学习不工作。子女主要从学校结构内获得了作为转化条件的文化和社会资本,使家庭的间接经济资本投入发展出他们对精英大学的强教育抱负。在第三种情况下,受访学生也来自典型的工人阶级家庭,与普通私立大学受访学生的第三种情况一样,也在基础教育阶段后半期开始一边工作一边学习,以满足自己的日常经济需求。由于父母没有在子女的教育领域投入经济资本,因此这些学生在高中阶段就开始工作,以此补足自己的经济资本,满足日常开支。他们不仅通过工作补足了经济资本,而且主要从工作结构中获得了作为转化条件的文化和社会资本,进而发展出对精英大学的强教育抱负。

第二节 边缘处境:机会隔离与制度设计

通过对巴西新中产阶级在精英高等教育层面的教育流动困境与可能跃升机制的研究,我们可以看到该阶层虽然在21世纪的前十年里取得了一定的经济向上流动,已经成为社会阶层结构中的收入中间阶层,但仍然显著区别于社会学意义上的传统中产阶级。该阶层不仅在收入水平、职业类型和教育程度方面有别于典型中产阶级，而且在资本状况方面依然处于劣势地位。该阶层面临着经济、文化和社会资本的匮乏，同时还存在经济资本向文化和社会资本转化的困难。他们在经济资本方面依然具有脆弱性，在文化资本方面具有局限性，在社会资本方面具有封闭性。

在巴西社会阶层结构中，作为收入中间阶层的新中产阶级在实质上依然处于边缘地位，与主流社会存在清晰的隔离，本质上仍是低社经地位阶层。

对巴西新中产阶级而言，他们在教育流动方面遭遇了机会隔离。一方面，该阶层在经济向上流动的同时获得了高等教育层面一定程度的教育流动的机会；另一方面，这种机会是受限的，存在向上流动的天花板，尤其是在精英高等教育入学机会方面。巴西新中产阶级依然面临着社会隔离带来的文化隔离与教育隔离，其背后体现的是巴西长久以来不同阶层之间的体制性隔离。

巴西的社会隔离根植于三百多年的殖民历史，并且在现代化和城市化的发展过程中不断演化。与受葡萄牙殖民时期相比，巴西的社会隔离如今已集中体现在城市空间的群体分化上。不同阶层群体在居住空间上的隔离越来越显著，而且随着经济发展，贫富差距不断扩大并以新的形式强化。巴西城市空间的发展模式呈现"飞地城市化"的新特征，犯罪活动的加剧和政府治安的不力使中上阶层在恐惧心理下不断强化封闭社区：城市核心地带的建筑使用栅栏、保安和监控设施来保证安全；位于离城市中心更远地区的高档封闭社区也使用重重安保措施将内部中上阶层的住户与外部的大众和贫民阶层隔离开来，并在周围建造同样封闭式的办公和商业设施。不同阶层人群的社会隔离不仅发生在城市中心与边缘地带、封闭社区与非封闭社区之间，而且存在于中上阶层所住社区的内部，以各种方式显著体现不同阶层在身份和地位方面的差别。

社会隔离促进形成了不同阶层之间的文化隔离。居住空间的疏远和物理性屏障的构筑导致了不同社会群体之间的象征性壁垒，将社会不平等和社会分化进一步制度化和规范化,使各社会阶层形成各自的社会交往规则,减少了不同阶层之间的非正式社会接触与互动。非正式互动的隔离又进一步造成正式机构内的群体分化,不同阶层在学校、工作单位等结构内也存在明显的社会隔离。

2003—2016年执政的巴西左翼劳工党政府通过"创造新中产阶级"的政治议程,实际上意图促进形成"竞争式流动"(Contest Mobility)的社会流动模式,改善巴西阶层隔离与阶层固化的状况。这一概念由美国学者拉尔夫·特纳(Ralph H. Turner)在20世纪60年代提出,他在对比美国和英国的教育体系后,将美国在社会控制方面所体现出的社会流动模式定义为"竞争式流动",即精英地位的获取可被视为一场开放的竞争,任何人都可以参与竞争并通过努力达到目标;与之相对的是英国的"赞助式流动"(Sponsored Mobility)模式,即先赋地位与自致地位之间的关联性更大,精英阶层及其代理人在早期就启动选择机制,其依据是基于某些客观标准,个人必须得到精英阶层的某个或多个成员的赞助才能获得准入资格,因此精英地位并不是靠个人努力就能获得的。[①]

劳工党政府非常支持扩大"新中产阶级"概念的传播度,也以定义该阶层的收入标准作为许多带有平权性质的公共政策的执行基准,并在总统办公室下设战略事务秘书处专门负责新中产阶级的界定、数据统计与政策制定,实际上是想促进巴西社会往"竞争式流动"的模式发展。这符合劳工党在2003—2016年执政期间所实施的加强社会融合并增进巴西人对美好生活向往的政治议程。在执政期间,劳工党政府实施有助于减少贫困和不平等的社会政策,提高最低工资标准,增加非劳动收入来源并执行公共现金转移项目等,同时宏观经济的良好运行形势及其带来的就业岗位增加,都促进了位于社会结构最底层人群的收入增加。高等教育扩张及"平权法案"的规定使低社经地位阶层在获得经

[①] Ralph H. Turner, "Sponsored and Contest Mobility and the School System", *American Sociological Review*, Vol. 25, No. 6, 1960, pp. 855-867.

济向上流动的同时获得更多教育机会。

　　劳工党政府想要营造的"竞争式流动"模式在一定程度上获得了成功。巴西新中产阶级认为自己实现一定程度的经济跃升主要依靠的是个人力量，尤其是辛勤工作带来的工资收入，而并不认可政府相关政策给他们带来的利益。对该阶层而言，经济向上流动的最直接原因是与个人努力工作相联系的英才主义，他们以此实现了生活质量的提升和消费能力的提高。文化和社会资本的匮乏使他们无法将个人命运与更宏观的政治社会图景结合起来思考。这种英才主义强调个人的能力、效率、勤奋和吃苦精神，每个人都为自己负责，成功或失败只取决于个人。

　　然而，巴西归根结底还是"赞助式流动"的社会，这一点直接体现在巴西教育体系的"倒挂"设置上。巴西学生在基础教育阶段上付费的私立学校才有更大可能进入免费的精英公立大学，而在基础教育阶段上免费的公立学校，以后大多只能进入付费的普通私立大学。高社经地位阶层的巴西人有足够的社会经济资源在基础教育阶段进入昂贵的私立学校，因此有更好的学业准备及更大可能性考入精英大学内竞争激烈的专业课程，包括免学费的精英公立大学或学费昂贵但教学质量出色的私立大学；与此相对，低社经地位学生在基础教育阶段大多上的是质量较差的免费公立学校，之后进入付费的普通私立大学内质量较差的专业课程学习。虽然巴西新中产阶级在劳工党政府执政期间实现了一定的教育流动，这种流动渠道依然十分受限，没有被制度化。

　　巴西的政治向来都是精英主导的模式，维护既得利益阶层的保守主义势力在历史发展过程中始终占优势地位。他们重视等级、秩序和权威，重视个人特权甚于人人平等，反对以实现经济平等为目标的再分配政策。劳工党政府的第二任总统罗塞夫在2016年遭弹劾而下台，右翼党派总统候选人博索纳罗在2018年的总统大选中成功当选，正体现了保守主义浪潮在巴西的回归，社会两极分化不断加深。值得注意的是，在劳工党政府时期受益的巴西新中产阶级中的很多人是保守主义浪潮的支持者。他们在经济上的向上流动受益于劳工党执政期间的经济发展与公共政策，但在近几年却转变了对左翼政党的支持，更加支持右翼政治意识形态。巴西新中产阶级依然存在的经济脆弱性使其重视工作和自力更生的意义，由此更偏好自由主义的经济发展模式，反对政府的过多干预；此外，原有社会网络的维持使他们在文化上具有保守主义倾向，受家庭主义、熟人网络和福音派教会的深刻影响，重视私人和家庭利益，不关心公共福祉。

新中产阶级是巴西劳工党执政期间社会改革的产物，但是随着巴西经济社会形势的变化和劳工党在2016年的下台，新中产阶级的社会地位也有所变化。2016年后，巴西的政治和经济危机加剧，位于收入中间阶层C阶层的新中产阶级由于其原有的经济脆弱性，在经济衰退中遭到了很大冲击。一部分原属于B阶层的巴西人滑落到C阶层，一部分原来属于C阶层的人则进一步下滑到D阶层甚至E阶层。由此，劳工党时期构建的新中产阶级的概念失去了原有的基础和热度。社会矛盾和关注点转变为保守主义者和进步主义者之间的两极分化。曾被冠以"新中产阶级"之称的巴西低社经地位阶层在此后具有保守主义倾向的右翼政府时期失去社会政策领域的扶持，其教育向上流动的渠道进一步失去制度化的支持。

由此可见，从制度设计层面改善巴西的社会不平等状况、促进阶层流动，仍是一件任重道远的事。

第三节 创新与不足

本书对巴西新中产阶级在精英高等教育层面的教育流动研究，其创新之处主要体现为以下几点。

第一，通过对巴西新中产阶级教育流动的实证研究，从资本结构和资本转化的角度对该阶层在巴西社会阶层结构中的位置及与其他阶层的关系做了较为深入的分析。作为收入中间阶层的新中产阶级，不仅在巴西是新崛起的阶级，而且在许多处于社会转型时期的发展中国家也是不断壮大的重要社会群体。如何定义新中产阶级并考量其在社会结构中的地位与作用是一个重要的学术议题，对于该国在政治、经济、社会、文化等方面的发展都有重要意义。

第二，进一步发展了高校入学选择相关的理论，细化了理论解释在教育分层背景下的应用。此前理论主要依据的是传统中产阶级或更高社经地位阶层家庭学生的高校选择过程和经验，而低社经地位阶层学生的高校入学选择通常不是线性发展的过程，并不必然按照培养高等教育倾向、搜索信息和选择机构等顺序，相对而言更加复杂，影响因素更为多元化。本书的理论解释机制考虑了低社经地位阶层学生教育发展的脆弱性和复杂性，综合了空间和时间两个维度，具体分析他们在不同教育阶段和不同结构内的经济、文化和社会资本状况如何影响其基于教育抱负的高等教育选择。虽然本书是基于巴西的案例，但这一理论解释机制同时有助于解释其他国家低社经地位阶层学生的高等教育入学选择。在许多国家的教育分层日益严重的情况下，从教育场域内资本结构和资本转化的视角出发分析社会弱势群体的教育发展，有助于我们更好地理解在基于阶层、种族和性别等方面的教育不平等的背景下，这些群体如何受社会结构中的分层和反分层力量影响。

第三，发展了布迪厄的资本理论在低社经地位阶层教育流动方面的应用。布迪厄在提出资本理论时主要关注上层阶级和传统中产阶级内部的分化，对工人阶级内部分化的关注不多。这点尤其体现在文化资本的概念上。[1] 本书在布迪厄的资本理论基础上进行拓展，将其运用于分析处于流动过程中的低社经地位阶层的阶层处境与阶层地位，有一定的理论创新意义。本书从巴西新中产阶级所拥有的资本结构与资本转化的角度解释该阶层内部对精英大学教育抱负的差异，指出资本结构不足与资本转化条件缺乏导致该阶层家庭增加的经济资本无法使子女发展出对精英大学的强烈教育抱负。

---

[1] [美]戴维·斯沃茨：《文化与权力：布尔迪厄的社会学》，陶东风译，上海译文出版社2006年版，第95页。

本书存在的不足之处主要体现在以下两个方面。第一，案例选择在时间跨度上存在限制性。本书选择的研究对象在受访时依然是本科在读生的身份，没有包括精英大学和普通私立大学的往届毕业生，因此在不同阶段的时间维度上缺乏对比。第二，访谈对象体现出一定的单一性。本书只选择巴西新中产阶级的在读本科大学生进行访谈，没有同时访谈他们的家人、老师、同事或朋友，因此对社会互动的分析不够深入。后续研究将在此基础上做更为深入的探讨。

参考文献

中文文献

［美］戴维·斯沃茨：《文化与权力：布尔迪厄的社会学》，陶东风译，上海译文出版社2006年版。

董经胜：《巴西现代化道路研究：1964—1985年军人政权时期的发展》，世界图书出版公司2009年版。

董经胜、林被甸：《冲突与融合：拉丁美洲文明之路》，人民出版社2011年版。

高宣扬：《布迪厄的社会理论》，同济大学出版社2004年版。

郭存海：《拉美的"过度不平等"及其对中产阶级的影响》，《拉丁美洲研究》2012年第4期。

郭存海：《中产阶级与巴西现代化》，《拉丁美洲研究》2011年第4期。

黄乐平：《试析教育与拉美中产阶级的代际流动性》，《拉丁美洲研究》2012年第5期。

林华：《拉美国家的脆弱阶层与反脆弱性政策》，《拉丁美洲研究》2016年第3期。

曾昭耀：《拉丁美洲发展问题论纲：拉美民族200年崛起失败原因之研究》，当代世界出版社2011年版。

张宝宇：《巴西现代化研究》，世界知识出版社2002年版。

英文文献

Adrian E. Raftery and Michael Hout, "Maximally Maintained Inequality: Expansion, Reform, and Opportunity in Irish Education, 1921 – 1975", *Sociology of Education*, Vol. 66, No. 1, 1993.

Albert Bandura, "Self-efficacy: Toward a Unifying Theory of Behavioral Change", *Psychological Review*, Vol. 84, No. 2, 1977.

Alberto F. Cabrera and Steven M. La Nasa, *Understanding the College Choice of Disadvantaged Students*, New Directions for Institutional Research, No. 107, San Francisco, CA: Jossey-Bass Publishers, 2000.

Amaury Nora, "The Role of Habitus and Cultural Capital in Choosing a College, Transitioning from High School to Higher Education, and Persisting in College Among Minority and Nonminority Students", *Journal of Hispanic Higher Education*, Vol. 3, No. 2, 2004.

Amy A. Bergerson, *College Choice and Access to College: Moving Policy, Research and Practice to the 21st Century: ASHE Higher Education Report*, Vol. 35, No. 4, Hoboken, NJ: Jossey-Bass, 2009.

Angela C. Siqueira, "Higher Education Reform in Brazil: Reinforcing Marketization", *Journal for Critical Education Policy Studies*, Vol. 7, No. 1, 2009.

Ann L. Mullen, "Elite Destinations: Pathways to Attending an Ivy League University", *British Journal of Sociology of Education*, Vol. 30, No. 1, 2009.

Anna Zimdars, Alice Sullivan and Anthony Heath, "Elite Higher Education Admissions in the Arts and Sciences: Is Cultural Capital the Key?", *Sociology*, Vol. 43, No. 4, 2009.

Annette Lareau, "Social Class Differences in Family-School Relationships: The Importance of Cultural Capital", *Sociology of Education*, Vol. 60,

No. 2, 1987.

Arjun Appadurai, "The Capacity to Aspire: Culture and the Terms of Recognition", in Vijayendra Rao and Michael Walton eds., *Culture and Public Action*, Palo Alto, CA: Stanford University Press, 2004.

Brenda Major and Laurie T. O'brien, "The Social Psychology of Stigma", *Annual Review of Psychology*, Vol. 56, 2005.

Charles F. Manski and David A. Wise, *College Choice in America*, Cambridge, MA: Harvard University Press, 1983.

Christopher Avery and Caroline M. Hoxby, "Do and Should Financial Aid Packages Affect Students' College Choices?", in Caroline M. Hoxby ed., *College Choices: The Economics of Where to Go, When to Go, and How to Pay For it*, Chicago, IL: University of Chicago Press, 2004.

Dale H. Schunk and Frank Pajares, "The Development of Academic Self-Efficacy", in Allan Wigfield and Jacquelynne S. Eccles eds., *Development of Achievement Motivation*, San Diego, CA: Academic Press, 2002.

Dean Lillard and Jennifer Gerner, "Getting to the Ivy League: How Family Composition Affects College Choice", *The Journal of Higher Education*, Vol. 70, No. 6, 1999.

Demetris Vrontis, Alkis Thrassou and Yioula Melanthiou, "A Contemporary Higher Education Student-choice Model for Developed Countries", *Journal of Business Research*, Vol. 60, No. 9, 2007.

Diane H. Hill, "School Strategies and the 'College-linking' Process: Reconsidering the Effects of High Schools on College Enrollment", *Sociology of Education*, Vol. 81, No. 1, 2008.

Diane Reay, "'Always Knowing' and 'Never Being Sure': Familial and Institutional Habituses and Higher Education Choice", *Journal of Education Policy*, Vol. 13, No. 4, 1998.

Diane Reay, Jacqueline Davies, Miriam David et al., "Choice of Degree or

Degrees of Choice? Class, 'Race' and the Higher Education Choice Process", *Sociology*, Vol. 35, No. 4, 2001.

Donald J. Treiman, "Industrialization and Social Stratification", *Sociological Inquiry*, Vol. 40, No. 2, 1970.

Don Hossler and Karen S. Gallagher, "Studying Student College Choice: A Three-phase Model and the Implications for Policymakers", *College & University*, Vol. 62, No. 3, 1987.

Don Hossler, Nick Vesper and Jack Schmit, *Going to College: How Social, Economic, and Educational Factors Influence the Decisions Students Make*, Baltimore, MD: Johns Hopkins University Press, 1999.

Eduardo Marques, "Urban Poverty, Segregation and Social Networks in São Paulo and Salvador, Brazil", *International Journal of Urban and Regional Research*, Vol. 39, No. 6, 2015.

Edward E. Telles, "Residential Segregation by Skin Color in Brazil", *American Sociological Review*, Vol. 57, No. 2, 1992.

Edward P. St. John, "Assessing Tuition and Student Aid Strategies: Using Price-Response Measures to Simulate Pricing Alternatives", *Research in Higher Education*, Vol. 35, No. 3, 1994.

Edward Telles and Marcelo Paixão, "Affirmative Action in Brazil", *LASA Forum*, Vol. 44, No. 2, 2013.

Endya B. Stewart, Eric A. Stewart and Ronald L. Simons, "The Effect of Neighborhood Context on the College Aspirations of African American Adolescents", *American Educational Research Journal*, Vol. 44, No. 4, 2007.

Erin M. Horvat, "African American Students and College Choice Decision-making in Social Context: The Influence of Race and Class on Educational Opportunity", Paper Presented at the Annual Meeting of the American Educational Research Association, New York, NY, Apr. 8–13, 1996.

Evan Schofer and John W. Meyer, "The Worldwide Expansion of Higher Education in the Twentieth Century", *American Sociological Review*, Vol. 70, No. 6, 2005.

Eyal B. Haim and Yossi Shavit, "Expansion and Inequality of Educational Opportunity: A Comparative Study", *Research in Social Stratification and Mobility*, Vol. 31, 2013.

Felix Maringe, "University and Course Choice: Implications for Positioning, Recruitment and Marketing", *International Journal of Educational Management*, Vol. 20, No. 6, 2006.

Florence A. Hamrick and Frances K. Stage, "College Predisposition at High-minority Enrollment, Low-income Schools", *The Review of Higher Education*, Vol. 27, No. 2, 2004.

Francis Fukuyama, "How Academia Failed the Nation: the Decline of Regional Studies", *Journal of Management and Social Sciences*, Vol. 1, No. 1, 2005.

Francisco H. Ferreira, Julian Messina, Jamele Rigolini et al., *Economic Mobility and the Rise of the Latin American Middle Class*, Washington, DC: World Bank, 2013.

Frank Pajares, "Motivational Role of Self-Efficacy Beliefs in Self-Regulated Learning", in Dale H. Schunk and Barry J. Zimmerman eds., *Motivation and Self-regulated Learning: Theory, Research, and Applications*, New York: Erlbaum, 2008.

Gary S. Becker, "Investment in Human Capital: A Theoretical Analysis", *Journal of Political Economy*, Vol. 70, No. 5, 1962.

Gary S. Becker, *Human Capital: A Theoretical and Empirical Analysis with Special Reference to Education 3rd Edition*, Chicago: University of Chicago Press, 1993.

George Farkas, Robert P. Grobe, Daniel Sheehan et al., "Cultural

Resources and School Success: Gender, Ethnicity, and Poverty Groups within an Urban School District", *American Sociological Review*, Vol. 55, No. 1, 1990.

George Martine and Gordon McGranahan, *Brazil's Early Urban Transition: What Can It Teach Urbanizing Countries?*, London, New York: Brazilian Association of Population Studies and the International Institute for Environment and Development, 2010.

Gordon C. Winston, "Subsidies, Hierarchy and Peers: The Awkward Economics of Higher Education", *The Journal of Economic Perspectives*, Vol. 13, No. 1, 1999.

Gwen van Eijk, "Does Living in a Poor Neighbourhood Result in Network Poverty? A Study on Local Networks, Locality-based Relationships and Neighbourhood Settings", *Journal of Housing and the Built Environment*, Vol. 25, No. 4, 2010.

Irenee R. Beattie, "Are All Adolescent Econometricians Created Equal? Racial, Class, and Gender Differences in College Enrollment", *Sociology of Education*, Vol. 75, No. 1, 2002.

James S. Coleman, "Social Capital in the Creation of Human Capital", *American Journal of Sociology*, Vol. 94, Supplement: Organizations and Institutions: Sociological and Economic Approaches to the Analysis of Social Structure, 1988.

Jane Hemsley-Brown, "College Choice: Perceptions and Priorities", *Educational Management & Administration*, Vol. 27, No. 1, 1999.

Jeannie Oakes, *Keeping Track: How Schools Structure Inequality*, 2nd Edition, New Haven, CT: Yale University Press, 2005.

Jeannie Oakes, *Multiplying Inequalities: The Effects of Race, Social Class, and Tracking on Opportunities to Learn Mathematics and Science*, Santa Monica, CA: Rand Corporation, 1990.

John E. Roemer, *Equality of Opportunity*, Cambridge, MA: Harvard University Press, 1998.

John Rawls, *A Theory of Justice*, Oxford: Oxford University Press, 1999 [1971].

Joshua Klugman, "How Resource Inequalities Among High Schools Reproduce Class Advantages in College Destinations", *Research in Higher Education*, Vol. 53, No. 8, 2012.

Josipa Roksa, Eric Grodsky, Richard Arum et al., "United States: Changes in Higher Education and Social Stratification", in Yossi Shavit, Richard Arum and Adam Gamoran eds., *Stratification in Higher Education: A Comparative Study*, Stanford, CA: Stanford University Press, 2007.

Larry L. Leslie and Paul T. Brinkman, "Student Price Response in Higher Education: The Student Demand Studies", *The Journal of Higher Education*, Vol. 58, No. 2, 1987.

Larry L. Leslie and Paul T. Brinkman, *The Economic Value of Higher Education*, American Council on Education/Macmillan Series on Higher Education, New York: Macmillan Publishing, 1988.

Laura W. Perna, "Differences in the Decision to Attend College Among African Americans, Hispanics, and Whites", *The Journal of Higher Education*, Vol. 71, No. 2, 2000.

Laura W. Perna, "Studying College Access and Choice: A Proposed Conceptual Model", in John C. Smart ed., *Higher Education: Handbook of Theory and Research*, Vol. 21, Amsterdam, The Netherlands: Springer, 2006.

Laura W. Perna and Marvin A. Titus, "The Relationship between Parental Involvement as Social Capital and College Enrollment: An Examination of Racial/ethnic Group Differences", *The Journal of Higher Education*,

Vol. 76, No. 5, 2005.

Leticia J. Marteleto, "Educational Inequality by Race in Brazil, 1982–2007: Structural Changes and Shifts in Racial Classification", *Demography*, Vol. 49, No. 1, 2012.

Lincoln Quillian, "Does Segregation Create Winners and Losers? Residential Segregation and Inequality in Educational Attainment", *Social Problems*, Vol. 61, No. 3, 2014.

Louise Archer and Carole Leathwood, "Identities, Inequalities and Higher Education", in Louise Archer, Merryn Hutchings and Alistair Ross eds., *Higher Education and Social Class: Issues of Exclusion and Inclusion*, New York, NY: RoutledgeFalmer, 2003.

Marina Trebbels, *The Transition at the End of Compulsory Full-time Education: Educational and Future Career Aspirations of Native and Migrant Students*, Springer-Verlag, 2014.

Michael B. Paulsen, *College Choice: Understanding Student Enrollment Behavior*, ASHE-ERIC Higher Education Report No. 6, Washington, DC: The George Washington University, 1990.

Michael B. Paulsen, "The Economics of Human Capital and Investment in Higher Education", in Michael B. Paulsen and John C. Smart eds., *The Finance of Higher Education: Theory, Research, Policy, and Practice*, New York: Agathon Press, 2001.

Michael B. Paulsen and Edward P. St. John, "Social Class and College Costs: Examining the Financial Nexus Between College Choice and Persistence", *The Journal of Higher Education*, Vol. 73, No. 2, 2002.

Michael Donnelly, "The Road to Oxbridge: Schools and Elite University Choices", *British Journal of Educational Studies*, Vol. 62, No. 1, 2014.

Nan Lin, "Building a Network Theory of Social Capital", *Connections*, Vol. 22, No. 1, 1999.

Patricia Somers, Marilia Morosini, Miriam Pan et al., "Brazil's Radical Approach to Expanding Access for Underrepresented College Students", in Heinz-Dieter Meyer, Edward P. St. John, Maia Chankselianiel at eds., *Fairness in Access to Higher Education in a Global Perspective*, Rotterdam: Sense Publishers, 2013.

Patricia A. Perez and Patricia M. McDonough, "Understanding Latina and Latino College Choice: A Social Capital and Chain Migration Analysis", *Journal of Hispanic Higher Education*, Vol. 7, No. 3, 2008.

Patricia M. McDonough, *Choosing Colleges: How Social Class and Schools Structure Opportunity*, Albany, NY: Suny Press, 1997.

Patricia M. McDonough, "Structuring College Opportunities: A Cross-case Analysis of Organizational Cultures, Climates, and Habiti", in Carlos A. Torres and Theodore R. Mitchell eds., *Sociology of Education: Emerging Perspectives*, Albany, NY: SUNY Press, 1998.

Patrick T. Terenzini, Alberto F. Cabrera and Elena M. Bernal, *Swimming Against the Tide: The Poor in American Higher Education*, Research Report, New York, NY: College Entrance Examination Board, 2001.

Paul DiMaggio, "Cultural Capital and School Success: The Impact of Status Culture Participation on the Grades of U.S. High School Students", *American Sociological Review*, Vol. 47, No. 2, 1982.

Paul N. Dixon and Nancy K. Martin, "Measuring Factors That Influence College Choice", *NASPA Journal*, Vol. 29, No. 1, 1991.

Pauline Givord and Dominique Goux, "France: Mass and Class—Persisting Inequalities in Postsecondary Education", in Yossi Shavit, Richard Arum and Adam Gamoran eds., *Stratification in Higher Education: A Comparative Study*, Stanford, CA: Stanford University Press, 2007.

Pedro H. Souza, *Poverty, Inequality and Social Policies in Brazil, 1995 – 2009*, Working Paper No. 87, Brasilia: International Policy Centre for

Inclusive Growth, 2012.

Pierre Bourdieu, *Distinction: A Social Critique of the Judgement of Taste*, Cambrige, MA: Harvard University Press, 1984.

Pierre Bourdieu, "The Forms of Capital", in John G. Richardson ed., *Handbook of Theory and Research for the Sociology of Education*, Westport, CT: Greenwood Press, 1986.

Pierre Bourdieu, *The Logic of Practice*, Stanford, CA: Stanford University Press, 1990.

Pierre Bourdieu, "The Social Space and the Genesis of Groups", *Theory and Society*, Vol. 14, No. 6, 1985.

Pierre Bourdieu, "What Makes a Social Class? On the Theoretical and Practical Existence of Groups", *Berkeley Journal of Sociology*, Vol. 32, 1987.

Pierre Bourdieu and Jean Claude Passeron, *The Inheritors: French Students and Their Relation to Culture*, Chicago, IL: The University of Chicago Press, 1979.

Ralph H. Turner, "Sponsored and Contest Mobility and the School System", *American Sociological Review*, Vol. 25, No. 6, 1960.

Randall Collins, "Functional and Conflict Theories of Educational Stratification", *American Sociological Review*, Vol. 36, No. 6, 1971.

Raquel L. Farmer-Hinton, "Social Capital and College Planning: Students of Color Using School Networks for Support and Guidance", *Education and Urban Society*, Vol. 41, No. 1, 2008.

Ricardo Barros, Mirela de Carvalho, Samuel Franco et al., *Markets, the State and the Dynamics of Inequality: The Case of Brazil*, Working Paper, New York: United Nations Development Programme, 2010.

Richard Breen and John H. Goldthorpe, "Explaining Educational Differentials: Towards a Formal Rational Action Theory", *Rationality and Society*, Vol. 9, No. 3, 1997.

Richard Hatcher, "Class Differentiation in Education: Rational Choices?", *British Journal of Sociology of Education*, Vol. 19, No. 1, 1998.

Robert Erikson, "Explaining Change in Educational Inequality—Economic Security and School Reforms", Robert Erikson and Jan O. Jonsso, eds., *Can Education Be Equalized?: The Swedish Case in Comparative Perspective*, Boulder, Colo: Westview Press, 1996.

Robert Erikson and Jan O. Jonsson, "Introduction: Explaining Class Inequality in Education: The Swedish Test Case", in Robert Erikson and Jan O. Jonsso, eds., *Can Education Be Equalized?: the Swedish Case in Comparative Perspective*, Boulder, Colo: Westview Press, 1996.

Robert. D. Putnam, "Bowling Alone: America's Declining Social Capital", *Journal of Democracy*, Vol. 6, No. 1, 1995.

Ronald S. Burt, *Structural Holes: The Social Structure of Competition*, Cambridge, MA: Harvard University Press, 1992.

Russell J. Quaglia and Casey D. Cobb, "Toward a Theory of Student Aspirations", *Journal of Research in Rural Education*, Vol. 12, No. 3, 1996.

Sam Sellar and Trevor Gale, "Mobility, Aspiration, Voice: A New Structure of Feeling for Student Equity in Higher Education", *Critical Studies in Education*, Vol. 52, No. 2, 2011.

Samuel R. Lucas, "Effectively Maintained Inequality: Education Transitions, Track Mobility, and Social Background Effects", *American Journal of Sociology*, Vol. 106, No. 6, 2001.

Sin Y. Cheung and Muriel Egerton, "Great Britain: Higher Education Expansion and Reform—Changing Educational Inequalities", in Yossi Shavit, Richard Arum and Adam Gamoran eds., *Stratification in Higher Education: A Comparative Study*, Stanford, CA: Stanford University Press, 2007.

Shani Adia Evans, *How High School Contexts Shape the College Choices of*

High-Achieving, Low-Ses Students: Why a "College-Going" Culture is Not Enough, PhD diss, University of Pennsylvania, 2016.

Stephen Des Jardins and Robert Toutkoushian, "Are Students Really Rational? The Development of Rational Thought and its Application to Student Choice", in John C. Smart ed., *Higher Education: Handbook of Theory and Research*, Vol. 20, Dordrecht, The Netherlands: Springer, 2005.

Stephen L. Morgan, "Modeling Preparatory Commitment and Non-repeatable Decisions: Information-processing, Preference Formation and Educational Attainment", *Rationality and Society*, Vol. 14, No. 4, 2002.

Su-Je Cho, Cynthia Hudley, Soyoung Lee et al., "Roles of Gender, Race, and SES in the College Choice Process Among First-generation and Nonfirst-generation Students", *Journal of Diversity in Higher Education*, Vol. 1, No. 2, 2008.

Sunny X. Niu and Marta Tienda, "Choosing Colleges: Identifying and Modeling Choice Sets", *Social Science Research*, Vol. 37, No. 2, 2008.

Talcott Parsons, "Equality and Inequality in Modern Society, or Social Stratification Revisited", *Sociological Inquiry*, Vol. 40, No. 2, 1970.

Teresa P. Caldeira, "Building up Walls: the New Pattern of Spatial Segregation in São Paulo", *International Social Science Journal*, Vol. 48, No. 147, 1996.

Teresa P. Caldeira, *City of Walls: Crime, Segregation, and Citizenship in São Paulo*, Berkeley, LA: University of California Press, 2000.

Teresa P. Caldeira, "Fortified Enclaves: The New Urban Segregation", *Public Culture*, Vol. 8, No. 2, 1996.

Tom Angotti, "Urban Latin America: Violence, Enclaves, and Struggles for Land", *Latin American Perspectives*, Vol. 40, No. 2, 2013.

Thomas A. Flint, "Parental and Planning Influences on the Formation of

Student College Choice Sets", *Research in Higher Education*, Vol. 33, No. 6, 1992.

Trevor Gale, Stephen Parker, Piper Rodd et al., *Student Aspirations for Higher Education in Central Queensland: A Survey of School Students' Navigational Capacities*, Centre for Research in Education Futures and Innovation (CREFI), Melbourne: Deakin University, 2013.

Tristan McCowan, "Expansion Without Equity: An Analysis of Current Policy on Access to Higher Education in Brazil", *Higher Education*, Vol. 53, No. 5, 2007.

William G. Tierney and Kristan M. Venegas, "Finding Money on the Table: Information, Financial Aid, and Access to College", *Journal of Higher Education*, Vol. 80, No. 4, 2009.

Wolfgang Lehmann, "University as Vocational Education: Working-class Students' Expectations for University", *British Journal of Sociology of Education*, Vol. 30, No. 2, 2009.

Zoe B. Corwin and William G. Tierney, *Getting There And Beyond: Building a Culture of College-Going in High Schools*, Report, Center for Higher Education Policy Analysis, University of Southern California, 2007.

葡文文献

Alípio M. Casali and Maria J. Mattos, "Análise de Estudos e Pesquisas Sobre o Sentido Social do Programa Universidade para Todos (PROUNI)", *Ensaio: Avaliação e Políticas Públicas em Educação*, Vol. 23, No. 88, 2015.

Ana M. Teixeira, "Entre a Escola Pública e a Universidade: Longa Travessia Para Jovens de Origem Popular", in Sônia M. Sampaio org., *Observatório da Vida Estudantil: Primeiros Estudos*, Salvador: EDUFBA, 2011.

André R. Salata, "Quem é Classe Média No Brasil? Um Estudo Sobre Identidades de Classe", *Dados*, Vol. 58, No. 1, 2015.

Arnaldo L. Mont'Alvão Neto, "Tendências das Desigualdades de Acesso ao Ensino Superior no Brasil: 1982-2010", *Educação & Sociedade*, Vol. 35, No. 127, 2014.

Brasil, *Censo Demográfico 2010: Características Gerais da População, Religião e Pessoas com Deficiência*, Rio de Janeiro: IBGE, 2010.

Brasil, *Vozes da Classe Média*, Brasília: Secretaria de Assuntos Estratégicos, 2012.

Carlos A. Ribeiro, "Mobilidade e Estrutura de Classes no Brasil Contemporâneo", *Sociologias*, Vol. 16, No. 37, 2014.

Carlos A. Ribeiro and Rogerio Schlegel, "Estratificação Horizontal da Educação Superior no Brasil (1960 a 2010)", in Marta Arretche org., *Trajetórias das Desigualdades: Como o Brasil Mudou nos Últimos Cinquenta Anos*, São Paulo: Editora Unesp, 2015.

Celi Scalonand André Salata, "Uma Nova Classe Média no Brasil da última Década?: o Debate a Partir da Perspectiva Sociológica", *Sociedade e Estado*, Vol. 27, No. 2, 2012.

Celia L. Kerstenetzky and Christiane Uchôa, "Moradia Inadequada, Escolaridade Insuficiente, Crédito Limitado: Em Busca da Nova Classe Média", in Dawid D. Bartelt org., *A "Nova Classe Média" no Brasil como Conceito e Projeto Político*, Rio de Janeiro: Fundação Heinrich Böll, 2013.

Débora C. Piotto, *As Exceções e Suas Regras: Estudantes das Camadas Populares em Uma Universidade Pública*, Tese de Doutorado, São Paulo: Universidade de São Paulo, 2007.

Débora C. Piottoand Renata O. Alves, "Estudantes das Camadas Populares no Ensino Superior Público: Qual a Contribuição da Escola?", *Psicologia Escolar e Educacional*, Vol. 15, No. 1, 2011.

Écio A. Portes, *Trajetórias Escolares e Vida Acadêmica do Estudante Pobre da*

UFMG—um Estudo a Partir de Cinco Casos, Tese de Doutorado, Belo Horizonte: Universidade Federal de Minas Gerais, 2001.

Eduardo Marques, "As Redes Sociais Importam Para a Pobreza Urbana", *Dados*, Vol. 52, No. 2, 2009.

Eduardo Marques, Celi Scalonand Maria A. Oliveira, "Comparando Estruturas Sociais no Rio de Janeiro e em São Paulo", *Dados-Revista de Ciências Sociais*, Vol. 51, No. 1, 2008.

Eduardo Marques, Renata Bichir, Thais Pavez et al., "Redes Pessoais e Pobreza em São Paulo", XXXI Encontro Anual da ANPOCS, São Paulo: ANPOCS, 2007.

Eliana Vicente, "Nova Classe Média: Um Delírio Coletivo?", in Dawid D. Bartelt org., *A "Nova Classe Média" no Brasil como Conceito e Projeto Político*, Rio de Janeiro: Fundação Heinrich Böll, 2013.

Heloisa B. de Almeida, "Classe Média Para a Indústria Cultural", *Psicologia USP*, Vol. 26, No. 1, 2015.

Hilaine Yaccoub, "A Chamada 'Nova Classe Média': Cultura Material, Inclusão e Distinção Social", *Horizontes Antropológicos*, Vol. 17, No. 36, 2011.

Hilda M. Silva, *Os Jovens Provenientes do Segmento Popular e o Desafio do Acesso à Universidade Pública: a Exclusão que Antecede o Vestibular*, Tese de Doutorado, Araraquara, SP: Universidade Estadual Paulista, 2010.

Hustana M. Vargas, *Represando e Distribuindo Distinção: a Barragem do Ensino Superior*, Tese de Doutorado, Rio de Janeiro: Pontifícia Universidade Católica do Rio de Janeiro, 2008.

Jailson D. Souza e Silva, *Por Que Uns e Não Outros? Caminhada de Estudantes da Maré Para a Universidade*, Tese de Doutorado, Rio de Janeiro: Pontifícia Universidade Católica do Rio de Janeiro, 1999.

Jessé Souza, "A Invisibilidade da Luta de Classes ou a Cegueira do Economicismo", in Dawid D. Bartelt org., *A "Nova Classe Média" no Brasil como Conceito e Projeto Político*, Rio de Janeiro: Fundação Heinrich Böll, 2013.

Jessé Souza, *Os Batalhadores Brasileiros: Nova Classe Média ou Nova Classe Trabalhadora?*, Belo Horizonte: Editora UFMG, 2010.

José M. Baroni, *Acesso ao Ensino Superior Público: Realidade e Alternativas*, Tese de Doutorado, São Paulo: Universidade de São Paulo, 2010.

Lajara J. Correa and Maria S. Librandi, "Disposições aos Sacrifícios da Escolarização: Trajetórias de Jovens das Classes Populares", *ETD-Educação Temática Digital*, Vol. 14, No. 1, 2012.

Lucia C. Costa, "Classes Médias e as Desigualdades Sociais no Brasil", in Dawid D. Bartelt org., *A "Nova Classe Média" no Brasil como Conceito e Projeto Político*, Rio de Janeiro: Fundação Heinrich Böll, 2013.

Lucia Valladares, "Educação e Mobilidade Social nas Favelas do Rio de Janeiro: O Caso dos Universitários (Graduandos e Graduados) das Favelas", *DILEMAS: Revista de Estudos de Conflito e Controle Social*, Vol. 2, No. 5-6, 2010.

Luís F. Saraiva, Joyce C. Rezende, João V. Reis et al. "A Nova Classe Média: Repercussões Psicossociais em Famílias Brasileiras", *Psicologia USP*, Vol. 26, No. 1, 2015.

Luiz C. Queiroz Ribeiro, "Segregação Residencial e Segmentação Social: o 'Efeito Vizinhança' na Reprodução da Pobreza nas Metrópoles Brasileiras", *Cadernos Metrópole*, No. 13, 2005.

Makeliny O. Nogueira, *Educação, Desigualdade e Políticas Públicas: a Subjetividade no Processo de Escolarização da Camada Pobre*, Tese de Doutorado, São Paulo: Pontifícia Universidade Católica de São Paulo, 2013.

Marcelo C. Neri, *A Nova Classe Média*, Rio de Janeiro: FGV/IBRE, CPS, 2008.

参考文献

Marcelo C. Neri, *A Nova Classe Média: o Lado Brilhante da Base da Pirâmide*, São Paulo: Saraiva, 2011.

Marcio Pochmann, *Nova Classe Media? O Trabalho Social na Base da Pirâmide Social Brasileira*, São Paulo: Boitempo, 2012.

Maria J. Viana, *Longevidade Escolar em Famílias de Camadas Populares: Algumas Condições de Possibilidade*, Tese de Doutorado, Belo Horizonte: Universidade Federal de Minas Gerais, 1998.

Maria J. Viana, "Práticas Socializadoras em Famílias Populaes e a Longevidade Escolar dos Filhos", *Educação em Revista*, Vol. 28, No. 1, 2012.

Maria S. Souza, *Do Seringal à Universidade: o Acesso das Camadas Populares ao Ensino Superior Público no Acre*, Teses de Doutorado, Belo Horizonte: Universidade Federal de Minas Gerais, 2009.

Marilene de Paula, "A Nova Classe Trabalhadora e o Neopentecostalismo", in Dawid D. Bartelt org., *A "Nova Classe Média" no Brasil como Conceito e Projeto Político*, Rio de Janeiro: Fundação Heinrich Böll, 2013.

Marina de M. Souza, *Nova Classe Média em Juiz de Fora: Estilo de Vida, Consumo e Uso Simbólico dos Bens*, Tese de Doutorado, Juiz de Fora: Universidade Federal de Juiz de Fora, 2016.

Moisés KopperandArlei S. Damo, "A Emergência e Evanescência da Nova Classe Média Brasileira", *Horizontes Antropológicos*, Vol. 24, No. 50, 2018.

Murillo M. Brito, *A Dependência na Origem. Desigualdades no Sistema Educacional Brasileiro e a Estruturação Social das Oportunidades*. Tese de Doutorado, São Paulo: Universidade de São Paulo, 2014.

Nadir Zago, "Do Acesso à Permanência no Ensino Superior: Percursos de Estudantes Universitários de Camadas Populares", *Revista Brasileira de Educação*, Vol. 11, No. 32, 2006.

Pablo Gentili, "A Universidade na Penumbra: o Círculo Vicioso da Precariedade e a Privatização do Espaço Público", in Pablo Gentili, org., *Universidades na Penumbra: Neoliberalismo e Reestruturação Universitária*, São Paulo: Cortez, 2001.

Paula N. Silva, *Do Ensino Básico ao Superior: a Ideologia Como um dos Obstáculos à Democratização do Acesso ao Ensino Superior Público Paulista*, Tese de Doutorado, São Paulo: Universidade de São Paulo, 2013.

Sâmara B. Macedo, Aline P. Sales and Daniel C. Rezende, "O Perfil da Nova Classe Média e a Influência do Capital Cultural", *Revista Pensamento Contemporâneo em Administração*, Vol. 8, No. 4, 2014.

Thiago I. Pereira, *Classes Populares na Universidade Pública Brasileira e Suas Contradições: a Experiência do Alto Uruguai Gaúcho*, Tese de Doutorado, Porto Alegre: Universidade Federal do Rio Grande do Sul, 2014.

Vera L. Chaves, "Expansão da Privatização/Mercantilização do Ensino Superior Brasileiro: a Formação dos Oligopólios", *Educação & Sociedade*, Vol. 31, No. 111, 2010.

Waldir J. de Quadros, Denis M. Gimenez and Daví J. N. Antunes, "Afinal, Somos Um País de Classe Média? Mercado de Trabalho, Renda e Transformações Sociais no Brasil dos Anos 2000", in Dawid D. Bartelt org., *A "Nova Classe Média" no Brasil como Conceito e Projeto Político*, Rio de Janeiro: Fundação Heinrich Böll, 2013.

Wania M. Lacerda, *Famílias e Filhos na Construção de Trajetórias Escolares Pouco Prováveis: o Caso dos Iteanos*, Tese de Doutorado, Niterói: Universidade Federal Fluminense, 2006.

Wilson M. Almeida, *Ampliação do Acesso ao Ensino Superior Privado Lucrativo Brasileiro: um Estudo Sociológico com Bolsistas do Prouni na Cidade de São Paulo*, Tese de Doutorado, São Paulo: Universidade de São Paulo, 2012.

Wilson M. Almeida, "Estudantes com Desvantagens Econômicas e Educacionais e Fruição da Universidade", *Caderno CRH*, Vol. 20, No. 49, 2007.

互联网资料

Associação Brasileira de Empresas de Pesquisa (ABEP), "Critério de Classificação Econômica Brasil", http://www.abep.org/criterio-brasil.

Associação Brasileira de Mantenedoras de Ensino Superior (ABMES), "Aspirações da Classe C em relação ao Ensino Superior", https://www.abmes.org.br/arquivos/pesquisas/aspiracoes_classe_c.pdf.

Confederação Nacional de Dirigentes Lojistas, "Tempo médio de desemprego no país já dura um ano e dois meses, revela pesquisa do SPC Brasil e CNDL", 20 fev, 2018, http://site.cndl.org.br/tempo-medio-de-desemprego-no-pais-ja-dura-um-ano-e-dois-meses-revela-pesqu isa-do-spc-brasil-e-cndl/.

João P. Caleiro, "65% dos Moradores de Favelas no Brasil São de Classe Média", *Exame*, 31 out, 2013, https://exame.abril.com.br/economia/65-dos-moradores-de-favela-sao-de-classe-media/.

Luís G. Barrucho, "Lamounier: A Classe C Quer Muito Mais", *Veja*, 19 fev, 2010, https://veja.abril.com.br/brasil/lamounier-a-classe-c-quer-muito-mais/.

Plínio Fraga, "Mais da Metade dos Paulistanos Diz Morar na Periferia, Segundo Datafolha", *Folha de S. Paulo*, 18 junho, 2016, https://www1.folha.uol.com.br/cotidiano/2016/06/1782867-mais-da-metade-dos-paulistanos-dizem-morar-na-periferia-segundo-datafolha.shtml.